Magia realista:
objetos, ontología y causalidad

Nueva metafísica

Editores de la serie: Graham Harman y Bruno Latour

El mundo está listo para el resurgimiento de una metafísica especulativa original. La serie Nueva metafísica tiene como fin darle refugio a un pensamiento de esta índole, frente a la prudencia y la cautela desmoralizante de la filosofía académica profesional. Nuestro objetivo no es cerrar la grieta entre filosofía analítica y continental, ya que perdimos la paciencia tanto con el tecnicismo de la crítica analítica como con la reverencia continental en torno a polvorientos monumentos textuales. Favorecemos, en cambio, el espíritu del apostador intelectual, y deseamos descubrir y promover autores que encajen con esta descripción. Al igual que una compañía de grabación independiente, lo que buscamos son trazos de un nuevo "sonido" metafísico proveniente de cualquier lugar del mundo. A los editores les interesan las traducciones de clásicos metafísicos olvidados, y tendrán en cuenta trabajos originales audaces que ostenten una potencia especial. Pero nuestro principal interés es estimular el nacimiento de inquietantes obras maestras de filosofía en el siglo XXI.

Timothy Morton

Magia realista: objetos, ontología y causalidad

Traducción de Román Suárez y Laureano Ralón

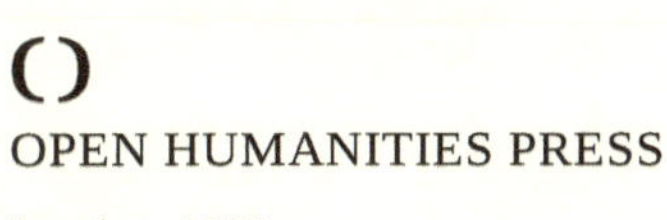

London, 2020

Diseño de Katherine Gillieson
llutración de tapa de Tammy Lu

PRINT ISBN 978-1-78542-076-4
PDF ISBN 978-1-78542-075-7

OPEN HUMANITIES PRESS

Open Humanities Press is an international, scholar-led open access publishing collective whose mission is to make leading works of contemporary critical thought freely available worldwide. More at http://openhumanitiespress.org

Contenidos

Presentación 9

Agradecimientos 15

Lista de figuras 17

Introducción: Los objetos en el espejo están más cerca de lo que aparentan 21

1. Como una ilusión 50
2. Nacimiento mágico 128
3. Vida mágica 174
4. Polvo que en aire flota suspendido 214

Conclusión: Un Aristóteles extraño 252

Permisos 259

Para Simón

Presentación

Es nuestro deber advertirle al lector que si espera encontrar en *Magia realista* un conjunto de discusiones de índole filosófica expresadas en un lenguaje escrito por y para académicos, se llevará la misma sorpresa que quien se arregla y se viste para asistir a la presentación de las *Cuatro estaciones* de Vivaldi interpretadas por Les Violons du Roy, y termina asistiendo a un concierto en el que Max Richter "recompone" dicha obra. Aunque este libro plantea preguntas que tienen una larga historia dentro de la tradición filosófica occidental, lo hace de una manera que desafía abiertamente los cánones de dicha tradición.

Si hubiera que explicitar el sistema de coordenadas filosóficas en el que se inserta *Magia realista*, habría que decir que el libro está compuesto de dos ejes: el que lo orienta teóricamente y el que marca su intención general. El primero de ellos, asumido explícitamente por el autor, es la Ontología Orientada a Objetos (OOO), cuyo principal arquitecto es Graham Harman. La filosofía harmaniana hace las veces de surtidor de conceptos e intuiciones filosóficas que proveen el sustrato elemental del que se nutre Timothy Morton (alumno de Terry Eagleton, y a través de él, lector de Marx; pero también, conocedor profundo de las obras de Percy y Mary Shelley, y más recientemente devenido ecologista, ambientalista y filósofo neorrealista). El otro eje – el que anima y da vida al libro – es el de la "filosofía pop" que tiene su origen en las páginas de *Kafka. Por una literatura menor* de Deleuze y Guattari.

En *Magia realista*, Morton emula (tal vez sin la intención de hacerlo) el gesto que, según Deleuze y Guattari, es propio de ciertas literaturas como la de Céline o Kafka: hace de lo menor, del lenguaje y de los modos del siervo el contenido y el continente de su propia expresión. Morton adora lo cursi, lo anodino y lo inmediato, porque son modos de ser de ese lenguaje menor, de esa retórica cotidiana que desde su propia lógica es capaz de interpelar el lenguaje de la filosofía académica y la tradición que lo sustenta. Esto no quiere decir que lo cursi, lo anodino y lo inmediato sean por sí mismos valiosos. Lo que hace de ellos algo "mágico" es el tratamiento que se les brinda, la óptica con la que nos aproximamos a ellos, la manera en que dejamos que nos sorprendan, como hace un mago con un conejo de trapo, una paloma, una carta o una pañoleta. Bien mirado, *Magia realista* podría ser un intento de hacer "magia" filosófica. Si el ilusionismo, o lo que podríamos llamar la "magia fantástica", funciona, es porque entre el mago y su público hay un pacto de ficción que nos mantiene tranquilos cuando, por ejemplo, corta en dos a una chica frente a nuestros ojos. En cambio, leer *Magia realista* es como ser asaltado por un filósofo-mago en plena luz del día, el cual, sin haber firmado ningún pacto de complicidad, hace desaparecer frente a nuestros ojos partes enteras de la realidad. Aunque la magia fantástica no deja de ser sorprendente, la magia realista resulta infinitamente más seductora y estimulante, porque no sabemos si se trata de un truco o de la realidad misma (un asalto, un arrebato). En estas páginas encontraremos magia, sí, pero *real.*

*

Magia realista también es producto de la tensión que se produce cuando entran en juego diversos lenguajes y modos de abordar la realidad misma, los cuales, sin ser necesariamente antitéticos, tampoco son isomórficos. Así pues, se dan cita en este libro lenguajes que tienen orígenes diversos, como el filosófico, el literario, el científico y el cotidiano. Para Morton es indispensable que los recursos sean en su mayoría de origen popular, es decir, todo aquello que, como dirían Deleuze y Guattari, hace un uso "menor de su propia lengua"[1] (que en Morton pasa por lo cursi de una frase hecha o una canción de verano). El autor intenta construir con estos recursos, en el interior del lenguaje técnico y dominante de la filosofía académica y de la ciencia, su propio "bilingüismo desterritorializado"[2], su propio mosaico expresivo, compuesto de elementos musicales, científicos, literarios, filosóficos, pero sobre todo, de recursos y giros estilísticos de origen popular: como el croar nocturno de las ranas de un estanque que forman una pared de sonido, saturan nuestros oídos, y nos llevan más allá del escritorio o del sillón donde descansamos, hacia un encuentro con la magia realista que nos promete el autor. El conjunto de canciones, expresiones idiomáticas propias del inglés, chistes, refranes, referencias a comerciales y series de televisión propios de la cultura pop norteamericana persiguen un solo propósito: hacernos cambiar nuestra concepción de nosotros mismos transformando primero la manera en que entendemos y nos relacionamos con lo que hay en nuestro entorno. *Magia realista* no solo quiere que seamos espectadores de un acto de magia; quiere que seamos asistentes de mago, o si se quiere, magos que hacen su propia magia -no con objetos cotidianos como conejos o cartas, sino con elementos, conceptos y preguntas que pueden parecer de lo más mundanos. Así pues, Morton nos invita a repensar cuestiones que usualmente pasamos por alto: ¿Qué es un objeto? ¿Cómo funciona la causalidad? ¿Podemos afirmar con certeza la existencia de cosas como "La Naturaleza" o "El medio ambiente"? ¿Qué hace que los seres humanos sean entes esencialmente distintos de otros? Morton nos ofrece respuestas de una naturaleza contraintuitiva y estimulante: para él no es para nada obvio que las cosas sean meras presencias objetivas, que la causalidad sea un fenómeno que se agota en los efectos de superficie, o que las relaciones entre el todo y las partes sean obvias y estables. Morton trae a colación una amplia gama de ejemplos para poner estas y otras cuestiones sobre la mesa, con el propósito no solo de romper con nuestras creencias más arraigadas y poner a prueba nuestro sentido común, sino de mostrarnos cómo la filosofía tiene en la vida cotidiana y en sus aspectos más insignificantes el motivo perfecto para hacer del pensamiento una experiencia desconcertante, pero renovadora.

Por todo lo anterior, pese a que *Magia realista* es un libro que puede inscribirse en el terreno de la ontología, y aunque el espíritu que lo anima es de naturaleza política, no debemos olvidar que es un libro que pretende devolverle a la estética su dignidad filosófica y vital. Si entendemos la palabra "estética" desde su etimología (sensibilidad, percepción), este libro no deja de estimular nuestras capacidades sensibles con una batería de ejemplos que emulan el paso de un carnaval o de un circo que se dirige a las orillas de la ciudad para asentarse y después marchar. Según Morton, la estética no es la elaboración exclusiva de una teoría del arte o de conceptos tales como belleza, fealdad o contemplación artística. La estética propuesta por *Magia realista* es de naturaleza ontológica. Morton retorna a la clásica dupla filosófica esencia/apariencia como un medio refractario para ver en su interior lo "abierto", una grieta, un hiato, algo que hace entrar en relación la esencia con la apariencia, y a la vez las separa. Así pues, los objetos no son esencias que adornamos con accidentes de superficie, o de los cuales solo tenemos señales externas de su existencia, sino una "aperturidad", una presencia "retirada" de la que tenemos noticias gracias a sus apariencias y traducciones parciales. Esta ontología en la que el objeto, por su carácter abierto, está en retirada perpetua y es, por ello, inaprensible en su totalidad, destruye la concepción jerarquizada de la realidad propia de ontologías más tradicionales, y le permite al autor recolectar los frutos de una visión más plana y más igualitaria de la realidad. Es desde esta concepción más plana (en la que el ser humano es, como cualquier otro ente, un objeto entre otros objetos) que Morton puede plantear problemas de naturaleza un tanto más práctica, los cuales tienen que ver, por ejemplo, con nuestra relación con los animales, con otros seres vivos, con objetos de tipo artístico o con objetos que no necesariamente comparten nuestra misma temporalidad y espacialidad. Este giro estético de la ontología, que resulta en un aplanamiento de la realidad, no deja de recordar a la famosa "inversión del platonismo" que Deleuze retoma de Nietzsche, y que consiste en la crítica al platonismo desde la ontología propuesta por los estoicos en la que no solo habría Ideas y copias de esas ideas, sino simulacros, una especie de extra-seres que abren una nueva dimensión que escapa a la lógica binaria impuesta por el dualismo platónico. La diferencia es que para Morton ese exceso de realidad, lejos de expresarse como un excedente, como un extra ser, se hace patente como una carencia, como ausencia o incompletitud.

★

Foucault escribió un texto muy breve sobre Jean Pierre Brisset, un lingüista del siglo XIX, titulado *El ciclo de las ranas*[3] (no podemos estar seguros de que se trate de las mismas ranas norteamericanas de las que nos habla Morton). En él, Foucault devuelve a Brisset la dignidad de ser un lingüista "menor" -alguien que, a contrapelo del rumbo historicista y positivista que la lingüística había tomado, se empeña en reducir el latín a "un argot" y en optar por explicar el origen del francés sin remitir a su pasado latino, ni a otra lengua primitiva más antigua. Brisset quería -tal vez como Morton también lo quiere para la ontología- "aplanar" los estudios lingüísticos del francés, sustrayéndoles todo elemento histórico y haciendo del francés, y de todas las lenguas, sistemas autoreferenciales que evolucionan a partir de una extraña lógica combinatoria inherente a ellos. Proponía estudiar el origen de una palabra, por ejemplo, la palabra "mentón", a partir de otras palabras del francés que juntándose o fragmentándose, pudieran haber dado origen a la palabra original y a toda una prole de palabras que se le asociarían; así pues, "mentón" vendría de "él aumentó" y ello implicaría que cuando la cara es mentada el mentón aumenta, es decir, el mentón sobresale; de ahí que "Sal mentón" lleve a "Se alimentó"...

No es gratuito que cuando Foucault escribe su breve nota, lo primero que cita es la advertencia que aparece al inicio de *La Science de Dieu* de Brisset: "La presente obra no puede ser traducida por completo". Dicha nota da cuenta de un fenómeno interesante: hay ciertos usos del lenguaje que resisten la traducción literal (algo que Morton, Harman, y los demás ontólogos orientados a objetos saben demasiado bien). Brisset era consciente de que su texto tomaba al francés y lo hacía girar sobre sí mismo gracias a las cualidades propias del francés, las cuales no compartía con otra lengua. El texto de Brisset resulta intraducible a otra lengua, como también seguramente resulte incomprensible para los hablantes del francés -y esto expresa un fenómeno todavía más complejo: dentro de una lengua hay lenguas que la habitan, como un extranjero habita algunos rincones de su propio país en un exilio interior. Aunque Foucault no enfrentó la tarea de traducir a otra lengua el texto de Brisset, sí llevó a cabo una traducción del mismo al hacer migrar el sentido de un texto que desdobla o que duplica el lenguaje dividiéndolo en dos: el lenguaje en el que está escrito y el lenguaje sobre el que escribe. A este reto se enfrenta todo aquel que intenta traducir, llevando de un régimen a otro, o de una lengua a otra, un texto que hace las veces de extranjero en su propia lengua, un poco como Morton hace con el inglés.

Finalmente, si como Morton y los ontólogos orientados a objetos afirman, todo acceso (todo contacto) con el ser retirado de los objetos es una "traducción" y toda "traducción" es, por definición, siempre imperfecta, entonces esta traducción de *Magia realista* es un caso más de imperfección. Seguro lo será, porque todo lenguaje menor tiene una potencia que es propia de su contexto y que resulta intraducible. Sin embargo, esperamos no cancelar en quien lo lea -como un mal día no cancela en el alma del nómada el anhelo por ir al encuentro de lo desconocido- el gusto por construir al interior de su lengua, su propio lenguaje menor.

Román Suárez & Laureano Ralón
Morelia, Michoacán, 2019

Notas

1. Gilles Deleuze y Félix Guattari, *Kafka. Por una literatura menor*, (México, DF., Ed. ERA. 1977), 43.
2. Gilles Deleuze y Félix Guattari, *Kafka. Por una literatura menor*, (México, DF., Ed. ERA. 1977), 44.
3. Michel Foucault, *Siete sentencias sobre el séptimo ángel,* (Madrid, Ed. Arena Libros, 2002), 11-13.

Agradecimientos

Ante todo hay que señalar que Graham Harman trajo este libro a la vida en prácticamente todos sus aspectos. Su prosa brillante y seductora me inspiró a convertirme en un ontólogo orientado a objetos. Y como editor de esta serie, ha sido un colaborador por demás atento y generoso durante la etapa de producción del presente libro.

Ian Bogost, uno de los cofundadores de la ontología orientada a objetos (OOO), me sugirió el título del libro durante una estimulante sesión de intercambio de ideas que tuvo lugar en diciembre de 2010 en Los Ángeles, y desde entonces ha compartido sus pensamientos conmigo de la manera más generosa que se pueda imaginar.

Hay muchas personas cuyas ideas inspiradoras y palabras de aliento me alentaron en este proyecto: Jamie Allen, Jane Bennett, Bill Benzon, Paul Boshears, Rick Elmore, Paul Ennis, Rita Felski, Dirk Felleman, Nathan Gale, Bobby George, Thomas Gokey, Joseph Goodson, Peter Gratton, Liam Heneghan, Eileen Joy, Julia Reinhard Lupton, Douglas Kahn, Ken Reinhard, Tom Sparrow, McKenzie Wark, Cary Wolfe y Ben Woodard.

Este libro está dedicado a mi hijo Simón. Quien tenga dificultad para imaginar la causalidad como algo mágico y misterioso, solo necesita pensar en el mundo de los niños.

Lista de figuras

Figura 1: Emergencia

Figura 2: Génesis de un “logro”

Todo lo profundo ama el disfraz.

– Friedrich Nietzsche

Lo que constituye el fingimiento es que, a fin de cuentas, no sabes si se trata o no de un fingimiento

– Jacques Lacan

Como se incendia el alción, la libélula se inflama;
Como tumbadas del pretil de rotundos pozos suenan las piedras;
Igual que cada cuerda tañida dice, cada campana al mecerse;
En su arco halla lengua para lejos proclamar su nombre;
Cada cosa mortal hace una cosa y una sola:
Dispensa el ser que dentro de cada cual habita;
Se afirma—va hacia sí; dice y descifra yo mismo;
Gritando, lo que hago soy: para eso vine.

– Gerard Manley Hopkins

Introducción

Los objetos en el espejo están más cerca de lo que aparentan

> La naturaleza ama ocultarse.
>
> – Heráclito.

Amo la inquietante cursilería de la canción "A la deriva en la dicha de la memoria" (*Set adrift on memory bliss*) de P.M. Dawn, tanto como el video musical correspondiente en su versión ampliada, que incorpora secuencias de la canción "Verdadero" (*True*) de Spandau Ballet y constituye la columna vertebral del tema.[1] La extravagancia de esta canción resulta un tanto siniestra y tiene una resonancia especial en mi vida. En el verano de 1992, la escuché brotar una y otra vez de la habitación de mi hermano, quien comenzaba a padecer de esquizofrenia.

Fue muy triste ver a Steve en ese estado, como si se estuviese despidiendo de su mente. La escuchaba una y otra vez y, por supuesto, eso es precisamente lo que la canción genera: abre un estado afectivo, una beatitud de la memoria, un ciclo que se repite una y otra vez; es una manera de decirle adiós a alguien o, mejor dicho, de tenerlo en mente para no dejarlo ir. En todo caso, no podemos estar del todo seguros, y es por ello que la canción funciona. Se trata de un tema de *hip-hop* compuesto de fragmentos de otros temas, algo así como la melodía de nuestra canción favorita que cantamos en la ducha -un objeto preciado que podemos reproducir una y otra vez a voluntad. Estos fragmentos de objetos nos conmueven, pues tratan de aferrarse a los sentimientos de algo que se nos escapa: ser fieles y verdaderos, aun sabiendo que estamos a punto de perder algo. Se trata de atesorar una ilusión y, al mismo tiempo, despedirse de ella. Encuentro enternecedora aquella escena de mi hermano escuchando su canción: en torno a ella se aglutinan mis amorosos recuerdos de él, que ahora rememoro una y otra vez, recitándolos para mis lectores, como si fuesen una antigua rapsodia griega con sus raperos originales: los hombres que memorizaron fragmentos de las obras de Homero y Hesíodo y, como hacen los músicos de hoy en día, los *interpretaron*.

La canción es una lectura, una adaptación, del tema de Spandau Ballet ("True"), la cual también parece imitar o evocar algo, trata de hacerle justicia a algo, como solo los temas nº 1 del *ranking* pueden lograrlo: como absortos en un extraño cielo de canciones pop, refiriéndose unos a otros interminablemente. No cabe duda que el rapero Prince Be sabe cómo reunir todo a su alrededor: de Joni Mitchell a "Murmullo descuidado" (*Careless whisper*) de Wham!, de "Danza de neutrones" (*Neutron dance*) de Pointer Sisters a "Bonita applebum" de A Tribe Called Quest, pintorescamente rebautizada como "Christina applecake", hasta su propia canción, "La realidad solía ser mi amiga" (*Reality used to be a friend of mine*). Hay incluso una aparición breve e inesperada de Julian Lennon tomada del tributo a su padre, "Demasiado tarde para decir adiós" (*Too late for goodbyes*).[2]

Se podría decir que todos los objetos perdidos del mundo están ahí (y de hecho, lo están, solo que en forma de colores, sonidos y palabras), enfrascados uno dentro del otro como una muñeca rusa: el recuadro inicial de Spandau Ballet, la más trillada de las canciones del *New Romantic*, atrapada en esa extraña psicodelia de P.M. Dawn, que simultáneamente le brinda tributo. Y al mismo tiempo, esas formas estéticas invocan la ausencia, la ilusión y la pérdida. Algo se ha ido, y mi ilusión de ese algo se ha esfumado. Perder una ilusión es mucho más difícil que perder una realidad. Sin embargo, aquí viene, una vez más, ese estribillo sampleado hasta el infinito (o al menos durante esos seis minutos de eternidad que dura la canción). Nos sentimos a la deriva en ese circuito interminable de presencia, de un presente que está repleto de ausencia, duda y lamento. En este sentido, Prince Be bien podría ser la reencarnación de William Wordsworth.

Las cosas están y no están al mismo tiempo. "Es así como sucede" (*That's the way it goes*). El verso de la canción nos sugiere la manera en que las cosas pasan, acontecen y desaparecen. Se ocultan y, sin embargo, hay trazos, muestras y recuerdos. Estos ítems interactúan unos con otros y también con y en nosotros; se entrecruzan en un espacio de configuración sensual, pero los objetos de los cuales emanan permanecen escondidos.[3] Esto no significa que por cada objeto hay, por así decirlo, subsecciones 1, 2 y 3, y por último una misteriosa subsección 4 que permanece oculta. Este pensamiento supone que los objetos pueden de algún modo ser segmentados. En cambio, el ocultamiento de un objeto implica que en este preciso momento dicho objeto tiene como principal rasgo de su realidad la incapacidad de ser otra cosa: no es el poema que he escrito sobre él, ni tampoco su estructura atómica, sus funciones ni sus relaciones con las demás cosas. Ocultarse no equivale a un blindaje feroz. Tampoco equivale a postular un vacío o una zona gris. El ocultamiento es la inefable unicidad de esta lámpara, de este pisapapeles, de este teléfono celular de plástico, de este mantodeo, de este sapo, de este Marte tenuemente rojo que flota en el cielo nocturno, de este callejón sin salida, de este cesto de residuos. Un secreto abierto.

El título de este libro es una evocación del género literario conocido como *realismo mágico*. En la segunda mitad del siglo XX, escritores como Gabriel García Márquez desarrollaron un estilo de escritura que incorporaba elementos de la paradoja y de la magia. En las narrativas mágicorrealistas, la causalidad se aleja de un ideal puramente mecanicista, en parte como forma de resistencia ante la inexorable "realidad" imperialista, en parte para darle una voz a lo innombrable -a cosas que resultan casi imposibles de pronunciar desde los confines de la ideología hegemónica. *Magia realista* argumenta que la realidad misma no es ni mecánica ni lineal en lo que respecta a la causalidad. Por el contrario, la causalidad es algo velado que, no obstante, permanece al descubierto: un secreto abierto. La causalidad es *misteriosa* en el sentido original (griego) de *misterio*, esto es, el hecho de que las cosas son innombrables o secretas por naturaleza. *Misterio* es un sustantivo neutro derivado de la palabra *muein*, que significa cerrar o clausurar. Así pues, el vocablo "misterio" sugiere una rica y ambigua batería de términos: secreto, encerrado, oculto, innombrable. Este estudio contempla la dimensión real de las cosas como algo estrechamente vinculado al misterio en este sentido. En este libro utilizaré dichos términos para transmitir la idea fundamental: que las cosas se hallan *encriptadas*. Pero la diferencia entre el encriptamiento estándar y el encriptamiento de los objetos es que este último es completamente indescifrable. "La naturaleza ama ocultarse" (Heráclito).

El título *Magia realista* también fue escrito para suscitar reflexiones acerca del realismo filosófico, esto es, la idea de que existen cosas reales. El realismo suele ser considerado un tema más bien aburrido, mientras que todo lo misterioso y extravagante se sitúa del lado antirrealista de la discusión. Como veremos, esto no tiene por qué ser así. El problema con el tratamiento de la causalidad por parte de muchas teorías realistas es que, justamente, tienden a eliminar el elemento de misterio, que bien podría ser el rasgo definitorio de las diferentes teorías sobre la causalidad. Parece obvio que una teoría de la causalidad sustituya "entendimiento" por misterio. De hecho, estas teorías tratan de explicar las cosas quitándoles el misterio. Una teoría de la causa y el efecto nos muestra cómo funciona el truco de magia. Pero, ¿qué sucedería si algo esencial en lo relativo a la causalidad se situara en el mismo plano del truco de magia?

Pensar de este modo la causalidad significa empezar a concebirla desde una perspectiva *orientada a objetos*. Si las cosas se ocultan por naturaleza y son irreductibles a la percepción, a las relaciones o a los usos, entonces solo pueden afectarse unas a otras en el interior de una zona misteriosa, exterior y frontal a ellas, en una región de trazos y huellas, esto es, la dimensión estética. Veamos un ejemplo.

La canción de P.M. Dawn, "A la deriva en la dicha de la memoria" (*Set Adrift on Memory Bliss*), es inquietantemente dulce. Sin embargo, al promediar el tema, un sonido extraño atraviesa su dulzura: el sonido agudo y periódico de un metalófono. Es un sonido circular como el de una caja de música. Un sonido ligeramente desesperante. Sus notas son extrañas, su afinación misteriosa, disonante respecto del fragmento de Spandau Ballet, que prácticamente nos acuna y nos tranquiliza. Este sonido extraño es como un juguete roto, levemente amenazante y enloquecedor. Destella a medida que avanza; es la ausencia total de afecto, una fría tajada de muerte. No hay pasión alguna en ese sonido, es un objeto roto atascado en una repetición atonal, reminiscente de los primeros compases del *Pierrot Lunaire*.

La rotación de esa caja musical es el secreto de toda la canción: la sensación de estar trabado, de coexistir en medio de procesos cíclicos. La congoja actúa como la fotografía de un objeto sepultado muy dentro nuestro, que de vez en cuando libera algunos fotones en nuestro torrente sanguíneo. La congoja también es la huella de algo que no somos nosotros, la evidencia arqueológica de un objeto. Freud dijo alguna vez que el ego es el registro de la catexis[4] de un objeto perdido, como la losa de un antiguo barro petrificado con la huella de un dinosaurio, o como un cristal forjado por sopladores, tubos y polvo de cuarzo. Todo trazo estético, toda huella de un objeto destella ausencia. Las cosas sensibles son elegías a la desaparición de los objetos.

Aquel sonido, aquella frialdad de una caja musical rota, es el eco de un mundo no-humano, un pequeño fragmento de lo indigerible, engastado en una suave tibieza. Es como si pudiésemos borrar todos los demás sonidos de la canción y quedarnos solo con ese. El mismo se entromete, es mucho más delicado, mucho más infantil, mucho más titilante que todos los otros.

¿Acaso esto no nos dice algo sobre la dimensión estética, sobre por qué los filósofos a menudo identifican fenómenos semejantes con el reino del mal? Es que la dimensión estética es un lugar de ilusiones, pero de ilusiones reales. Si tuviésemos la certeza que se trata tan solo de ilusiones, no habría ningún problema. Pero como escribe Jacques Lacan, "lo que constituye el fingimiento es que, a fin de cuentas, no se sabe si es o no un fingimiento".[5] Nunca podemos saber si se trata de una ilusión. "Al final, ella tenía razón, no puedo mentir". Sin embargo, Prince Be capta lo que significa ser seducido por un recuerdo: "Ojo por ojo, espía por espía/ las pulseras de goma se estiran con un dejo de frustración…lo siento por ella, realmente lo siento por ella". Sabemos que por lo menos esto es verdad. La realidad es *como* una ilusión, con todo el énfasis puesto en ese ambiguo *como*.

Penetrante aunque embustera, la dimensión estética flota frente a los objetos, como un grupo de payasos enloquecidos en un cuadro expresionista, o como una *performance* cuyos bordes no son para nada visibles. Prince Be nos brinda una visión muy aguda de esta dinámica al afirmar: "Creo que es uno de esos *déjà-vu* o un sueño que está tratando de decirme algo… la realidad solía ser mi amiga". Para mi hermano -a quien le resultaba muy difícil mirar fotos de budas sonrientes porque pensaba que estaban disfrutando demasiado de su propia confusión- era una experiencia espantosa. No son del todo honestos, los budas, seguramente esconden algo. El misterio de sus sonrisas, como el de la Mona Lisa, podría ocultar un vacío *meóntico*, una nada. Pero, ¿se trata tan solo de una sonrisa? Si solo hay objetos, si el tiempo, el espacio y la causalidad, como argumentaremos aquí, son propiedades emergentes de los objetos (si todas las cosas están suspendidas "frente a" los objetos en esto que hemos bautizado con el nombre de dimensión estética, un espacio no-temporal, no-localizado que no se sitúa en un más allá, sino aquí mismo, frente a nosotros), entonces nada ni nadie puede garantizarnos qué cuenta como real y qué como irreal. Sin espacio, sin entorno, sin mundo, los objetos y sus efectos sensuales se amontonan como figuras picarescas en un baile de carnaval.

Con su intimidad claustrofóbica, este conglomerado de objetos expresionistas impide que se forme algo así como una "ideología de lo estético". En este libro, lo estético no es un accesorio decorativo de los objetos; tampoco es una agencia de citas que se encargaría de acercarlos, puesto que ellos están siempre ya ontológicamente separados. Como parte de la propuesta de la *ontología orientada a objetos* (OOO), la filosofía cuyo principal arquitecto es Graham Harman, este libro libera lo estético de su papel ideológico de mediador entre sujeto y objeto, un papel que ha desempeñado desde los tiempos de Kant.

Magia realista explora la causalidad desde la perspectiva de la ontología orientada a objetos. Sostengo que la causalidad es por completo un fenómeno *estético*. Los acontecimientos estéticos no se limitan a las interacciones entre los seres humanos, o entre los humanos y los lienzos pintados, o entre los humanos y los diálogos de un drama, ya que también suceden cuando una sierra corta un pedazo de madera aglomerada, cuando un gusano emerge del barro húmedo, o cuando un híper-objeto emite ondas de gravedad. Cuando hacemos o estudiamos arte, no exploramos una capa decorativa en la superficie de una compleja máquina; hacemos o estudiamos la causalidad. *La dimensión estética es la dimensión causal.* Todavía me maravillo al escribir estas líneas, y me pregunto si mis lectores se sorprenderán o no.

Las ventajas de un abordaje como el que planteamos aquí son múltiples, pero tal vez la virtud más grande de esta aproximación a la causalidad sea su capacidad de abarcar todo tipo de fenómenos que otras teorías tienen dificultades para explicar. Una teoría OOO de la causalidad puede, por ejemplo, incluir sombras y miedos, el lenguaje y un lápiz labial, además de bolas de billar y fotones.

El arte es importante porque explora la causalidad, la cual, como sabemos, involucra mucho más que bolas de metal colisionando unas con otras. Los entes interactúan en un éter sensual que no posee, en principio, ni lugar ni tiempo.[6] Así pues, mi argumento demostrará que los objetos pueden afectarse unos a otros pese a estar retirados sobre sí mismos y situarse fuera de todo alcance. En este sentido, cuando la crítica de arte anticuada habla de belleza atemporal, se está refiriendo a algo profundo acerca de la naturaleza de la causalidad, no a valores humanos falsamente universales.

Aun si descartáramos secuencias como, "su enojo produjo que golpeara a ese viejo insoportable", para enfocarnos exclusivamente en la causalidad "física", seguirían habiendo manifestaciones misteriosas en el dominio causal que la OOO podría explicar mucho mejor. La no-localidad y la no-temporalidad de la causalidad estética no deberían ser aspectos desconcertantes del universo. Sin adentrarnos todavía en la física cuántica, es un hecho que los campos electromagnéticos y las ondas de gravedad son no-localizadas, al menos hasta cierto punto. En este preciso momento, hay ondas de gravedad que se originaron en el inicio del universo y que ahora atraviesan nuestros cuerpos. De hecho, Maxwell y otros pioneros del electromagnetismo imaginaron el universo como un inmenso océano de ondas magnéticas. Y luego, por supuesto, tenemos el verdadero asunto de lo no-localizado: la mecánica cuántica. Consideremos la forma estética de un campo electromagnético; por ejemplo, la manera en que navegan los pájaros utilizando diminutos magnetos cuánticos en sus ojos.[7] Como en este nivel la materia es apenas información, la física teórica se sitúa ya en un espacio conceptual estético. El propio Lucrecio, un atomista, imaginó que la causalidad funcionaba a través de finas películas estéticas emitidas por los objetos.[8] Sin embargo, en este libro, los argumentos irán más allá de las aventuras de la física teórica; los mismos podrán aplicarse a cualquier tipo de objeto, no solo a la clase de entes que estudia la física.

Una ventaja al momento de argumentar que la causalidad es estética es la posibilidad de situar, en paralelo con las demás cosas, eso que llamamos conciencia. El fenómeno cuántico básico de acción a distancia sucede todo el tiempo. Pensar en un agujero negro es mucho menos riesgoso que estar cerca de uno pero, en cierto modo, pensar en el agujero negro ya nos conecta con él. Bertrand Russell niega la acción física a distancia y sostiene que la causalidad sólo puede darse entre dos entes contiguos. Si hay algún tipo de acción a distancia, dice Russell, entonces debe haber un tercer ente que intervenga para transmitir la causalidad. En un maravilloso pasaje, Russell argumenta que

> Cuando se da una conexión causal entre hechos que no son contiguos es porque debe haber un eslabón intermedio en la cadena causal, de manera tal que cada uno sea contiguo respecto del siguiente, o (alternativamente) de manera tal que haya un proceso que es continuo.[9]

¿No es una elegante caracterización de la dimensión estética? La acción a distancia sucede todo el tiempo cuando la causalidad es estética. Lo que llamamos consciencia no es otra cosa que acción a distancia. De hecho, podríamos ir más allá y afirmar que toda consciencia de algo es acción a distancia. Los fenómenos empíricos, como las neuronas espejo y el entrelazamiento cuántico, nos brindan evidencia de esto. Así pues, estar localizado "en" el espacio o "en" el tiempo significa estar inserto en un entramado de relaciones. No es que los objetos "ocupen" primero una región existente de espacio-tiempo, sino que están ya siempre atrapados en campos, y en consecuencia, espacializados y temporalizados por otros entes. Como mínimo, lo que la física llama acción a distancia es la existencia-para-otro de cualidades sensuales, un argumento que este libro intentará esclarecer a medida que avancemos.

En los tiempos de Platón se solía calificar de *demónicas* a las acciones a distancia. Eran consideradas la acción de fuerzas siniestras que mediaban entre los estratos físicos y no-físicos de la realidad. Esto es justamente lo que Sócrates nos dice respecto del arte en el *Ion*: compara el arte con un imán inserto en una hilera de imanes formada por la Musa, diosa de inspiración, el artista, el trabajo, el intérprete, y hasta el público, todos unidos por una fuerza demónica.[10] Aunque hoy en día llamamos electromagnetismo a esta fuerza demónica, tiene una sorprendente reminiscencia con las enseñanzas de Platón: las ondas electromagnéticas transmiten información a distancia; un receptor traduce la información en música que es emitida por los altavoces de un sistema de sonido, y de esta manera podemos oír a P.M. Dawn. Así pues, en tiempos de una conciencia ecológica, es posible pensar nuevamente en el arte como una fuerza demónica que transporta información desde el más allá, es decir, de entes no-humanos como el calentamiento global, el viento, el agua, la luz del sol, la radiación y el blanqueamiento coralino en el océano, a la vorágine cíclica de bolsas de plástico en medio del Atlántico.

El problema es que todo este arte consiste en una traducción, en una metáfora de algo. Hay una profunda ambigüedad en la noción de interpretación, como observa Sócrates. Pero, ¿qué sería una interpretación justa? ¿Qué significa "justicia" cuando de obras de arte se trata? Sócrates dice que una obra de arte no es una fiel imagen de una cosa. Es, en todo caso, la ejecución [*performance*] de algo, una fuerza demónica interior. Cuando la orquesta sinfónica de San Francisco interpreta una sinfonía de Mahler, no nos dice de qué se trata la obra. Solo la ejecuta. Sin embargo, en la interpretación como ejecución y entrega encontramos una ambigüedad adicional que se sitúa entre la espontaneidad (la cual parece surgir de la nada) y la interpretación, la habilidad y la experiencia. La improvisación, como señala Derrida, es un tipo de interpretación en la que la lectura y la escritura no son para nada fáciles de diferenciar. "La cámara panea la copa de cóctel, detrás de una persiana de plantas de plástico" ("Set Adrift on Memory Bliss"). ¿Por qué una ambigüedad tan profunda? Porque la dimensión estética es una dimensión ilusoria, ambigua, auto-contradictoria y engañosa; toda teoría que no tome esto en cuenta no merece nuestra atención.

Cuando leemos algo que nosotros mismos hemos escrito en voz alta, empezamos haciéndolo como lo haría un *performer*. Miles Davis decía (o al menos se le atribuye a Miles, tal vez se trate de uno de esos dichos que deambulan por la demónica dimensión estética) que debemos tocar mucho tiempo para poder sonar como nosotros mismos. La improvisación es música que se escucha a sí misma. Se tempera. El arte es un temperamento, un *Stimmung*. Y en tiempos de una renovada conciencia de lo no-humano (cuando instrumentalistas como Richard Dawkins y los integrantes del Congreso Republicano deben fruncir ante el calentamiento global y las olas de calor) el arte ecológico se acerca cada vez más a este tipo de temperamento.

El problema con el temperamento es que no guarda relación con interpretaciones correctas o incorrectas (aunque seguramente algunas interpretaciones *sean* mejores que otras), puesto que hay objetos reales. Como en el jazz, un buen solo nos revela algo acerca del metal, la curvatura, el tamaño y la válvula de evacuación de una trompeta; un buen solo sucede cuando el instrumento se adueña del músico.[11] Cuando el público aplaude un solo increíble, está tratando de tocar el interior de la trompeta. El hecho de que las trompetas puedan ser manipuladas de este modo (¿no será que las trompetas manipulan a los humanos?); el hecho de que puedan liberar en la esfera sensual lo que Graham Harman ha denominado su "núcleo fundido", nos dice algo acerca de los objetos en general.[12] Es que ningún solo agota la trompeta en su totalidad: tenemos la sensación de que siempre hay en lo que al objeto respecta. Un objeto -digamos, un oud o un laúd- puede ser tocado y afinado de diferentes maneras que extraen todo tipo de propiedades secretas. En este sentido, tocar un laúd es como hacer fenomenología. Nos enfocamos en la estructura interna del objeto y así permitimos que se apodere de nosotros. Un oud es casi el mismo objeto que un laúd. Pero entonces, ¿cómo puede ser que a través de él se extraigan sonidos tan distintos, interpretaciones tan diferentes? La respuesta se encuentra en el modo en que las cosas se sustraen de un acceso total. Y es por ello que *Le Trio Joubran* nos mata con el oud, mientras que un buen intérprete de *Dowland* es apenas exquisito. Porque hay ouds y laúdes reales, no tiene mucha importancia qué dedos se deslizan de arriba hacia abajo por sus diapasones.

No es cuestión de pararse fuera del universo para adoptar una meta-posición. Esto es sencillamente imposible en un universo orientado a objetos, y es simplemente irrealizable en el contexto de la presente emergencia ecológica. Aunque algún día llegásemos a Marte, estaríamos llegando *desde* la catástrofe de nuestro planeta Tierra, algo que las novelas de Kim Stanley Robinson describen con dolorosa precisión. No; cuando afinamos estamos creando un nuevo objeto. La afinación marca el nacimiento de un objeto: una afinación, una lectura, una interpretación. Por ejemplo, un tema rapsódico sobre lo que significa escuchar a Spandau Ballet y recordar a una ex-amante. Cada nota se vuelve una elegía a la desaparición de un objeto u objetos, el secreto ontológico fundamental.

Sin embargo, cuando afinamos también suceden cosas reales: afectamos la causalidad. Establecemos un vínculo con al menos un otro ente real. Pintamos un agujero negro, y el agujero negro, con su horrible opacidad, está y no está ahí mismo, en la pintura. Hacemos una pintura por goteo [*dripping* o *drip painting*] y pintamos *sobre* el arte de pintar, un poco como escribir *sobre* música, que es comparable a bailar *sobre* arquitectura. Para la OOO, los objetos hacen esto constantemente cuando se relacionan unos con otros. Después de todo, ningún objeto entra en contacto pleno con otro objeto; solo comparten lo que Harman llama sus "notas". De este modo, la arquitectura *columnea* (o lo que sea que haga) acerca de las relaciones humanas; los perros *olfatean* acerca de los árboles. Los lápices *lapicean* acerca de los sacapuntas. El viento de la tormenta *tormentea* acerca de la chimenea por la que sopla. La calculadora *calcula* acerca del resumen bancario que me desvela. Los pájaros *pajarean* acerca del derrame de petróleo de la BP (y nos cuentan sobre él con metáforas pajarescas). El tren *trenea* acerca de la luz de un relámpago, y las cámaras a un lado de las vías *camarean* en acerca de esto. Los fotones *fotonean* acerca del electrón, el agua *aguacea* acerca del calentamiento global, y la escritura *escribe* acerca de la música. Como bailar acerca de la arquitectura.

Las pinturas siempre son producto de muchos factores, no solo de la imaginación humana. Por supuesto, son hechas de pintura, que a la vez es hecha de cristales hechos polvo en un medio como la clara de huevo o el aceite. Pero cuando se cuelga la pintura en la pared, ella también se relaciona con la pared a su manera. Una mosca se posa en ella. El polvo se acumula sobre ella. Poco a poco, los pigmentos se modifican dejando atrás las intenciones del autor o la autora. Podríamos pensar que todas estas intervenciones no-humanas son ellas mismas un tipo de arte o diseño. Así pensado, los entes no-humanos también hacen arte, sólo que a eso lo llamamos causalidad. Cuando los cristales de calcio recubren una pintura en la pared de una cueva del período paleolítico, también están haciendo arte, también están pintando. En pocas palabras, la dimensión estética es la dimensión causal. Esto significa que hay una enorme malla no-localizada que flota "frente" a los objetos (en un sentido ontológico, se entiende; no físicamente "delante" de ellos).

Las pinturas de Bridget Riley, por ejemplo, inciden de forma directa en los nervios ópticos y en el campo de visión de los observadores. Producen vibraciones en el sistema óptico creando patrones de interferencia. La pintura es un dispositivo, una máquina, un objeto que ejerce su señorío causal sobre la realidad. Yukultji Napangati, pintora aborigen de nacionalidad australiana, crea dispositivos resplandecientes, que parecen asediar, titubeantes, a quienes los contemplan, amenazando el sentido de integridad. Napangati fue una de las nueve personas que en 1984 se internaron en el desierto de Gibson en Australia, las últimas personas sobre la tierra que pudieron vivir como en el período neolítico. Y esto es lo que produce con su arte: dispositivos para dialogar con el espíritu del mundo, que permiten que las fuerzas demónicas nos posean. Al apreciarlas en carne y hueso (no tanto en un archivo "jpeg"), actúan como una docena de Bridget Rileys superpuestas: los patrones se entrelazan e insinúan, capa sobre capa, un movimiento y un destello hipnótico. Son realmente aterradoras. Pero también son pinturas de los lugares donde un grupo de mujeres merodearon en medio de las dunas, haciendo rituales, excavando en búsqueda de raíces. Toda una performance.

Objetos y no-objetos: $p \wedge \neg p$

En el pensamiento, la estética y la causalidad demónicas están a un suspiro de distancia. Descartes se preocupaba con razón por la acción a distancia: tal vez estaba siendo controlado por genios malignos.[13] Su negativa de aceptar esta situación lo condujo al *cogito*. Sospechaba que estaba siendo manipulado, y utilizó la ley de no contradicción para tratar de impedirlo. Muchos filósofos reprodujeron con posterioridad esta línea que por primera vez traza Descartes, incluido el realista especulativo Quentin Meillassoux, quien separa la razón de la creencia con una certeza absoluta[14]. Esta separación tiene que ver con las cosas reales, que no solo son pensamientos en la mente humana. Meillassoux argumenta que la estabilidad del universo hace parecer (y solo parecer) imposible la emergencia por casualidad.

Sin embargo, la física argumenta que la apariencia de estabilidad es una función del azar. Son los patrones del azar los que brindan regularidad. La aglutinación es una característica del verdadero azar. Meillassoux, como también aquellos que trata de refutar, parece adoptar la idea de que el azar equivale a la inestabilidad. En última instancia, opta por desechar la idea del azar porque todavía supone cierta ley, cierto orden; en cambio, trata de probar que no hay razón suficiente por las cosas sucedan. Sin embargo, esto solo aplica para sistemas mecánicos como el de los dados (el ejemplo de Meillassoux) o las bolas de billar (Hume). El aglutinamiento cuántico es realmente azaroso. Esto significa, por ejemplo, que en ciertas condiciones repetidas con un alto nivel de frecuencia la probabilidad de que un fotón sea polarizado en cierta dirección y no en otra es totalmente incierta con anterioridad a cualquier "medición". Es por ello que los fenómenos cuánticos son increíblemente únicos a la hora de generar cifras aleatorias.

Decir que el estado de un fotón es "totalmente incierto" equivale a afirmar que, cualquiera sea la cantidad de información que uno posea, nunca será capaz de predecir dicho estado. Claramente, no es el caso de los dados o de las bolas de billar. *La incertidumbre total significa incertidumbre en sí misma, no incertidumbre relativa a una medición.* Una forma de comprender esta incertidumbre total es que un fotón se encuentra en dos o tres posiciones diferentes al mismo tiempo. Esto viola lo que para Meillassoux es la ley fundamental (la única ley que él elige no violar), *la ley no contradicción.* Violar esta ley implica que podemos aplicar con seguridad el "razonamiento probabilístico" al universo en cuanto tal y que, lejos de ser algo "insignificante" (Meillassoux), descubrimos que es así como las cosas más básicas presuntamente funcionan.[15]

¿Qué implica, entonces, conservar la dimensión demónica de la causalidad? Lo que encontramos en ella no son patrones o relaciones que se resuelven en la mente con forma de pinturas, barro o vidrio. En cambio, las cosas nos encuentran de manera directa, siendo ellas mismas. Más precisamente, todo ente proyecta una sombra de sí mismo sobre el espacio *interobjetual*, es decir, sobre el espacio sensual que está compuesto de relaciones entre objetos, los cuales esculpen su propia versión de la caverna de Platón. Es algo así como el poema de Gerard Manley Hopkins que aparece en el epígrafe de este libro:

> Como se incendia el alción, la libélula se inflama;
> Como tumbadas del pretil de rotundos pozos suenan las piedras;

Igual que cada cuerda tañida dice, cada campana al mecerse;
En su arco halla lengua para lejos proclamar su nombre;
Cada cosa mortal hace una cosa y una sola:
Dispensa el ser que dentro de cada cual habita;
Se afirma — va hacia sí; dice y descifra yo mismo;
Gritando, lo que hago soy: para eso vine.[16]

Este *yo mismo* tiene un aspecto inquietante, como la persona que nos asegura que está siendo sincera. ¿Podemos confiar realmente que los objetos no están jugando con nosotros? Una vez más: "Lo que constituye el fingimiento es que, a fin de cuentas, no sabes si se trata o no de un fingimiento".[17] Juan Duns Escoto habla de la *haecceidad* de la cosa, de su *realidad concreta*, y Hopkins traduce esto en verso.[18] Sin embargo, esta *realidad concreta* no se impone desde el exterior de manera objetiva. Fluye desde el interior. El propio Hopkins lo afirma explícitamente: *Lo que hago soy*. En efecto, es *yo* versus *mí mismo*. Y en esta diferencia entre un pronombre personal reflexivo y no-reflexivo, detectamos la evidencia arqueológica de una grieta (en griego, *chōrismos*), entre la cosa y sus apariencias. Este concepto de grieta (en breve comenzaré a sacarle provecho) ocupa un lugar muy importante en este libro.

Así pues, lo que Hopkins nos brinda no es una maqueta de plástico animada y coloreada con brillos, sino un extraño escenario en el que las cosas escenifican su singular versión de la paradoja de Epiménides el cretense: "Este enunciado es falso". Afirmar cualquier otra cosa significa haber decidido de antemano lo que son las cosas, lo cual contradice la manera en que el poema nos obliga a vivenciarlas. "Tumbadas del pretil de rotundos pozos suenan las piedras", las cuales son sentidas y oídas antes de saber qué tienen para decirse a sí mismas al chocar contra las paredes del pozo y contra las aguas profundas en su interior. La primera línea es un adjetivo unido por rayas, *Tumbadas-del-pretil-de-rotundos-pozos*. El adjetivo toma casi tanto tiempo en ser leído como el que le toma a una piedra de talla media en caer al agua. El adjetivo saca la piedra del mismo modo en que un dragón expulsa llamas. La piedra deviene su propia caída, su caída-en-el-pozo, a partir del momento mismo en que es lanzada desde el borde. Luego, el impacto: es una piedra, de acuerdo, pero ya la sentíamos como una no-piedra.

Las cosas mediante las cuales dimensionamos los objetos no son los objetos mismos. Por "nosotros" me refiero a los humanos, pero también a los cepillos de inodoro, a los cuásares, al trigo candeal, al objeto mismo en cuestión. Así pues, estamos ante una situación extraña en la que hay objetos y hay cualidades, pero también hay relaciones entre objetos. Hay un *chōrismos*, una brecha irreductible. Cualidades y relaciones son casi lo mismo, pues nacen de la interacción entre el objeto y el 1 + *n* de las demás cosas. Un bloque de hormigón es duro y frío para una mosca, es áspero para mis dedos, y frágil para un buen golpe de karate; también es invisible para una partícula subatómica. Pensemos en un *objeto oscuro* de grado cero. Estrictamente hablando, no nos ofrece cualidades visibles, pero esa precisa falta de relación es en sí misma una relación, como si el objeto oscuro irradiara cierta energía que pasa inadvertidamente a través de nosotros.

Un objeto no es sus cualidades. Los objetos son y no son ellos mismos al mismo tiempo. De este modo, desafiando la ley de no contradicción -una ley que por otro lado nunca ha sido debidamente probada-, los objetos nos presentan la siguiente paradoja: son objetos y no-objetos. Todo objeto es un secreto abierto, de la misma manera en que miente el mentiroso al afirmar "*este enunciado es falso*". O al igual que la paradoja de Russell, que alude a un tipo de conjuntos que forman parte de sí mismos solo si no forman parte de sí mismos.

Acabamos de ingresar en una región del pensamiento que es explorada por algunos lógicos como Graham Priest, cuyo trabajo versa sobre cosas que pueden ser contradictorias, en abierta transgresión de la supuestamente universal ley de no contradicción. El mentiroso, la paradoja de Russell y el teorema de incompletitud de Kurt Gödel, todos apuntan a la posibilidad de que esta ley no siempre aplique. Por ejemplo, Gödel establece que para todo sistema lógicamente coherente debe haber por lo menos un teorema que el sistema no pueda probar *para que ese sistema sea verdadero* en sus propios términos, algo así como "este enunciado no puede ser probado".

Tales entes parecen expandir los límites del pensamiento, límites que algunos filósofos quieren mantener claros y distintos (aunque a veces reconocen que algunas cosas de la realidad no son del todo lógicas). Supongamos que podemos viajar más allá de dichos límites sin salirnos de la lógica. ¿Qué tipo de lógica necesitaríamos? Priest y Jay Garfield imaginan que "las contradicciones, en los lindes del pensamiento, poseen una estructura general bipartita:

> La primera parte es un argumento para sostener que cierta perspectiva, que usualmente está relacionada con la naturaleza del límite en cuestión, trasciende dicho límite (es decir que no puede ser concebido, descrito, etcétera). A eso llamamos Trascendencia. La otra parte es un argumento para sostener que la perspectiva está dentro del límite del cierre final. A menudo este último se presenta como un argumento práctico, basado en el hecho de que el mero acto de teorizar sobre sus límites demuestra la existencia de dicho cierre. De cualquier forma, en conjunción, la pareja de argumentos describe una estructura que, convenientemente, puede ser llamada "entreabierta" (*inclosure*): una totalidad (Ω y un objeto "*o*") tal en la que *o* esté, y al mismo tiempo no esté, dentro de Ω.
>
> En un análisis más cercano puede llegar a descubrirse que las estructuras "entreabiertas" (*inclosures*) poseen una estructura más detallada. En su forma más simple, la estructura es la siguiente: La estructura contiene un operador "δ" que, cuando se aplica a cualquier subconjunto de Ω, da como resultado otro elemento que pertenece a Ω (es decir, uno que ya no está en el subconjunto del que salió, pero que sí está en Ω). Así, por ejemplo, si estamos hablando de conjuntos de números ordinales, δ podría ser aplicado para obtener el número ordinal menor que no pertenece al conjunto. Si estamos hablando de un conjunto de entidades que han sido pensadas, aplicar δ podría darnos como resultado un elemento acerca del cual no hemos pensado aún. La contradicción sobre los límites aparece cuando δ es aplicado a la totalidad misma de Ω. Aquí la aplicación de δ produce un objeto que, simultáneamente, pertenece y no pertenece a Ω: el ordinal más pequeño pero mayor que todos los ordinales, o el objeto impensado".[19]

El primer párrafo describe muy bien la dinámica de la OOO: las cosas se retiran, lo cual significa que limitan lo que uno pueda pensar sobre ellas. Las cosas también contienen otras cosas que no son estrictamente ellas mismas, como la cebra que no es reductible a sus átomos, y a la vez está compuesta de dichos átomos. Los objetos son, por lo tanto, *estructuras entreabiertas,* [*inclosures*] en el sentido de Priest y Garfield. Están "cerrados" (una cebra no es una jirafa), y al mismo tiempo no lo están (pues contienen cosas que no son ellos mismos). Cuando estudiamos los entes encontramos por lo menos algo que está y no está en ellos (la "delta" de Priest y Garfield). Ser algo, desde esta perspectiva, es estar atravesado por una contradicción.

Tomemos la muy conocida paradoja del montón: ¿qué constituye un montón? Un grano de arena no constituye un montón, tampoco dos ni tres, y así sucesivamente. Si procedemos de este modo, tendremos diez mil granos de arena que no constituyen un montón. Ahora tomemos la cabeza de una persona calva: agregar un cabello no significa que la persona deje de ser calva (lo mismo con dos, tres o más cabellos). Descubrimos entonces que no hay un número mágico de cabellos a partir del cual el calvo pase a tener pelo.

Estas paradojas ocurren en el mundo real. Cuando nos paramos en un umbral, ¿estamos dentro o fuera del cuarto? Pensemos en el título de un poema: ¿es el comienzo del poema o algo que está fuera de él? Pensemos en un marco: ¿es parte de la foto o es el límite donde la foto se detiene? Pensemos en una narrativa en primera persona: el narrador que está contando la historia, ¿es idéntico a la persona sobre la que trata la historia? En muchos casos, los autores y las historias juegan con la grieta irreductible entre estos dos yos. Todo objeto dice "yo". Pero al decir "yo" el objeto también dice: "estoy mintiendo ahora mismo", "este enunciado es falso".

El origen de las especies de Charles Darwin se basa en paradojas que involucran *dialetheias,* esto es, contradicciones o "medias verdades". Es imposible determinar de forma exacta el momento en que una especie termina y otra comienza, del mismo modo en que no podemos determinar quién fue la primera persona en pronunciar "¡Vaya!" o cualquier otra palabra.[20] De hecho, la paradoja de la evolución es tan intrépida que Darwin, de haberlo tenido a su disposición, debería haber usado comillas y un emoticón que guiña el ojo para describir su empresa: *El "origen" de las "especies"* ;-). La clave del libro de Darwin es que *no hay especies y estas no tienen origen.* Sin embargo, todos los días vemos, siendo singularmente ellos mismos, lisas, kiwis y ovejas, por no mencionar al moho del fango, virus y hongos. Estas formas de vida están hechas de otras formas, que a su vez están hechas de otros entes no orgánicos, y así hasta el nivel del ADN y más allá. No obstante, son únicas y específicas como lo es este moho particular o esta mancha amarilla brillante que se parece a un vómito de perro al final de mi calle.[21] Un moho es un no-moho o, como dice un conocido filósofo, un conejo es un no-conejo. Para mí, esto no significa que los conejos no existan, sino que hay un conejo real cuya esencia se retira.[22]

Los objetos son no-objetos. No me refiero a un no-objeto en el sentido en que, para François Laruelle, hay una inmanencia innombrable y radical con la que ninguna filosofía puede tratar (y que de hecho toda filosofía debe excluir para poder existir; de ahí la invención de su "no-filosofía" como explicación de esta inmanencia radical).[23] Un objeto es un no-objeto no porque sea una nada, un vacío, una masa amorfa o un momento de mi proceso reflexivo, sino porque *un objeto no es algo más.* La "mismidad", la *haecceidad* de las cosas que propone Duns Escoto, desorienta todo a su alrededor con su identidad radiante y cruel. Blake escribió sobre la posibilidad de poder contemplar el infinito en un grano de arena[24] y, técnicamente, tenía razón: se trata de una intuición muy perspicaz al estilo OOO. Ahora bien, de lo dicho por Blake no se infiere que haya una abstracción que subsiste al grano de arena, sino que esta "diminuta insignificancia" es irreductible a cualquier otra cosa. La realidad, según la OOO, es un denso arbusto espinoso con puntas de diamante que se clavan en la carne -que *son* mi carne. Encontrarse en un universo OOO supone dejar que las espinas nos pinchen, que se claven en nosotros un poco más cada día.

Pero, un momento, porque aún hay más: hay objetos y no-objetos. O en otras palabras, está por un lado el objeto y por otro las demás cosas que no son dicho objeto; algunas de esas cosas son las relaciones que vinculan al objeto con otros objetos y otras son directamente otros objetos. Los objetos matemáticos, por ejemplo, son, según esta teoría, objetos irreales que guardan relación con sus cualidades y con otros objetos reales. "Dos" no existe fuera de la posibilidad de que dos objetos sean enumerados como dos. Dos significa poder atribuir y contar dos objetos -dos es un dos computable, no un dos platónico que flota en el más allá. Podemos describir "dos" describiendo lo que algunos objetos, por ejemplo, una máquina que cuenta objetos, hace cuando encuentra objetos que son contabilizables como dos.

Si los objetos son irreductiblemente secretos, la causalidad debe residir en alguna parte, junto con otras cosas como los números, las cualidades, el tiempo, el espacio y demás, que forman el dominio correspondiente a las relaciones entre objetos. Esto es congruente con la física del último siglo. Para Einstein, el espacio y el tiempo también son propiedades emergentes de los objetos: los objetos no flotan en un vacío neutral, sino que emanan olas y ondas de espacio-tiempo. Los relojes corren más rápido en la órbita de la Tierra que en la superficie. Esta concordancia es una buena señal de que una teoría de la causalidad como la que propone la OOO está en la senda correcta. Pero esto no es estricta o necesariamente así: en todo caso, la necesidad va en sentido opuesto. Es decir, la teoría cuántica y la relatividad son teorías físicas válidas en la medida en que están orientadas a objetos.

En un sentido figurado podemos decir que la causalidad flota frente a los objetos. No se oculta debajo de ellos como una maquinaria gris. Dicho de otro modo: la causalidad debe pertenecer a la dimensión estética. Escudriñar la dimensión estética, por lo tanto, significa escudriñar la causalidad. Los estudiantes de arte y los críticos de literatura tienen motivos para celebrar, y no porque la realidad sea una construcción, sino, justamente, porque no lo es. Precisamente porque la realidad es real -es decir, está encriptada contra cualquier intento de acceso por parte de otros objetos, incluida la perspicaz mente humana- la dimensión estética es sumamente importante.

Los objetos se sustraen y, sin embargo, aparecen: $p \wedge \neg p$ (p y no-p). Y los objetos pueden contener seres que no son ellos mismos, tal y como es puesto en evidencia por el paradójico e ilegítimo conjunto de cosas que no son miembros de sí mismas, paradoja formulada por Russell. Para algunos, esto significa que los objetos pueden ser cualquier cosa, ya que, en rigor, cualquier cosa puede resultar de una contradicción (*ex contradictione quodlibet*, ECQ). Hay buenas razones para suponer que ECQ no aplique solo porque la LNC (ley de no contradicción) no aplica.[25] El hecho de que las contradicciones puedan ser verdaderas no necesariamente implica que cualquier cosa pueda ser verdadera (trivialismo). El hecho de que la calvicie sea vaga no implica que ser calvo pueda manifestarse como brotes de azaleas en la cabeza.

Todo intento de negar las propiedades contradictorias de los objetos -su ser y no ser ellos mismos al mismo tiempo- está condenado al fracaso. Tentativas de alisar el terreno de las cosas abundan en la metafísica: los objetos están hechos de átomos; o son substancias decoradas con accidentes; o son componentes de una máquina; o son instanciaciones de procesos; y así sucesivamente. Estas tentativas de introducir consistencia crean inconsistencias aún más profundas, como si los objetos fuesen actualizaciones virales y caprichosas a las que es imposible meter en cintura para lograr que se comporten correctamente. Si al principio de todo colocáramos $p \wedge \neg p$, no necesitaríamos partir de un ente privilegiado exterior al universo, una suerte de primer motor (Dios) indispensable para que todo funcione. Ya hay suficiente dinamismo en $p \wedge \neg p$ como para que las cosas comiencen a funcionar por sí mismas. Quien realmente quiera ser un ateo, debería abandonar el organicismo y el relacionismo y adoptar una visión orientada a los objetos.

Meillassoux prohíbe absolutamente las violaciones a la LNC. Pero luego las autoriza mediante la adopción de una lógica paraconsistente, esto es, sistemas lógicos que emplean paradojas pero de modo limitado. Meillassoux reduce estas limitaciones aún más restringiendo la paraconsistencia: sostiene que solo aplica para bases de datos y a otros entes tipo *software*.[26] Meillassoux teme que si la LNC fuese violada, la filosofía le abriría la puerta a las creencias y esto debilitaría el pensamiento. La diferencia fundamental para mí es que los entes contradictorios existen y que, al fin de cuentas, eso es la existencia. En otras palabras, las violaciones de la LNC, tales como la paradoja del mentiroso ("este enunciado es falso"), existen como evidencia arqueológica de algo que yace en el dominio ontológico. El hecho de que los sistemas consistentes también sean incompletos (Gödel) resulta convincente pese a lo que afirma Meillassoux sobre los sistemas lógicos y la inconsistencia. Hay muchas teorías paraconsistentes que no conciernen al *software* sino, por ejemplo, al modo en que los átomos de hidrógeno se comportan, o a la manera en que se propagan las ondas.

Los objetos en el espejo están más cerca de lo que aparentan.

Todos los automóviles estadounidenses llevan grabada en sus espejos laterales una ingeniosa afirmación ontológica: *los objetos en el espejo están más cerca de lo que aparentan.* Lo que tomamos por el objeto que está "detrás" de su apariencia es en realidad un tipo de perspectiva trucada, causada por la normalización habitual del objeto en cuestión. Es mi relación causal habitual con el objeto lo que hace que parezca hundirse en un trasfondo indiferenciado. Este fondo no es más que un efecto estético producido por la interacción de 1 + *n* objetos. La dimensión estética implica la existencia de al menos un objeto retirado. En otras palabras, para que algo suceda, tiene que haber un objeto en las proximidades que no tenga nada que ver con lo que está pasando en ese momento. Por ejemplo: a los pixeles que constituyen estas palabras, y que se forman a medida que las tipeo en mi computadora, no les importa lo que estamos leyendo ahora mismo. Es por ello que podemos leer estas palabras (o por lo menos una de las razones).

Y ahora, con ustedes, los siempre útiles consejos para ladrones del Profesor Morton: *siempre hazlo frente a la cámara.* No trates de ocultar lo que haces. La única vez que me atraparon (sé de lo que hablo) fue cuando traté de esconderme. ¿Por qué? Si lo haces frente a la cámara, nadie que esté mirando podrá creer lo que está viendo. Hazlo en forma lenta y deliberada frente al personal de seguridad. La idea de que la causalidad debe suceder "por detrás" de los objetos es una ilusión fenoménica. Cuando un objeto (por ejemplo, yo) transita de un determinado conjunto de objetos a otro, experimenta fugazmente el misterio de que lo normal es *no-estar-en-casa* [*not-at-homeness*], pues las relaciones sensuales nunca son reales. Lo que llamamos causalidad (por ejemplo, cuando un dedo presiona la llave de un interruptor de luz) es un acontecer misterioso que sucede "frente" al objeto encriptado, cuando un objeto extraño perturba un determinado dominio que ha logrado una necesaria y estructuralmente falsa estabilidad óntica. Las espinas de la realidad se esconden ante nuestros ojos, frente a la cámara.

La causalidad ya está aconteciendo: el interruptor de la luz está empotrado en la pared, la pared sostiene al interruptor, los electrones fluyen por los cables y la pared es parte de la casa. Todos estos son enunciados causales desde cierta óptica. Lo que llamamos causalidad es simplemente la misteriosa interrupción de un sistema metaestable de entes que solo aparentan ser reales porque son más duraderos que el momento mismo de la "causa". Por ende, las teorías de la causalidad de corte mecanicista y de tipo "la verdad está detrás de la escena" deben ser consideradas como una tentativa desesperada de normalizar este misterioso estado de cosas.

Los extraños demonios payasescos que flotan frente a los objetos se aprestan a cualquier tipo de truco. Basta con pensar en la radiación. Una unidad de radiación es una suerte de cuanto [*quantum*], por ejemplo, un rayo gamma. Es muy difícil observar un rayo gamma en sí mismo. Es necesario causarlo para, después, refractarlo de una determinada manera para que se estampe en una superficie grabable como una placa fotográfica. Así pues, podemos ver rayos gamma cuando iluminan un cuerpo, por ejemplo, en una placa de rayos X. Los rayos gamma se ajustan a nosotros, rayo-morfizándonos en una parodia gamma de nosotros mismos. Los materiales radioactivos son maravillosos para pensar la causalidad como algo estético. En el nivel cuántico, observar algo equivale a impactarlo con un fotón o un electrón, es decir, alterarlo en cierto modo. Todo mirar, toda medición, también es un ajuste, una parodia, una traducción, una interpretación. Una tonada y una entonación.

Ahora, llevemos esto a la escala del plutonio radiactivo, que tiene una semivida de 24.100 años. Este elemento no es más que la suma de todos los acontecimientos de rayos gamma, alfa y beta que se han registrado a lo largo de un período de 24.000 años. Es la historia viviente del plutonio. El polvo de Nevada. El polvo l Atolón Bikini. Bikinis. Todas las sustancias de tipo vidrioso que se forman cuando explotan las bombas nucleares. El sonido de la bomba que se expande a través de la atmósfera. Las ondas expansivas que producen efectos sísmicos. La semivida del plutonio y el uranio. El monstruoso montón de uranio derretido en Chernobyl, el cual solo puede ser visto por fotografía (a menos que se quiera morir rápidamente). Los fotones que chocan contra el uranio pueden registrarlo en una placa fotográfica o en la memoria de una cámara digital. El *software* samplea esta imagen a una velocidad determinada, creando un archivo .jpeg que ahora podemos observar. El .jpeg introduce espacios en la imagen debido a su escala de sampleo y su débil compresión. Dondequiera que miremos, están sucediendo acontecimientos estético-causales.

Es tiempo de volver a empezar una vez más, desde cero. Pensemos de nuevo en la pintura de Yukultji Napangati, *Untitled* (2011), que está en la galería de arte de New South Wales, muy elogiada por haber ganado el Wynne Prize 2011. A la distancia, parece como una manta de tallos delgados, amarillos, dorados por el sol, descansando sobre una profundidad más oscura y cálida. Una delineación generosa, relajada, precisa, cuidadosa pero generosa, hecha de pequeños puntos encadenados. La calidez nos recuerda a Klee. Las líneas nos recuerdan a Bridget Riley. A medida que te acercas y comienzas a apreciar la imagen, la cual empieza a jugar, a destellar, a perturbar tu campo de visión. Oscila y emite ondas, de manera mucho más intensa que Riley. Es una pintura, un mapa, una narración que trata sobre la alineación de un conjunto de mujeres que viajaron a través de los desiertos de Yunala, al oeste de Australia, realizando rituales y recolectando arbustos para comer a medida que avanzaban. La pintura es el mapa de un acontecimiento que se despliega en una reproducción bidimensional hacia un estadio dimensional más elevado del espacio.

Pero entonces, algo sucede. ¿Qué pasa? Empiezas a ver el espacio "interobjetual" en el que tus nervios ópticos están entrelazados con los objetos en la pintura. El cuadro comienza a pintar enfrente tuyo, en el espacio entre tus ojos y el lienzo. Capas de percepción creadas en colaboración entre la pintura y el campo de visión empiezan a despegarse del lienzo, flotando cada vez más cerca de ti. Este efecto de "flotar más cerca" está asociado a una fenomenología de lo misterioso.

El cuadro te contempla. Astillas intersectantes de patrones dentro de patrones, patrones que cruzan patrones, patrones flotando unos sobre otros. Una constante danza mutagénica entre los distintos niveles de patrones. La pintura es un dispositivo para desplegar esta exhibición fenoménica. Viene abruptamente hacia ti, te hipnotiza y se adueña de ti con sus directivas de grullas, mujeres, rituales, frutos de arbustos, caminatas, cantos y líneas. Te sientes tomado del cuello por la potencia de estas imágenes. Se erizan todos los pelos de tus brazos y la pintura te atrapa en un campo electromagnético. La pintura sueña. La causalidad comienza.

¿Qué significa esto? No accedo a la pintura de Napangati a través de un espacio. La imagen no es un objeto mudo esperando a que su sentido sea provisto por un sujeto, como tampoco es una pantalla en blanco; ni es una presencia objetiva en el espacio. En cambio, la pintura emite algo así como ondas electromagnéticas, en cuyo campo de fuerza me encuentro. La pintura muestra poderosamente lo que ya es el caso: el espacio y el tiempo son propiedades emergentes de los objetos. Para Kant, "el espacio es una forma pura de la intuición sensible": lo que debe ser dado de antemano para que los objetos sean intuidos.[27] Kant parte de Newton y piensa el espacio como una caja. Sin embargo, en este libro, el espacio es emitido por los objetos mismos.

Que este hecho sea compartido por la relatividad y por la fenomenología es algo que deberíamos detenernos a considerar. Tal vez igualmente digno de consideración sea el hecho de que la relatividad y la fenomenología surgieron casi al mismo tiempo, a comienzos del siglo XX. Así como Einstein descubrió que el espacio-tiempo era la curvatura u ondulación del campo gravitacional de un objeto, Husserl descubrió que la conciencia no era simplemente un medio cristalino y vacío en el que las ideas flotan. La conciencia, tal como es revelada por la fenomenología, también es un ente denso y ondulado por derecho propio, como el agua titubeante de los nenúfares en los cuadros de Monet: el verdadero tema de esos cuadros es el agua.

La forma estética de un objeto es el "lugar" donde residen sus propiedades causales. Las teorías de la causalidad física con frecuencia buscan limitar el fenómeno estético, reduciendo la causalidad a los golpes y los chirridos de las cosas sólidas.[28] No es cierto que una sombra sea tan solo un ente estético, un fantasma endeble sin efecto. Platón pensó que las sombras eran peligrosas precisamente porque poseen una influencia causal.[29] Cuando mi sombra intercepta la luz de un diodo, el sensor enciende la luz. Como observamos más arriba, cuando se mide un *cuanto* es porque otro *cuanto* lo ha interceptado, alterándolo, modificando su posición o su *momento*.[30] Estética, percepción y causalidad son todos sinónimos.

Cuando un diodo sensible a la luz detecta mi sombra, podríamos decir que la percibe en toda la extensión de la palabra, siempre y cuando aceptemos que los objetos ejercen una influencia estética sobre otros objetos (del griego *aisthēnesthai*, percibir). Cuando quedamos atrapados en la mirada del otro, somos objeto de influencias causales. La causalidad no sucede en un espacio que se ha establecido de antemano; en cambio, irradia de los objetos mismos. La mirada que emana del campo de fuerza de una pintura de Napangati, me incluye en su despliegue de perturbadoras y fantasmales líneas, de manchas zigzagueantes y oscilantes.

No hay tal cosa como un espacio fenomenológico vacío. El espacio rebosa de ondas, partículas, seducciones magnéticas, curvaturas eróticas y sonrisas inquietantes. Aun cuando se hallan aislados de toda influencia externa, los objetos parecen respirar con un ritmo misterioso. Un pequeño tenedor de metal de treinta micras de largo se sitúa en el vacío. Expuesto a la mirada directa de observadores externos, respira: parece ocupar dos lugares al mismo tiempo.[31] Existe una grieta entre un objeto y su apariencia estética, una fractura que está en el objeto mismo. La causalidad no es algo que sucede entre objetos, como una fiesta de bienvenida o una negociación libre en la que las cosas entran por común acuerdo. Incluso tratándose de un mismo objeto, la causalidad atraviesa de manera constante el *chōrismos* entre su esencia y su apariencia. El *chōrismos* da lugar a las *blue notes* que simultáneamente expresan y no expresan el objeto en cuestión, del mismo modo en que una nota de blues se sitúa de manera exquisita, irritante e imposible entre la armonía y la disonancia.[32] Los objetos son como esas mujeres fatales que cantan el blues en el sórdido bar de la realidad.

Un objeto, por lo tanto, es y no es él mismo. De no ser así, nada podría suceder. El misterio de los objetos, misterio aun para sí mismos, es lo que hace que floten, respiren, oscilen, amenacen, seduzcan, roten, lloren y tengan orgasmos. Como los objetos siempre son y no son ellos mismos, la lógica que los describe debe ser paraconsistente o incluso por completo dialeteista: es decir, la lógica debe poder aceptar que ciertas contradicciones son verdaderas.[33] Los objetos son peligrosos, no solo para sí mismos, sino para el pensamiento (sobre todo si este adopta esquemas rígidos de coherencia). Si el pensamiento se niega a aceptar que los objetos pueden ser dialeteístas, corre el riesgo de reproducir dualismos de tipo sujeto-objeto, substancia-accidentes, dualismos que son incapaces de explicar el argumento ontológico básico que asegura en que las cosas son objetivamente presentes, que simplemente están. La cosa se encuentra atrapada en una jaula filosófica, en un mecanismo o en algún tipo de idealidad que falsamente resuelve el dilema, direccionándolo todo hacia el sujeto humano. Además, el pensamiento mismo se vuelve frágil. Cuanto más riguroso es el metalenguaje, más expuesto está a las contradicciones virulentas.[34] El pensamiento debería aprender de *Antígona* y doblegarse como un sauce: "¿No ves, cómo, junto al curso del torrente invernal, los árboles que le ceden salvan cada ramita, mientras que aquellos de raíz y rama de cuello rígido perecen?"[35]

La fenomenología, entonces, tiene la tarea cognitiva esencial de confrontar la amenaza que representan las cosas en su ser. Sin ella, el pensamiento sería incapaz de escapar de las maneras tradicionales de hacer filosofía que Martin Heidegger llama *escleróticas*.[36] Después de la fenomenología, solamente podemos concluir que una buena parte del filosofar no llega siquiera a ser una descripción abstracta o una explicación desapasionada de la realidad, sino apenas una defensa intelectual contra la intimidad amenazante de las cosas. Además, puesto que hay muy poca diferencia entre lo que le sucede a un diodo sensible a la luz y lo que le sucede a un humano cuando se encuentra con una sombra, solo podemos concluir que existe una extraña forma de fenomenología no-humana, o bien, como Ian Bogost lo expresa, una *fenomenología alien*.[37]

El lector encontrará que el abordaje fenomenológico requiere un estilo circular e iterativo que examine las cosas una y otra vez, ora en más detalle por aquí, ora con más fuerza allá. Es como hacer girar una piedra con forma curiosa en la palma de la mano. Ahora bien, pensar los objetos es una de las actividades más intrincadas pero necesarias que el pensamiento puede realizar. El punto es tratar de acercarse a ellos en vez de retirarse hacia lo más profundo de lo profundo o hacia la posibilidad de la posibilidad de afirmar algo en absoluto, tal como Harman lo expresa en su caracterización inicial de la OOO.[38] La dificultad radica en la naturaleza de los objetos mismos en un ciclo de doscientos años, que está dentro de un ciclo de quinientos años, que está dentro de un ciclo de dos mil años, en los que el pensamiento filosófico se encuentra cautivo. Además, como la visión de la OOO es algo nuevo en el mundo, y como la teoría de la causalidad vicaria es su aspecto más controvertido -aunque, como espero poder mostrar aquí, dicha teoría es también uno de sus aspectos más gratificantes- el capítulo que sigue a esta introducción debe profundizar en mayor detalle sobre algunos de los temas que ya han sido tratados aquí, a fin de sentar las bases que permitan establecer el alcance del libro en su conjunto. Me reservaré un resumen detallado de los capítulos 2, 3 y 4 para el final del primer capítulo, gracias al cual todo tendrá mucho más sentido. Antes de analizar la fenomenología alien, el capítulo 1 regresará nuevamente sobre las razones por las que la dimensión estética es la dimensión causal.

Notas

1. P.M. Dawn, "Set Adrift on Memory Bliss," *Of the Heart, of the Soul, and of the Cross* (Gee Street, Island, 1991); disponible en: http://www.youtube.com/watch?v=Kl1ju_NfnhM.

2. Spandau Ballet, "True," *True* (Chrysalis Records, 1983); Wham! "Careless Whisper," *Make It Big* (Columbia, 1984); A Tribe Called Quest, "Bonita Applebum," *People's Instinctive Travels and the Paths of Rhythm* (Jive Records,1990); The Pointer Sisters, "Neutron Dance," *Break Out* (Planet, 1984); PM Dawn, "Reality Used to be a Friend of Mine," *Of the Heart, of the Soul, and of the Cross;* Julian Lennon, "Too Late for Goodbyes" (Atlantic, Charisma, 1984).

3. El término "ocultos" [*withdrawal* en el original en inglés. N. del T.] es la traducción de Graham Harman para el término "Entzug" de Heidegger. Vid. Harman, *Tool-Being: Heidegger and the Metaphysics of Objects* (Peru, IL: Open Court, 2002).

4. Sigmund Freud, *The Ego and the Id*, trad. Joan Riviere, revisado y ed. James Strachey, intro. Peter Gay (New York: Norton 1989), 24. Estoy agradecido con James Manos por, originalmente, sugerirme esto.

5. Jacques Lacan, *Le séminaire, Livre III: Les psychoses* (Paris: Editions de Seuil, 1981), 48.

6. El término es de Graham Harman. Vid. *Guerrilla Metaphysics: Phenomenology and the Carpentry of Things* (Chicago: Open Court, 2005), 33–44.

7. Erik M. Gauger et al., "Sustained Quantum Coherence and Entanglement in the Avian Compass," *Physical Review Letters 106* (Enero 28, 2011), DOI 10.1103/PhysRevLett.106.040503.

8. Lucretius, *On the Nature of Things*, trad. William Ellery Leonard (Internet Classics Archive, MIT, http://classics.mit.edu/Carus/nature_things.4.iv.html), 4.26–215. Vid. Levi Bryant, "Of the Simulacra: Atomic Images (Lucretius)," http://larval-subjects.wordpress.com/2012/04/24/of-the-simulacra-atomic-images-lucretius/.

9. Bertrand Russell, *Human Knowledge* (New York: Simon y Schuster, 1948), 491.

10. Plato, *Ion*, trad. Benjamin Jowett, disponible en: http://classics.mit.edu/Plato/ion.html (consultado en Junio 25, 2012).

11. Estoy agradecido con Bill Benzon por la prolongada discusión de estos asuntos.

12. Los términos de Harman vienen de *Prince of Networks: Bruno Latour and Metaphysics* (Melbourne: Re.Press, 2009), 215.

13. René Descartes, *Meditations and Other Metaphysical Writings*, trad. e intro. Desmond M. Clarke (London: Penguin, 1998, 2000), 22–24.

14. Quentin Meillassoux, *After Finitude: An Essay on the Necessity of Contingency*, trad. Ray Brassier (New York: Continuum, 2009), 28–49.

15. Meillassoux, *After Finitude*, 100.

16. Gerard Manley Hopkins, *The Major Works*, ed. Catherine Phillips (Oxford: Oxford University Press, 2009).

17. Lacan, *Le séminaire*, 48.

18. John Duns Scotus, *Philosophical Writings*, trad. Allan Wolter (Indianapolis: Hackett, 1987), 166–167.

19. Jay Garfield y Graham Priest, "Nagarjuna and the Limits of Thought," *Philosophy East and West* 53.1 (Junio, 2003), 1–21 (4).

20. Darwin elabora la misma analogía para las etimologías. Ningún estudio de los dialectos puede identificar al primer hablante de una lengua por la simple razón de que para que una palabra exista, tiene que ser repetida: *The Origin of Species*, ed. Gillian Beer (Oxford y New York: Oxford University Press, 1996). Gillian Beer, Introduction, *The Origin of Species*, xix.

21. Me refiero al moho de fango *Fulgio septica*, conocido como "vómito de perro".

22. Ray Brassier, "Behold the Non-Rabbit: Kant, Quine, Laruelle," *Pli* 12 (2001), 50–82.

23. François Laruelle, *Philosophies of Difference: A Critical Introduction to Non-Philosophy* (New York: Continuum, 2011).

24. William Blake, *Auguries of Innocence*, 1. *The Complete Poetry and Prose of William Blake*, ed. David V. Erdman (New York: Doubleday, 1988).

25. Graham Priest, *In Contradiction: A Study of the Transconsistent* (Oxford: Oxford University Press, 2006), 5–6, 42, 103, 185.

26. Meillassoux, *After Finitude*, 76–79.

27. Martin Heidegger, *What Is a Thing?* trad. W.B. Barton y Vera Deutsch, análisis de Eugene T. Gendlin (Chicago: Henry Regnery, 1967), 198–199.

28. Dowe, *Physical Causation*, 17, 25, 59, 63–64.

29. Plato, *The Republic*, trad. Desmond Lee (Harmondsworth; Penguin, 1983), 317–324 (514a–520a).

30. David Bohm, *Quantum Theory* (New York: Dover, 1989), 99–115.

31. Aaron O'Connell, M. Hofheinz, M. Ansmann, Radoslaw C. Bialczak, M. Lenander, Erik Lucero, M. Neeley, D. Sank, H. Wang, M. Weides, J. Wenner, John M. Martinis y A. N. Cleland, "Quantum Ground State and Single Phonon Control of a Mechanical Ground Resonator," *Nature* 464 (Marzo 17, 2010), 697–703.

32. Es imprescindible rendir homenaje aquí al texto de Levi Bryant "The Mug Blues," un juego de palabras multivalente sobre la esencia y la apariencia: *The Democracy of Objects* (Ann Arbor: Open Humanities Press, 2011) 87–94.

33. Priest, *In Contradiction*, 9–27.

34. Priest, *In Contradiction*, 17–23.

35. Haimon, en *Antigone,* trad. R.C. Jebb, http://classics.mit.edu/Sophocles/antigone.html.

36. Martin Heidegger, *Being and Time,* trad. Joan Stambaugh (Albany, N.Y: State University of New York Press, 1996), 20.

37. Ian Bogost, *Alien Phenomenology or, What It's Like to Be a Thing* (Minneapolis: University of Minnesota Press, 2012), 1–34.

38. Graham Harman, "Object-Oriented Philosophy," *Towards Speculative Realism: Essays and Lectures* (Ropley: Zero Books, 2010), 93–104 (95).

Capítulo 1

Como una ilusión

> Sorprendentemente, la sonda espacial Viking 1, que permanece en Marte, es considerada como parte del acervo aéreo y espacial del Museo Smithsoniano.
>
> – Ann Garrison Darrin y Beth Laura O'Leeary, eds., *Manual de ingeniería espacial, arqueología y patrimonio.*

En 2011, Saeed Ahmed pintó encima del *Gorila con antifaz rosa,* una pintura del artista Banksy. Como señaló el periódico *The Guardian,* la pared de un nuevo centro cultural musulmán fue "cubierta con grafiti". El foro digital Banksy rápidamente denunció la pintada como "vandalismo de primer orden".[1] El grafiti deja entrever las propiedades físicas de la escritura, además de sus cualidades gráficas y pictóricas.

Ante esta situación, podríamos detenernos y considerar que acabamos de realizar un ejercicio derrideano.[2] O bien podríamos pensar en las gastadas tendencias de los estudios culturales, que reflexionan sobre la relación entre el arte clásico y el arte de masas. En su defensa, Ahmed observó: "Pensé que [la obra] no valía nada. No sabía que tenía valor. Es por ello que pinté sobre ella".

Pero avancemos un poco más con el análisis. Uno de los muchos aspectos interesantes acerca del grafiti es que está a mitad de camino entre la *decoración* y la *causación* o la capacidad de *afectar.* Aunque sorprenda, el hecho de que Saeed pintara sobre Banksy puede ser interpretado como un acto de vandalismo contra el grafiti mismo. Es que cuando algo es borrado se ve afectado por otro objeto. Pero, ¿por qué? Porque hay una profunda ambigüedad en los objetos mismos, y ese algo es precisamente la grieta (del griego, *chōrismos*) entre su ser y su aparecer. El resultado es que las apariencias poseen un aura demónica (o al menos así lo creen algunas corrientes filosóficas). Porque con las apariencias uno nunca puede estar del todo seguro. A decir verdad, la pintura de un gorila con un antifaz rosa como el que vestimos para carnaval o el que utiliza el llanero solitario, es ambiguo en muchos niveles. Los seres humanos, ¿son gorilas con antifaces rosas? El gorila, ¿es macho o hembra? El rosa, ¿es un color de mujer? ¿Es arte? ¿Es vandalismo? Si podemos hacernos las dos últimas preguntas es precisamente porque *el arte es siempre vandalismo*. ¿Y qué es el vandalismo?

Magia realista puede ser leído como una larga reflexión acerca del enigma de *El gorila con antifaz rosa* y su evanescente destino. Pero, ¿por qué estudiamos o hacemos arte? Porque al hacerlo, estamos exploramos la causalidad. Así pues, otra finalidad de *Magia realista* será darle al arte y a su estudio un lugar central en el conjunto de los asuntos actuales. Observemos que esta motivación va a contrapelo del típico argumento anti-utilitario, el cual sostiene que las cosas artísticas son significativas únicamente en la medida en que son capaces de correlacionar la realidad con los seres humanos. Tales argumentos abundan en nuestros días; pero solo generan confusión y problemas innecesarios. “Sabemos muy bien que el universo es solo una gran máquina de partículas pero, de alguna manera, debemos poder brindarle un sentido que sea válido para nosotros” o “Se trata de un hecho profundamente significativo para los humanos, aunque en última instancia seamos seres insignificantes” o “Las cosas inútiles resultan ser, desde otra óptica, realmente útiles”. Hay muchas otras variantes de este tipo de argumentación, y todas tienen que ver con la idea de que el quehacer artístico es lo mismo que dar palos de ciego. Este libro, por el contrario, formulará el argumento de que *no hay una ceguera tal*, porque la estética lo es *todo* en absoluto. La visión mecanicista o materialista-eliminativista concibe al ser precisamente como un efecto estético más entre otros, aunque dicho efecto es tomado como real. Pero resulta absurdo creer en los efectos estéticos posee grados de realidad; casi tan absurdo como afirmar que un sonido metálico y zumbante es más real que otros sonidos. ¿Cómo puede un efecto estético ser más real que otros? Afirmar que hay una diferencia es caer presa de cierto tipo de teología, aunque venga disfrazada de cientifismo. (Heidegger y Derrida llaman ontoteología a toda filosofía que afirma que las cosas son x, pero algunas cosas son más x que otras).

El misterio del bloque de hormigón

Pongamos manos a la obra. Como no hay forma de comunicar las noticias de la ontología orientada a objetos de una manera amable, comenzaremos con una revisión un tanto veloz e improvisada. El enunciado con el que empieza el siguiente párrafo remite a algo que me es dado en la experiencia. Y es por esta única razón que me cuesta confiar en ella, pues como ávido lector de poesía, soy proclive a desconfiar de todo tipo de enunciados. Sin embargo, a medida que este libro avance, constataremos que dicho enunciado no podría haber sido formulado de otro modo, como tampoco hubiese sido posible comenzar de otra manera. Solo en la medida en que el libro progrese, iremos descubriendo la extraordinaria, misteriosa y por completo no-dada cualidad de la propuesta.

Hay objetos: canela, microondas, partículas interestelares y espantapájaros. No hay nada por debajo de los objetos. O mejor dicho, *ni siquiera hay nada por debajo de ellos*. No hay algo que podamos llamar *espacio* y que sea independiente de los objetos (por suerte, la física contemporánea está de acuerdo con nosotros). Lo que llamamos "universo" es un gran objeto que contiene otros objetos como los agujeros negros y las palomas mensajeras. Asimismo, no existe algo así como un *medio ambiente*: donde sea que miremos, encontramos todo tipo de objetos -biomas, ecosistemas, setos, canaletas y carne humana. En un sentido similar, tampoco existe la *Naturaleza*: vemos pingüinos, plutonio, polución y polen, pero nunca vemos la *Naturaleza* (coloco mayúsculas para reforzar el sentido de su engañosa artificialidad).

De igual modo, tampoco podemos afirmar que hay algo así como *materia*. Yo he visto una gran cantidad de entes (que en este libro se llaman *objetos*): fotografías de dispersión de vapores en cámaras de niebla, dibujos de paquetes de ondas, limaduras de hierro desparramadas en torno a un imán. Pero nunca he visto *materia*. Así que cuando el señor Spock asegura haber encontrado "materia sin forma", lamentablemente está equivocado, como lo está Henry Laycock, quien sostiene lo mismo.[3] Uno puede comprar una mochila hecha con botellas de plástico recicladas. Pero un objeto no es una viscosa y amorfa masa de devenir que se convierte, como Proteus, de una botella de plástico en una mochila. Primero está la botella de plástico, luego la producción de la mochila, la cual acaba con la botella propiamente dicha; su ser es ahora una apariencia, un recuerdo de la mochila misma, un pensamiento: "Esta mochila está hecha con botellas de plástico".

Este es un libro sobre realismo sin materia. La materia, en la física actual, es solo un estado de información. Más precisamente, la información es necesariamente información-para (para un público), con lo cual, la materia requiere por lo menos otro ente para poder ser ella misma. La materia es "materiales-para":

> El trabajo es dependiente de cuero, hilos, clavos y cosas similares. El cuero, a su vez, se produce de pieles. Estas pieles son tomadas de animales que son alimentados y criados por otros.[4]

La naturaleza, de la misma manera, es "descubierta en el uso de cosas útiles".[5] Tomo aquí la palabra "uso" en un sentido que aplica no solo para los humanos, sino también para las abejas, sus flores y colmenas, los chimpancés y sus varas para cavar, los mohos de fango y su superficie húmeda. Este no es un relato acerca de cómo los humanos imponen un significado a las cosas mudas, sino un razonamiento que trata de explicar que lo que los humanos llaman materia o Naturaleza es algo ontológicamente secundario respecto de otras cosas. Es una mirada retrospectiva lo que le confiere un estatus material a la materia y un estatus natural a la Naturaleza: la mirada retrospectiva no de un ser necesariamente cognoscente, sino de una tarea cumplida. La llave gira en la cerradura: "Oh, para esto sirve la llave". Debe haber entonces algo "detrás" o "más allá" de la materia, y la ontología orientada a objetos (OOO) nos brinda una respuesta: lo que hay detrás de la materia es simplemente un *objeto*.

En lugar de utilizar la materia como sustrato básico, pintaré un cuadro del universo que sea a la vez realista y no materialista. Según mi forma de ver, los objetos reales existen dentro de otros objetos igualmente reales. "Espacio" y "medio ambiente" son formas con las que los objetos se relacionan sensualmente unos con otros, y esto incluye aquellos objetos más grandes dentro de los cuales los más pequeños se encuentran. En ocasiones, los seres humanos han llamado *Naturaleza* a estas relaciones sensuales, pero entonces corremos el riesgo de toparnos con todo tipo de dificultades y confusiones ideológicas. Un caracol es parte de la Naturaleza, tal vez, pero ¿qué hay de un caracol cocido? ¿Y la caricatura de un caracol? ¿Es un caracol sensual?

No existen el espacio o el medio ambiente en cuanto tales, pues solo hay objetos. Además, en la serie interminable de objetos, tampoco hay un *objeto privilegiado*: ningún ente que gobierne a los demás entes y cuya realidad sería superior o más poderosa que la del resto, es decir, un objeto ontoteológico que se imponga sobre los demás. Aunque esto puede parecer desconcertante, la razón es bastante sencilla. Si no hay un espacio separado de los objetos, entonces la idea de un objeto privilegiado implicaría que 1) dicho objeto es diferente de todos los demás y provee el espacio para todos los otros; o bien 2) que dicho objeto flota o se sitúa dentro de una suerte de "espacio" que desde nuestra perspectiva sería algo así como el interior de otro objeto. Cuando los físicos intentan pensar el universo como un ente en sí mismo, pronto se encuentran con un problema. Algunos científicos han planteado la hipótesis de un multiverso burbuja en el que nuestro todo "uno" es simplemente un todo entre otros, lo cual lleva el problema a otro nivel: ¿de dónde proviene este éter y sobre qué se apoya? La tina de Dios, tal vez. La OOO se siente más cómoda con las implicaciones de esta afirmación, es decir, con la idea de una regresión potencialmente infinita de objetos, más que con la de un objeto ontoteológico privilegiado.

Por el mismo motivo es evidente que tampoco hay un *objeto profundo*, un ente primario, más real que los demás, del que todos los objetos se forman. Un objeto se retira de todo acceso. Esto significa que ni siquiera sus propias partes pueden acceder a él. Como las partes de un objeto no pueden expresar por completo al objeto, este es irreductible a sus componentes. La OOO es antirreduccionista y antiholista. Un objeto no puede ser reducido al todo en el que se encuentra inserto. El todo no es más que la suma de sus partes. Por lo tanto, tenemos una extraña situación *antirreduccionista* en la que un objeto no es igual a sus partes o al todo que lo comprende.[6] Un arrecife de corales está hecho de corales, peces, algas marinas, plancton y demás. Pero cada una de estas cosas por sí mismas no abarcan todo el arrecife. El arrecife es un ensamblaje de todas estas partes individuales. Y es evidente que no encontraremos un arrecife en un estacionamiento de autos. Así pues, la realidad vibrante de un arrecife se mantiene a salvo de sus partes y del todo en el que se inserta. Los objetos no pueden ser reducidos a pequeñas piezas de Lego, como si fueran átomos con los que podemos construir otras cosas. Pero tampoco pueden ser confinados a ser instanciaciones de un proceso global. Un arrecife de corales es una expresión de la biosfera o de la evolución, sí; pero también lo es esta oración, y debemos poder distinguir los arrecifes de corales de las oraciones.

Los hechos precedentes se ubican bajo el paraguas de lo que podríamos llamar demolición. Ninguna tentativa de demoler un objeto -en el pensamiento, o con un arma, o con un acelerador de partículas, o bien por la devastación del tiempo o el calor- alcanzará jamás la esencia encriptada de dicho objeto. Por esencia, me refiero a algo muy distinto de lo que concibe el *esencialismo*. Esto se debe a que el esencialismo se centra en un aspecto superficial de los objetos que para la OOO no es más que la mera apariencia de los mismos: un aparecer para otro objeto. ¡Y esta degradación de la apariencia se mantiene aún si el objeto a partir del cual ocurre la apariencia es el objeto mismo! Incluso un arrecife de corales es incapaz de alcanzar su propia esencia. En el esencialismo, una apariencia superficial es tomada como la esencia de una cosa, o de las cosas en general. El feminismo, el antirracismo y la teoría *queer* quedan justificadas a la hora de atacar este tipo de esencia, recurriendo a todos los medios que sean necesarios.

Reflexionar sobre el esencialismo nos permite identificar otra manera en que los objetos son violentados, desestimando así las consecuencias de la OOO. Se trata de lo que Harman llama sepultamiento (*overmining*).[7] El sepultador decide que ciertas cosas son más reales que otras: por ejemplo, la percepción humana. Luego, decide que otras cosas solo adquieren una garantía de realidad cuando ingresan en el campo de visión de un ente más real. En consecuencia, solo cuando mido un fotón, solo cuando veo un arrecife de corales, estos son lo que son, en un proceso de "reducción hacia arriba". Pero cuando mido un fotón, nunca mido el fotón real. De hecho, como en la escala cuántica medir significa impactar con un fotón o con un haz de electrones (o lo que sea), medición, percepción (*aisthēsis*) y práctica se vuelven sinónimos. Lo que "veo" son desviaciones, trazos en una cámara de niebla o patrones de interferencia. Lejos de aceptar un mundo de pura ilusión donde la mente manda, la teoría cuántica es uno de los realismos más rigurosos que existen, pues concibe sus objetos como irreductibles a la comprensión total por parte de otros entes.[8]

Hasta aquí, nos hemos encargado de poner los objetos al resguardo de ser absorbidos por objetos más grandes, o bien descompuestos en objetos más pequeños (demolidos). También hemos puesto los objetos al abrigo de las meras proyecciones o reflexiones de un ente superior (sepultamiento). Hemos alcanzado, por lo tanto, un grado bastante alto de autonomía. Todo en el arrecife de corales, desde los peces hasta la forma de vida singular del coral y un pequeño plancton, es autónomo. Pero también es autónomo el coral mismo. Como lo son las cabezas del coral, una comunidad de pequeños pólipos, y cada cabeza individual. Los objetos son como las mónadas de Leibniz, en el sentido de que cada uno expresa una *regresión potencialmente infinita a otros objetos*; pero también porque en torno a cada objeto hay una *progresión potencialmente infinita* de objetos, como diversas teorías del multiverso argumentan en la actualidad. Pero la infinitud, lo inmensurable, es mucho más radical de lo que Leibniz propuso, pues no hay nada que evite que un grupo de objetos se transforme en un objeto, del mismo modo en que un arrecife de corales es siempre ya una sociedad de corales. Cada objeto es un "pequeño mundo hecho con ingenio" (John Donne).[9]

La existencia de un objeto es inevitablemente un asunto de coexistencia. Los objetos contienen objetos, y están contenidos "en" otros objetos. Sin embargo, a medida que exploremos otras consecuencias de la autonomía de los objetos, descubriremos que este abordaje mereológico (basado en el estudio de las partes) solo consigue abordar una pequeña porción de la sorprendente autonomía de las cosas.

Hay muchas otras cosas para decir acerca de la mereología antes de continuar. Una vez más, como los objetos no pueden ser demolidos o sepultados, esto significa que, en rigor, no hay un *objeto último*. No hay un objeto al que todos los demás objetos puedan ser reducidos de modo tal que podamos afirmar lo que queramos acerca de ellos sobre la base del comportamiento de un objeto fundamental. La idea de que algo semejante es posible remite aproximadamente a la teoría de la consiliencia de E. O. Wilson tampoco hay un objeto a partir del cual todas las cosas son producidas, no hay un *objeto mayor*.[10] Los objetos no son emanaciones de un "Uno" primordial o de un primer motor. Podría haber un dios, o dioses. La OOO desea regresar a una de las cuatro causas de Aristóteles (la formal), pero estaría dispuesta a desechar la causa final o *telos*. Si no hay un objeto mayor o fundamental, simplemente no hay causa final. Si uno modifica el *telos* para transformarlo en una meta última (en lugar de enfatizar la finalidad actual), uno pierde todo lo que es especial respecto de las causas finales. El comportamiento tipo "meta" solo es posible en relación a otro ente y no como propiedad más profunda de los objetos. Supongamos que Dios existe. En un universo OOO, ni siquiera este Dios no conocería el interior y el exterior de un fragmento del coral. A diferencia incluso de algunas formas de ateísmo, la existencia de Dios (o la no-existencia) no significa gran cosa para la OOO. Si uno realmente desea ser ateo, debería considerar el giro realista de la OOO. Dios es irrelevante. Ella (o él) podrían o no existir. Sea como fuere, no hay problema. Como algunos budistas, uno podría calificar esta posición de "no-teísta", para distinguirla del teísmo, pero también del ateísmo, que en cierto modo participa del juego teísta.

¿Por qué? Porque el reduccionismo y el materialismo eliminativista están atrapados en un combate eterno contra las sombras teístas. El mecanicismo se deshace de la "papa caliente" del *telos* apelando a la realidad, pasándolo interminablemente de un ente a otro, barriéndola bajo la alfombra de tantos entes como sea posible, como croquetas de papas en un plato de huevos fritos.[11] Un mecanismo siempre es un mecanismo *para*. Una cuchara es una máquina para sujetar una porción de huevos hervidos. Sujetar es un mecanismo de las manos para captar cosas como las cucharas. Las manos son máquinas para sujetar, escribir e incontables otras cosas. Están hechas de huesos, que son máquinas para... Así pues, la teología del diseño inteligente es la sombra permanente de la biología mecanicista. La única diferencia es que el diseño inteligente es explícito respecto de la teleología: hay un diseñador. La biología mecanicista, por el contrario, no es del todo honesta sobre su carácter teleológico.

El cientificismo es el síntoma de una cierta ansiedad que se libera en la modernidad. La ansiedad que piensa un *telos* o un objeto mayor o fundante conforma una resistencia a aquel gran descubrimiento de la modernidad, impulsado por la democracia, la filosofía y el surgimiento del capitalismo de consumo: la nada. No hay un ente mayor en la democracia, ni rey ni emperador -hay una igualdad incómoda e ideal entre tú y yo. En la filosofía contemporánea no hay manifestaciones metafísicas. Y en el capitalismo, poseemos una supuesta libertad de elección entre dos diferentes tipos de champú; nuestras fábricas pueden producir champú o detonadores de bombas nucleares.

Desde Kant, la filosofía moderna ha estado preocupada con dónde colocar la nada que parece irradiar por todos lados. Kant sitúa la nada en el espacio que se abre entre lo real y lo (humanamente) conocido; para Hegel, la nada es un vacío inerte que debe ser superado, mientras que la OOO considera este movimiento un retroceso para nada útil respecto de Kant. Para la ontología orientada a objetos, la nada no es el vacío ni el espacio entre el conocimiento (humano) y lo real. Es lo que el teólogo Paul Tillich llama una nada meóntica en lugar de una oukóntica. Es de esta nada meóntica que Heidegger habla permanentemente.[12]

Hablamos de la nada, no de la nada absoluta (lo inefable). Esta nada a la que nos referimos penetra las cosas como las múltiples fisuras en la cáscara de un huevo hervido. Porque las cosas se retiran, influencian con su excedente lo que nosotros (o las demás cosas) podemos conocer o decir sobre ellas; dicho excedente es una nada, pero no es absolutamente nada, como tampoco es algo que podamos designar. Si pudiéramos referirnos a ella, aparecería ahí mismo, y entonces la conoceríamos -pero el retiro de una cosa no puede ser localizado en ningún lugar de su superficie ni de su profundidad. Parto un pedazo de tiza para saber lo que es. Pero ahora tengo dos problemas en vez de uno.[13] El nihilismo, posición que argumenta que el vacío es más real que todo lo que aparece, es tal vez una manera de ocultar la ansiedad que provoca esta nada, tapándola con una nada absoluta: una defensa contra el principal descubrimiento de la modernidad. El nihilismo quiere vaciar sus bolsillos de todos sus contenidos, incluido el espacio del bolsillo mismo -como si uno pudiera arrancar la nada del bolsillo y así deshacerse de las inconsistencias de las cosas. Creer en la nada es una defensa contra la nada, una metafísica de la presencia que fragmenta toda presencia.

Sin embargo, descubrimos un universo OOO por "debajo" del nihilismo, como si las aguas profundas por las que el pensamiento moderno navega escondiesen un gigantesco arrecife de corales que abarca muchas otras cosas. Nietzsche y Heidegger insisten en la importancia de vencer por completo al nihilismo atravesándolo -pero ambos fueron incapaces de detectar el centelleante arrecife. La OOO postula un tipo de profundidad que es difícil de comprender para los seres humanos. Mucho de lo que se puede decir debe ser dicho por analogía o metáfora, del mismo modo en que Heidegger intuyó que el lenguaje poético nos daba una mirada vacilante de las cosas. Con Kant han desaparecido las islas metafísicas que fueron cuidadosamente trabajadas por los escolásticos. Bajo los cardúmenes de peces fenomenológicos -pensamientos, esperanzas, amores, odios y propuestas- estudiados por Husserl, siguiendo la estela de Kant y de Hegel, se desliza el submarino de Heidegger, surcando las aguas oscuras de una nada contaminada de angustia. Pero el sonar de Heidegger solo nos devuelve una señal antropocéntrica del universo de las cosas. La OOO es como un batiscafo que se desprende del submarino de Heidegger para sondear las profundidades donde se encuentra el centelleante arrecife. Al final del viaje descubrimos que el arrecife de corales no puede ser encontrado bajo el mar. El océano entero, con toda su oscuridad, sus peces y sus islas metafísicas, es apenas una proyección de un componente del arrecife -el ser humano. La OOO es un giro copernicano dentro del supuesto giro copernicano de Kant, quien argumentó que la realidad estaba correlacionada con los actos humanos de juicio sintético *a priori*. La fisura que descubrió Kant en el seno de lo real (puedo contar, pero no puedo explicar exactamente lo que es un número) es apenas una fisura en el interior de la mente humana, una entre trillones del mismo tipo, como la fisura entre un pólipo y el fondo del océano, o entre un pólipo y sí mismo.

Continuemos explorando el universo no-teísta de la OOO. Si no hay un objeto mayor ni un objeto fundamental, tampoco hay un *objeto medio*. Es decir, no hay tal cosa como un espacio, o un tiempo, en el que los objetos floten. No hay medio ambiente separado de los objetos. Tampoco hay Naturaleza. Y no hay mundo, si por mundo entendemos una suerte de "hilo" invisible que conecta todas las cosas.[14] Dichas conexiones deben ser propiedades emergentes de los objetos. Y esto, por supuesto, se alinea con la física posterior a Einstein, en la que el espacio-tiempo es producto de los objetos mismos, tal vez incluso de una cierta escala de objetos mayores a, digamos, 10^{-17} cm.[15] Los objetos no se sitúan en una caja espacio-temporal neutra. Por el contrario, el espacio y el tiempo emanan de los objetos.

Si no hay objetos mayores, fundamentales o medios, entonces es posible que haya una regresión infinita de objetos dentro de los objetos, y un progreso infinito de objetos que rodean a otros objetos. Esta posibilidad parece menos objetable desde nuestra perspectiva que la noción de que existe un objeto mayor o un objeto fundamental. Por lo tanto, debemos revisar nuestras teorías sobre el tiempo y el espacio, o al menos actualizarlas con la teoría de la relatividad. Las propiedades mereológicas de los objetos son sorprendentes: hay más partes que todos, como argumental Levi R. Bryant.[16] Un objeto es como "La Nave" de Dr. Who, la popular serie de televisión de la BBC: una invención para viajar en el tiempo y el espacio. La nave es más grande por dentro de lo que es por fuera. Esta fascinante intuición ilustra la manera en que la OOO evita el correlacionismo, el reduccionismo y el holismo al mismo tiempo. Dicho de otro modo, significa que la forma de lo sublime en Kant (un espacio interior es más grande que el exterior) se hace extensible a todos los entes. Esto implica que un objeto puede contener cosas que no son él mismo; un ejemplo es el tipo de conjuntos descubierto por Georg Cantor, pero declarado ilícito por Russell y los lógicos del metalenguaje anticuado. Lo sublime es una manera estética de detectar la nada descubierta por Kant, lo "desconocido = x" que asedia la realidad humana.[17] Como ya he sugerido, esto es apenas una muestra de la nada, una fisura en un universo repleto de quiebres.

Repitámoslo una vez más: no puede haber un "objeto mayor" que le otorgue sentido y realidad a todos los otros, una suerte de Dios. Y no puede haber un "objeto fundamental", una suerte de partícula básica o éter elemental del que todo lo demás emerja. A su vez, tampoco hay un medio u "objeto medio" en el que los demás objetos floten. Un medio semejante fue caracterizado con distintos nombres y explicaciones a lo largo de los años: *periechon* (entorno), mundo, medio, espacio y tiempo newtonianos, naturaleza, éter, ambiente, flujo circunambiental.[18] Incluso la olla de oro al final del arcoíris en el modelo estándar, el campo de Higgs, puede ser un ejemplo de un "objeto medio" ontoteológico que le brinda sentido a otras partículas subatómicas, como un síntoma que suplementa un grupo de comportamientos, demoliendo así su coherencia y revelando su inherente absurdidad.[19]

¿Cómo ocurre esto? La OOO encuentra la explicación en los objetos mismos. De hecho, la explicación ideal reposaría en un único objeto (un hecho totalmente fuera de lugar en un mundo donde la interconectividad es el tema central de estos tiempos, abarcando tantas áreas de la vida). Hay muy buenas razones para este gesto impertinente. Si no podemos explicar la realidad a partir de una sola cosa, entonces estamos atascados en un escenario que requiere otros entes para explicar cómo funcionan las cosas y, de ser así, esto conduce a un tipo de "demolición" (*undermining*) o "sepultamiento" (*overmining*), los cuales la OOO rechaza de plano. Debemos entender que dentro de cualquier objeto tenemos ya todo lo necesario para tener tiempo, espacio e incluso causalidad.

¿Qué son, entonces, estos objetos que, de manera claustrofóbica, llenan cada recoveco de la realidad, que *son* realidad, como los lascivos rostros de una pintura expresionista que se amontonan en el cuadro? ¿Con qué derecho llegamos a la conclusión que no hay un objeto superior, medio o fundamental, que los objetos son más grandes por dentro que por fuera, que generan tiempo y espacio, entre otras cosas? Es hora de pasar a un ejemplo concreto. De hecho, tomemos algo hecho de concreto.

Pensemos en un bloque de concreto -cuanto más gris y mundano, mejor. Una mariposa desciende sobre el bloque y lo contempla con su visión singular mientras sus alas acarician su áspero exterior. Yo palpo la superficie irregular y arenosa del bloque de concreto, y en este contacto, mis manos perciben táctilmente el bloque, poniendo a prueba, temerosamente, la suavidad de su áspera textura. Un arquitecto realiza un dibujo técnico de una sección transversal del bloque, pero una perspectiva transversal del bloque no es el bloque mismo. La impresión que un dedo tiene del bloque no es el bloque, y el contacto que una mariposa mantiene con el bloque tampoco es el bloque.

Ahora bien, imaginemos que el bloque de concreto, por alguna razón, está dotado de una mente y ciertos órganos rudimentarios, tal vez una nariz y una boca y un par de ojos saltones y primitivos, como los de los vegetales que hablan en *El Show de los Muppets*. El bloque saca su lengua y lame su propia superficie áspera, fría e irregular. ¿Llega entonces a conocerse a sí mismo en cuanto tal? Capta el sabor de sí mismo con su lengua, ¿sabe a qué sabe él mismo? La respuesta es "no", porque el sabor de un bloque de concreto no es el bloque de concreto. Imaginemos que el bloque de concreto desarrolla poderes telepáticos y en un preciso instante se conoce a sí mismo por completo. Pero conocer un bloque de concreto en un único instante de comunión telepática no es -no nos extrañemos- un bloque de concreto.

Tal vez el problema se diluya si concibo el bloque como un proceso y no como una masa estática. En la actualidad, hablar de procesos resulta mucho más atractivo que concebir la realidad como poblada de bloques aparentemente rígidos. Tal vez avanzaríamos un poco más si considerásemos la manera en que el bloque fue formado, empezando por colocarlo en un molde la arena y cemento de Portland, y siguiendo con las distintas maneras en que el bloque será utilizado y las condiciones socioeconómicas de su producción. Pero si lo contemplo de este modo, nos enfrentamos al mismo problema: lo único que he hecho es sustituir el término *proceso* por el término *objeto*. Ahora, el proceso, como quiera que sea concebido, nos presenta los mismos problemas que el bloque original. ¿De qué manera puedo comprender este proceso en sí mismo, sin traducirlo a otra forma –un debate, un libro, una pintura o una serie de medidas? Cambiar el término *objeto* por el término *proceso* es tan solo una cuestión de preferencia estética. Seguimos estancados en el problema de asir por completo una *unidad*: el bloque de concreto como tal, el proceso en cuanto tal.[20] Si imaginamos que los objetos son intrínsecamente consistentes (ser "estáticos" es un defecto estético, también, de acuerdo con el criterio moderno, aunque se trate de un punto discutible), entonces debemos forzosamente sentir la necesidad de añadir a nuestra visión algún tipo de filosofía procesual que sea capaz de pensar el cambio y el movimiento (Bergson, Whitehead, Deleuze). De este modo, hemos realizado un truco ontoteológico. Hemos decidido de manera arbitraria que ciertas cosas (procesos, flujos) son más reales que las demás cosas (objetos). En el capítulo 3, volveré sobre la noción de proceso en más detalle. Por ahora, detengámonos aquí.

Tal vez el problema sea que somos seres tridimensionales que tratan de comprender objetos que existen en una dimensión temporal, no sólo en las tres dimensiones espaciales.[21] Tal vez, si agregáramos otra dimensión a mi descripción, seríamos capaces de ver el bloque de concreto en cuanto tal. Pensemos en esto por un instante. Este acercamiento resuelve varios problemas. Por ejemplo, puedo ver que el bloque posee distintas partes que lo componen, tanto temporales como espaciales. Esto diluye de una manera importante el problema de la persistencia del bloque, es decir, el problema de si estoy viendo "el mismo" bloque que vi hace algunos minutos, o el año pasado. El bloque-del-año-pasado es una parte temporal de un objeto que también posee otras partes temporales, como el-bloque-de-hace-algunos-minutos. Si realmente pudiese ver en cuatro dimensiones, supongo que podría ver el bloque como una estructura tubular que consiste en todo tipo de ramificaciones y tentáculos que ilustran cómo fue hecho y cómo fue utilizado. Vería el concreto siendo arrojado en su molde a un extremo del tubo y el bloque desintegrándose en polvo al otro extremo.

Nos quedan, sin embargo, algunos problemas significativos en lo relativo a su persistencia. ¿Qué delimita los bordes temporales del bloque -su principio y su final? ¿Qué constituye los límites entre un segmento temporal y otro? Imaginemos que tenemos éxito con esta línea argumental: ¿cómo se vería el universo de este modo? El universo sería en este caso un singular montón compuesto de una cosa u otra, distribuido a través del tiempo y del espacio como si fuese un pulpo con un trillón de tentáculos. El bloque sería una región de esta masa de tentáculos, pero al no poder distinguir exitosamente entre el bloque y lo que no es el bloque, nos quedamos con una vasta porción de extensión cartesiana. Podemos ver pasado, presente y futuro como una sola secuencia, pero al costo de perder la especificidad del bloque por completo. En una versión extrema de esta idea, no habría bloques de concreto o montañas o árboles o gente, porque dichos objetos serían demasiado inconsistentes como para poder ocuparnos de ellos.[22]

Pero este no es el problema más importante. El verdadero problema es que ninguno de los segmentos temporales del bloque sería el bloque mismo. El bloque que se extiende de la semana pasada a la próxima es apenas un segmento de un mundo-bloque tubular.[23] La mera tentativa de introducir regularidad se ha vuelto una pesadilla. Cuanto más estudiamos el bloque como un trozo de material cuatridimensional, menos lo contemplamos como bloque. Ya no estamos tratando con un bloque, sino con lo que en la teoría de la relatividad se llama un *mundo tubo*, es decir con un simple zarcillo que emana de una gigantesca masa universal segmentada en varias partes.[24] No creo que esta sea la manera de conocer el bloque. Con lo cual, si existen seres cuatridimensionales, temo que sus posibilidades de conocer el bloque completo son mínimas, al igual que sucede con el resto de nosotros.

Tal vez Merleau-Ponty estaba en lo cierto.[25] Tal vez si pudiésemos de algún modo ver cada ángulo, cada configuración posible del bloque, podríamos conocer el bloque en cuanto bloque. Tal vez una versión final y ampliada del diagrama del bloque exista al fin. Imaginemos que Richard Scarry fuese como un dios y que, desde su perspectiva, escribiese una hermosa versión de un libro gigante para niños titulado, *¿Qué hacen los bloques de concreto a lo largo de todo un día?* Este maravilloso libro tendría diagramas de cada aspecto del bloque. Pero por divertido que pudiese ser para quien lo lee, libro no sería el bloque de concreto.

Tal vez debamos ser un poco rudos con nuestro pobre bloque de concreto. Si de alguna manera pudiese examinar cada partícula del bloque, cada agujero en su superficie; si fuese capaz de hacerlo desaparecer y traerlo de vuelta a su estado original, o bien empaparlo con agua, exponerlo al sol y hervirlo en mermelada – si fuese capaz de hacerle todo lo imaginable, ¿no sería capaz de conocerlo por lo que es en realidad? Imaginemos una asombrosa máquina creada por un genio maligno, una máquina que me permitiese ver todo aspecto posible del bloque de concreto, no sólo sus ilustraciones o diagramas, sino las configuraciones reales del bloque mismo. Supongamos que enciendo la máquina y esta comienza a procesar el bloque. Mientras estoy sentado ahí, sonriendo feliz mientras la máquina realiza su labor, un pensamiento empieza a perturbarme. Al utilizar la máquina, he excluido automáticamente el único encuentro accidental que el personal de limpieza pudo haber tenido con el bloque cuando, al limpiar los restos de cigarrillo y los vasos de plástico que quedaron de una fiesta que hicimos para celebrar el funcionamiento perfecto de la máquina el día anterior, sin cuidado patea el borde del bloque con su dedo gordo y lo hace girar, sin comprender del todo el cataclismo ontológico que acaba de ocurrir. Cada encuentro real con el bloque de concreto descarta otros encuentros posibles. "Todas" las experiencias del bloque se ven reducidas a un "no todas".[26] ¿Por qué? Porque ni los billones de encuentros de la máquina, ni el incidente singular del personal de limpieza con su pie, son el bloque de concreto. La razón: *el bloque real existe*. No hay visión que desde lugar alguno pueda ver el bloque entero, no hay *sub specie aeternitatis*.[27]

En este sentido, incluso Dios (si es que existe) posee una visión parcial del bloque de concreto. Una vez tuve un amigo que dijo que quería hacer todo. Creo recordar que "matar a un hombre" ocupaba un lugar bastante alto en su lista, ya siendo un adolescente tardío. Incluso si pudiésemos hacer todo, ¿eso no descartaría la posibilidad de *hacer ciertas cosas*? Si pudieses hacer todo, no tendrías la experiencia de hacer algo. Si existiera un Dios omnisciente y omnipresente, envidiaría el conocimiento más escaso y parcial que podríamos tener de ciertas rutas en un aburrido vecindario suburbano.[28]

Los tres abordajes que he destacado tienen un significativo aire de familia. El parecido principal es la tentativa de limar inconsistencias en nuestra concepción de los objetos. A lo largo de este libro, argumentaré que toda tentativa de limar inconsistencias está destinada al fracaso de un modo y otro. Explicaré por qué *los objetos mismos son inconsistentes*. Por el momento, continuemos limando un poco más y veamos qué sucede.

Tal vez tomé el camino equivocado. Tal vez fui demasiado tosco. Tal vez fui un baconiano sádico que destruye la Naturaleza para conocerla. Tal vez si me siento aquí y espero pacientemente, lograré ver el bloque real. Bueno, espero. Comienzo a impacientarme. Desarrollo todo tipo de prácticas contemplativas para seguir mirando el bloque. Me ilumino. El bloque se resiste a entregar las habichuelas mágicas. Entreno a una discípula para que me reemplace cuando muera. Ella tampoco ve nada del bloque real que ahora presenta una gran fisura en su superficie, por la que se puede ver a través de él. Ella funda una orden religiosa que transmite cuidadosamente mis instrucciones sobre cómo observar el bloque. Durante miles de años, culturas, personas y robots estudian el bloque, que ahora se ve bastante deteriorado. Cientos de miles de años más tarde, un robot sofisticado permanece allí monitoreando los trazos débiles de polvo que se esparcen en el aire donde solía estar el bloque. Aún sin novedades. Incluso el Buda no conoce el bloque en el sentido de "conocer" o "captar como un concepto definido cuya realidad puede ser contrastada con una cosa dada y definida". Cuando se trata de conocer un bloque de cemento, el Buda es tan incapaz como Dios.

Abandonemos aquí. Imaginemos el bloque de concreto por sí mismo. Un pensamiento escandaloso, tal vez imposible de concebir. El bloque no es una masa simple o vacía que espera ser llenada por un objeto "superior" (sepultamiento). El bloque no es una mancha de algo más grande ni un agregado de cosas más pequeñas (demolición). El bloque no se vuelve real gracias a un medio (un objeto medio). El bloque es él mismo. Es algo específico. Es único. Bien podríamos pensarlo como una cosa real, específica y singular. El bloque ya posee cualidades, como un frente, una parte posterior, y demás. Sin embargo, estas cualidades solo son apariciones estéticas, que no se ven afectadas por el hecho de que haya un "observador" que las observe. Estas apariciones son aspectos reales del bloque; no se parece a una pirámide y no tiene un cuello de cisne. El objeto mismo está hendido, desde su interior, entre su esencia y su apariencia. Esto no puede, simplemente, significar que el bloque de concreto sea una substancia que posee cierta forma y color, y que esos sean sus accidentes. Ya hemos descartado esto. Debe significar, en cambio, que el bloque en *sí mismo* (esencia) también es un no-bloque (apariencia).

La conclusión parece mágica, pero se trata de un tipo ordinario de magia. No requiere de aditamentos especiales como una mente o un alma sobreviniente, o una fuerza animadora de cierta índole. Solo requiere que el bloque de concreto no posea materiales ocultos almacenados dentro de él, ningún pliegue o reducto escondido de ningún tipo. Solo requiere que el bloque *exista*. Hay un bloque, cuya esencia se retira. *Retirarse* no significa que dicha esencia sea difícil, incluso imposible, de encontrar; sin embargo, debe ser capaz de ser visualizada, cartografiada o parcelada. *Retirarse* no significa que algo se halle espacial, material o temporalmente *escondido* pero disponible para ser encontrado, aunque apenas en teoría. *Retirarse* significa estar más allá de todo acceso, más allá de toda percepción o mapa, maquinación, testeo o extrapolación. Uno podría dinamitarlo con miles de bombas nucleares y eso no revelaría la esencia secreta del bloque de concreto. Uno podría anticipar la posición y movimiento de cada partícula singular del bloque (suponiendo que sea posible superar el principio de incertidumbre de Heisenberg) y no se podría descubrir la esencia retirada del bloque. Diez de las más importantes obras y directores de cine (digamos para comenzar: Sófocles, William Shakespeare, Federico García Lorca, Samuel Beckett, Akira Kurosawa y David Lynch) podrían escribir tragedias profundas y horribles y películas de acción sobre el bloque y aun así ninguno de ellos se acercaría, ni mínimamente, a conocer la esencia del bloque. El bloque mismo podría desarrollar una inteligencia divina que le brindaría un conocimiento omnisciente de sí mismo. El más leve rozón (por ejemplo el de una rata que cayera de la viga del techo del galpón en el que guardo mi bloque para no olvidar la obstinada persistencia de las cosas) comprendería el bloque de una manera absurdamente limitada que descartaría la posibilidad de que el bloque omnisciente sepa todo de sí mismo.

Este maldito bloque de cemento está empezando a impacientarme, así que lo mejor será cambiar de tema. Pero antes de abandonarlo en el galpón, reflexionemos acerca de esta conclusión elemental pero maravilloso que hemos alcanzado. Vivimos en una realidad infinita y no totalizable de objetos singulares, una realidad que es infinitamente rica y animada, encantadora y anárquica a pesar de los reductos locales de jerarquía, exasperantes, repletos de ilusión y extrañeza. En esta realidad, los objetos son perfectamente sinceros, no poseen ningún aspecto trascendental u oculto. Sin embargo, precisamente por esto mismo, los objetos son completamente extraños: se esconden a plena luz, bajo el reflector. Su mera aparición es una especie de milagro.

Podríamos ir más lejos y sugerir la posibilidad de lo que Bryant llama un *objeto oscuro*, un objeto que no posee en absoluto relaciones con otros entes. Estos objetos son estrictamente impensables, porque si lo intentamos, habremos forjado un tipo de relación con ellos. Nuestra teoría debe permitir que existan objetos impensables. Pero ya hablar de esto significa involucrarse en un juego de contradicciones. Es como mirar el telón rojo de un teatro correrse gentilmente, iluminado por los reflectores. ¿Hay algo detrás del telón?

Como no hay un objeto superior desde cuyo salón VIP podamos contemplarlo todo perfectamente, ningún objeto es en rigor lo que es -ni siquiera para sí mismo[29]. El universo OOO es un universo de incorrección, de lo incorrecto. Sin embargo, sabemos esto porque en otro sentido los objetos *solo* son lo que son, ni más ni menos, pues no hay un objeto fundamental al que podamos reducirlos. Los objetos son empecinadamente irreductibles, pero maravillosamente impropios al mismo tiempo. Como ningún objeto está exento de la extrañeza que acabamos de descubrir en el bloque de concreto, ningún objeto es la piedra fundamental del filósofo que lo transmutará todo en una transparencia perfecta, obvia y bien ordenada.

Se trata de un mundo a lo *Shredded Wheat* ("Nada más. Nada menos." Así se lo publicitaba en los años 70). Pero el humilde tazón de este tipo de cereales hacía que el más chispeante y psicodélico juego de luces parezca pálido y aburrido. Es una realidad en la que lo real de las cosas está en proporción directa con sus extrañas presunciones, con la manera en que las cosas se disfrazan de réplicas de sí mismas, de modo que todo es un carnaval, y sin embargo, por la misma razón, resulta ser asombrosamente real. Si esto no es un milagro, esperemos hasta que hayamos considerado como la causalidad funciona en esta realidad. Este es el tema principal que explora nuestro libro.

La grieta

A esta altura, deberíamos ser capaces de pensar con mayor precisión en cómo, desde una perspectiva ontológica, los objetos se encuentran escindidos entre *esencia* y *apariencia*. Si nos negamos a aceptar esta división, tendremos que enfrentar algunas decisiones incómodas. Podríamos elegir un mundo de objetos reales no contradictorios cuyas cualidades fuesen estampadas en ellos como cuando marcamos figuras de plastilina: una suerte de ontología medieval anticuada. Mark Heller explora este meollo: como no está dispuesto a aceptar objetos con bordes imprecisos, se ve forzado a pensarlos como porciones toscas de materia que obnubilan la mente y que no podemos asociar con cucharas, cometas o bloques de Lego.[30] Así, no solo se pierden las personas y las señales de tránsito, sino también el burbujeo del gas en la soda y la fría elasticidad de la arcilla. Como no hay una forma legítima de distinguir entre una cosa y la materia que la constituye, Heller reduce gradualmente el universo entero a una extensa masa informe. Algunos preferirían que las mesas, los *quarks* y las corrientes oceánicas no existieran antes de aceptar la *grieta*.

Podríamos elegir conjuntos de relaciones no contradictorias, en la que la "papa caliente" (como dice Harman) de un objeto *bona fide* se distribuye infinitamente a través de una cadena de relaciones que nunca termina en el objeto fundamental.[31] O bien, podríamos adoptar el nominalismo o el nihilismo, según los cuales los objetos son apenas lo que otros objetos hacen con ellos -posiciones sepultadoras que muy rápidamente confluyen en una visión relacional. También podríamos ser reduccionistas, y afirmar que algunos objetos, en concreto los más pequeños, son más reales que todos los otros ("pequeño" es un adjetivo que genera sospechas, ¿pequeño para quién o para qué?). O podríamos ser holistas y creer que los objetos son simples manifestaciones de un flujo más profundo, lo que inmediatamente nos haría preguntarnos de qué manera este flujo podría manifestarse como algo distinto de sí mismo (pregunta que el neoplatonismo ha intentado responder).

Podríamos abandonar la exigencia de que todo debe ajustarse a un principio que, en realidad, nunca ha sido adecuadamente justificado, excepto en un sentido dogmático: "no pensarás en cosas que son autocontradictorias, so pena de quedar fuera de la lógica". Si la OOO está en lo cierto, entonces la crítica de Aristóteles al materialismo y su predilección por los diferentes tipos de causalidad, incluyendo la formal, tiene algo de interesante que decirnos, aunque su reivindicación del principio de no contradicción no tanto.[32]

La sospecha de que hay algo problemático con la ley de no contradicción en lo que concierne a los objetos reales es particularmente potente si pensamos en objetos que son especialmente grandes y duraderos respecto de las escalas humanas. A modo de ejemplo, consideremos el calentamiento global: un ente que emerge de la luz del sol, del dióxido de carbono, de las emisiones de motores que consumen carbón, etcétera. El siete por ciento de los efectos del calentamiento global se sentirán aún dentro de cientos de miles de años, mientras son lentamente absorbidos por sedimentaciones volcánicas. Eso es más de diez veces nuestra historia registrada hasta la fecha, un número intimidante que resulta casi inconcebible. Sin embargo, vemos los efectos del calentamiento global a nuestro alrededor: vemos gráficos de la NASA que predicen alzas en temperaturas; sentimos lluvias en nuestras cabezas en momentos inusuales del año; presenciamos el avance de las sequías. Ninguna de estas experiencias son el calentamiento global propiamente dicho: son apenas sus consecuencias estéticas.

Pensemos de nuevo en los objetos oscuros de Bryant: objetos que no tiene relación alguna con otros objetos. Podemos dudar acerca de si estos objetos existen o no en esta realidad; pero no hay dudas de que la OOO toma muy en serio su existencia. Cuando pensamos en objetos, parte del problema es que estamos sujetos a los efectos de una observación selectiva radical. El pensamiento acerca de un objeto no es el objeto mismo en su aislamiento total. Al menos otro objeto se está relacionado con él, a saber, el pensamiento. Es tentador pensar que el paradigma correlacionista hegeliano emergió de un fenómeno semejante: la tentativa de pensar un objeto impensable resultó en la selección de un efecto observacional según el cual ese objeto se vio entrelazado con el pensamiento de dicho objeto. El realismo especulativo parte del supuesto de que el mundo no necesita estar correlacionado con un observador (humano) para existir. Este modo de darse no agota lo que el mundo es, porque los humanos (y los seres sensibles en general) no son particularmente eficaces a la hora de revelarlo. Si las estrellas de neutrones y el ARN también develan un cierto darse, la existencia de un universo sin humanos no parece ser un gran problema. (Veremos, sin embargo, que en el contexto de cómo nacen los objetos, un profundo análisis fenomenológico del darse puede brindarnos algunas enseñanzas contraintuitivas y potentes. Se trata de un darse profundo más que superficial, pero sigue siendo un darse y por lo tanto, cae en el ámbito de las apariencias, lo que Harman -siguiendo a Heidegger- llama la estructura del "en cuanto que").

Es irónico, por lo tanto, que los objetos que están más apartados de las relaciones provoquen respuestas relacionistas. Los objetos oscuros nos presentan una paradoja similar a la del mentiroso o la misteriosa sentencia lacaniana: "Lo que constituye el fingimiento es que, a fin de cuentas, no sabes si se trata o no de un fingimiento".[33] Pensar en la posibilidad pura de que puedan existir. Es la congruencia final entre el retiro y la ilusión embustera. ¿Hay algo detrás del telón? Los objetos son impronunciables aunque estén perfectamente disponibles. No son meros agregados de otras cosas. Aparecen siempre ya como algo: como un bloque de concreto, como polvo de bloque de concreto, como concreto fresco, húmedo y maloliente en un molde. Eso *hacen* los objetos.

Volvamos por un momento a los trozos de materia de Heller, quien explora el estatus de una mesa en cuanto objeto. Si uno empieza a retirar pequeños pedazos de la mesa, ¿en qué momento ya no podemos llamarla "mesa"?[34] Esta es una versión de la paradoja del montón mencionada más arriba. Tengo un montón de arena. Retiro un grano. Sigue siendo un montón. Puedo continuar hasta que solo me quede un grano. No queda claro en qué punto, si es que lo hay, el montón deja de ser un montón. Intentemos a la inversa. Si tengo un grano de arena, este no conforma un montón. Si agrego otro, tampoco forma un montón. Puedo continuar con el mismo proceso de razonamiento indefinidamente: nunca obtendré un montón, no importa cuántos miles de granos apile.

Heller trata de explicar la existencia de los objetos, pero pierde mucho tiempo topándose una y otra vez con la paradoja del montón. ¿Por qué? Heller piensa que se debe a cierta inexactitud en su comprensión de las mesas. Por lo tanto, decide evitar la paradoja hablando de objetos sin especificidad alguna. Como no podemos decir cuando una mesa es una mesa, solo nos queda avanzar a tientas entre mazacotes de materia deslucidos pero bien organizados. Tal vez el momento más triste sea cuando Heller decide construir una máquina que hará el trabajo por él -y vuelve a toparse con la paradoja, pues, ¿cómo podemos diseñar una máquina para determinar cuándo una mesa deja de ser una mesa, si no lo sabemos? Uno vuelve a recaer en la percepción.[35]

Se dice que las paradojas del montón dependen de predicados un tanto vagos: "es un montón", por ejemplo, o "es calvo". *Desde* Darwin sabemos que "ser una especie" es también un predicado vago. ¿Por qué? Porque la evolución es gradual y la diferencia entre una forma de vida y su descendencia mutada no está bien definida. Del mismo modo, "está vivo" es un predicado vago. Para romper el círculo vicioso del ADN y los ribosomas, necesitamos algún tipo de mundo-ADN que conste de ARN y un duplicador inorgánico como el cristal de silicato. Los predicados vagos, en otras palabras, podrían no ser evidencia de objetos vagos. Parece que el ADN es un químico muy preciso, y que los gatos son mamíferos muy precisos.[36] Ciertamente no veo un gato como una vaga mancha peluda, sino como este gato particular, sentado aquí sobre la alfombra. La fenomenología viene al rescate en este punto, con su descubrimiento de los objetos intencionales. No ensamblo el gato a partir de un bruto agregado de píxeles de gato, sino que el gato entero aparece en mi conciencia. La precisión de mi conciencia del gato parece ser evidencia de que los gatos son bastante precisos.

Esto sugiere que hay paradojas del montón no porque la realidad sea vaga, sino porque la realidad es paradójica. Esto significa que los entes tal vez no estén completamente sujetos a la ley de no contradicción. Por esto Heller puede construir todo tipo de máquinas para medir cuándo una mesa deja de ser una mesa, pero nunca tendrá éxito. ¿Por qué? Hay una razón fundamental, según la OOO. Porque cualquier conocimiento sobre la mesa (el mío, el de la máquina, el que sea) no es una mesa. Simplemente no es posible que mi conocimiento sobre las mesas reemplace las mesas. Con lo cual, es inevitable que haya momentos en los que dudo si estoy viendo una mesa o no. La mesa se retira.

Si vamos a tener mesas y ARN y tejas y limo en toda su especificidad, deberíamos abandonar la idea de que podemos estar completamente seguros respecto de su existencia. Si queremos estar seguro, tal vez tengamos que aceptar un universo con todo el encanto de una masa fría de avena insípida.

Las paradojas del montón también surgen del sepultamiento. Por ejemplo, tenemos la costumbre de percibir objetos como agregados de cualidades: una manzana es simplemente algo que es redondo, jugoso, dulce y demás (para mi boca). Un gato es esta cosa de peluche sobre la alfombra, pero si retiro su pelaje pelo por pelo, ¿sigue siendo un gato? O bien, como ha sugerido Peter Geach, ¿hay tantos gatos sobre la alfombra como pelos, de manera que cada vez que retiro un pelo, hay un tipo de gato diferente sobre la alfombra?.[37] El sepultamiento trata de conquistar la paradoja Sorite de la siguiente manera. Supongamos que cuando pongo mi vaso en x objeto, es en realidad una mesa. Esta es una manera de vencer la paradoja Sorites. El problema más profundo, sin embargo, tiene que ver con la existencia de este objeto "x" independiente de mí. Seguro, está estructurado *como* una mesa: lo pienso como una mesa, es una mesa para los objetos que la rodean, no una banana pisada o lo que sea.[38] Los dos problemas pueden encontrarse en un cierto punto. Supongamos que tengo una mesa tan fina como una oblea luego de retirarle varios pedazos. Pongo un vaso sobre ella y atraviesa la mesa. Pienso que es una mesa, pero ya no funciona como tal. O bien estoy de campamento, y utilizo la base de un árbol talado como mesa, que por su forma irregular hace tambalear mi vaso. En cada caso, el objeto "x" es único y diferente. La base del árbol talado huele a savia y tiene insectos que trepan sobre él. El mueble mal pegado en mi cocina, que he estado maltratando con mi cuchillo marca Stanley, huele a comida de bebé y está muy pulido de un lado.

Peter Unger nos brinda un método extremo de sepultamiento en su análisis del "problema de los muchos". Una nube es una cosa esponjosa en el cielo hecha de gotas. Excepto que no lo es: la nube está hecha de un montón de otras cosas esponjosas que podrían ser vistas como nubes. Los bordes de las nubes son particularmente ambiguos, como es la parte de una uña áspera en la que lo áspero se entremezcla con lo liso.[39] Si continuamos, podemos hacer la versión filosófica del desprendimiento de nubes [*cloud busting*]. Si eliminamos las nubes más pequeñas una por una, porque claramente no son toda la nube, de repente no tendremos más una nube.[40]

Es simplemente imposible demoler una mesa en pequeños pedazos de madera y encontrar la mesa en ellos. Pero tampoco podemos sepultar la mesa. ¿Cómo podría interpretar un mueble fabricado o la base de un árbol cortado (en mi percepción, en mi lenguaje, en mi uso) como una mesa? ¿Cómo podría hacer lo mismo con el piso o con un pedazo de tostada con mermelada? La respuesta de la OOO es que se trata de una no-mesa que se retira de todo acceso. Lo que son se retira del acceso aun cuando apoyo mi vaso sobre ella y digo, "pero qué buena mesa". A partir de aquí, debemos proceder con cautela a fin de evitar cualquier pensamiento sepultador. Esto no significa que no haya una mesa, ni tampoco que la mesa sea la forma en que la uso, incluyendo cómo pienso en ella, hablo de ella, o apoyo mi vaso sobre ella. Lo importante es que la mesa no es simplemente una mesa-para (mí, mi vaso, el piso, el concepto "mesa"). Tampoco es una no-mesa en el sentido en que François Larruelle lo piensa: no hay una inmanencia radical innombrable de la que ninguna filosofía es capaz de hablar (una filosofía tal debe quedar desterrada del pensamiento si queremos ir más allá de lo que para Larruelle son medias verdades). Al decir *no-mesa* no estoy sugiriendo que nos riamos de las mesas o de nosotros mismos por pensar en semejante idea delirante. Todo lo contrario. La realidad total de esta mesa, de este *tode ti* (Aristóteles), de esta unidad, de este ser único aquí, primo de madera del amigo de muchos filósofos, es lo que es innombrable, incomprensible. En este sentido, la OOO parte de la poderosa enseñanza de la fenomenología a la que aludíamos más arriba. Una vez más, no percibimos miles de puntos de un gato que sintetizo en un gato real, sino que el gato entero es intencionado por mi mente, allí y por completo, un hecho que parece sustentado por imágenes electromagnéticas de la actividad en la corteza visual del cerebro.[41]

No podemos simplemente afirmar que las mesas son una masa amorfa que llamamos "mesa" o que usamos como mesa. Y tampoco podemos afirmar que las mesas consisten en pequeños agregados de píxeles. Realizar ambas operaciones (demoler y sepultar al mismo tiempo) es lo que hace el materialismo contemporáneo.[42] La perspectiva de la OOO por lo tanto requiere que modifiquemos seriamente o abandonemos la noción de materia. La materia es siempre materia-para. Cuando utilizamos el término "materia", reducimos de manera automática un objeto singular a "materiales básicos para" esto o aquello. Enciendo un fósforo. El fósforo, ¿está hecho de materia? No, está hecho de la madera de un árbol. El árbol, ¿está hecho de materia? No, está hecho de células. ¿Y las células? El argumento continúa hasta llegar a los electrones. Los electrones, ¿están hechos de materia? No, están hechos de...y así sucesivamente. Pensar la "materia" es pensar con anteojeras, es adaptarse al correlacionismo.

Sin embargo, ¿podríamos afirmar que un fósforo es madera-para? ¿Madera-para-encender-un-fuego, por ejemplo? ¿No sería posible creer que objetos con "propósitos incorporados" son de hecho al menos, y hasta cierto punto, objetos-para sin que sea necesario pensar que los objetos son apenas lo que son porque están correlacionados con una necesidad humana o aparato conceptual? De acuerdo, pero sólo en la medida en que pienso que puedes imaginar que los objetos tienen propósitos incorporados sin ser un correlacionista. Tal vez, en la medida en que te das cuenta que son objetos-para "hasta cierto punto". Entonces, has llegado bastante lejos en la concesión de que el fósforo también es madera-para una partícula de polvo que se deposita sobre él. También es madera-para una hormiga que trepa por él. También es madera para casa de juguete hecha de fósforos.

Una vez que te deshaces de la idea de que es "material básico para", no tienes buena razón para aferrarte a un *telos* humano en torno a los fósforos. Una perspectiva no-materialista pero realista podría incluir más entes en su concepción de lo que las cosas son "para" (la estructura en cuanto que).

El poema de Alexander Pope, *El bosque de Windsor*, admira el alcance de un hermoso bosque (el cual todavía existe de algún modo). Mira, dice el poema: mira todos esos potenciales buques de guerra de la armada inglesa.[43] La filosofía debería hacer algo más que eso.

El problema de la "materia para los humanos" expone un problema más profundo: que la materia es materia para cualquier cosa. La materia no es lo que se supone que es: un tipo de sustrato real de las cosas que emerge *como* esas cosas. Se trata de la estructura del *en cuanto*, que es ontológicamente secundaria a los objetos. La "materia" es correlacionista en la medida en que siempre está relacionada con algún ente. La materia es el aspecto "del que está construido" un objeto. Es el pasado del objeto, o un objeto pasado. Cuando uno la estudia directamente, deja de ser materia. Este es un problema para el materialismo eliminativista, el cual sostiene que si uno puede explicar lo que está estudiando en términos de componentes materiales presuntamente básicos, entonces puede eliminar la cosa más grande que está explicando en favor de dichos componentes. Si uno no se detiene en un sustrato metafísico, como la materia prima, termina con ecuaciones en el vacío -termina, casi seguro, en el idealismo o el nihilismo. Como el correlacionismo es hostil a la idea de la metafísica dogmática, corre el riesgo de terminar en el vacío si sigue la ruta materialista. El vacío se vuelve más real que los entes.

Lo inquietante de la grieta entre apariencia y esencia es que resulta irreductiblemente indeterminada. No podemos especificar "dónde" o "cuándo" "sucede" la grieta. Esto significa que nos enfrentamos a una realidad ilusoria. Las ramificaciones de esta realidad de naturaleza ilusoria se aclararán a medida que vayamos avanzando.

El objeto llamado sujeto

Lo que llamamos objetos, ¿son apenas impresiones subjetivas? De ningún modo. En esta y la siguiente sección, recurriré a algunos ejemplos de mi propia experiencia para demostrar algunos hechos acerca de los objetos en general. Y no es sorpresa que encontremos en ellos evidencia de la grieta. Existe una razón por la que observar la experiencia humana es un procedimiento aceptable para la OOO: soy simplemente un objeto entre otros. Ahora bien, la reacción habitual ante la frase "soy un objeto" es el horror, o bien la suposición posthumanista de que soy solo un títere. Ni lo uno ni lo otro es el caso. Ambos lados del debate en torno a la inteligencia artificial (los que están a favor y en contra) piensan que ser un sujeto es algo especial: o bien una suerte de *qualia* aparece en la conciencia, o bien ser una persona equivale a una propiedad emergente de sistemas cibernéticos de un nivel más bajo que hacen que todo funcione.[44]

Necesitamos repensar lo que entendemos por *sujeto*. En muchos sentidos, lo que llamamos sujeto y lo que llamamos objeto no son tan distintos, sobre todo desde la perspectiva OOO.

Estamos acostumbrados a pensar que "sujeto" es una cosa y "objeto", otra. Aquí, sin embargo, los trataré como dos cosas exactamente idénticas. Lo que llamamos "objeto" en el habla cotidiana está tan lejos de ser un objeto OOO como el "sujeto" convencional. Desde esta perspectiva, lo que solemos llamar sujeto y objeto son simplemente propiedades estéticas compartidas de algún modo entre objetos. Si esto significa que la OOO nos obliga a adoptar una visión pansiquista, a saber, que un cepillo de dientes es un ente sensible; si, por el contrario, afirma que la sensibilidad humana es similar a un cepillo de dientes, estos son temas de poca importancia por el momento, aunque regresaremos a ellos en breve.

La OOO sostiene que todo es un objeto, incluido ese ente presuntamente especial que llamamos *sujeto*: el que nos deleitamos en atribuir a, o retirar de, las demás cosas, como si fuéramos los custodios de la subjetividad, los protagonistas del Salón de la Fama del Rock and Roll. Al contrario, algunos podrían argumentar que sujetos y objetos son muy diferentes. Por ejemplo, el pensamiento poskantiano tiende a favorecer la posición de que no se puede ir en contra de los estados subjetivos, mientras que solo se puede discutir sobre hechos objetivos. Sin embargo, el arte vive en una dimensión causal, por lo que la diferencia entre "subjetivo" y "causal" es inexistente. En el universo moderno, no podríamos definir los estados subjetivos como superiores, inferiores o lo que sea. Solo podemos hacer eso con los datos empíricos, y los "yoes" no son datos empíricos, sino hechos trascendentales. En el universo OOO, la experiencia estética es real y tangible, aunque innombrable.

En un universo OOO, la estética humana es una pequeña isla en un inmenso océano. El océano es el océano causal. Las drogas son buenos ejemplos de cosas que parecen abarcar tanto lo causal como lo estético en nuestro habla cotidiana sobre los objetos. Uno puede comparar y contrastar diferentes tipos de "experiencias" estéticas. De hecho, estas explican cómo las drogas psicoactivas funcionan en primer lugar; asimismo, refutan por su propia existencia la rígida línea entre hechos subjetivos y objetivos. Actúan de forma causal en el cerebro, es decir, estéticamente, produciendo todo tipo de fantasmas. Lo que llamamos subjetividad es tan solo un acontecimiento causal que "nos pasa a nosotros", que arrancamos del continuo estético de la causalidad y juzgamos como "significativo", humano, lo que sea. Entonces, es perfectamente posible describir estados subjetivos en detalle, como también compararlos y discutirlos. En la siguiente sección, intentaré mostrar de qué manera algunas experiencias bastante comunes, como la descompensación horaria (*jet lag*), pueden ser pensadas como un mensaje proveniente del océano causal. Los humanos no son tan distintos de otros entes, pues lo que las mentes son capaces de hacer no es ontológicamente tan diferente de lo que otros entes pueden hacer. La conciencia es lo que describiré en breve como *interobjetualidad*, esto es, la configuración del espacio de relaciones. Dado que depositan un gran valor en la estética, y dado que sus estéticas prueban de manera tangencial que hay entes no humanos (incluso dentro de los seres humanos), podemos prestarle atención a Kant y a Hegel, no para obtener más explicaciones acerca de cómo las mentes y los mundos son incapaces de conocerse, sino para aprender cómo están compuestos los espacios interiores de los objetos y los espacios estéticos entre ellos.

Causalidad extraña

Lo que consideramos el objeto "detrás" de sus apariencias es, en realidad, una especie de truco de perspectiva causado por la normalización habitual del objeto en cuestión. Los objetos no solo son ellos mismos; son además algo extraño -son y no son, al mismo tiempo, ellos mismos. Y es mi relación causal habitual con ellos lo que hace que se hundan en un fondo indiferenciado. Este fondo no es más que un efecto estético producido por la interacción de $1 + n$ objetos. En este libro llamamos a dicho fenómeno *interobjetualidad.* La dimensión estética supone la existencia de al menos un objeto retirado. En otras palabras, para que ocurra algo tiene haber un objeto en la vecindad de las cosas que no tenga nada que ver con los hechos, un objeto que, puesto de otro modo, no esté atrapado en el entramado de relaciones.

Tomemos un ejemplo que me es familiar, mi propio caso. Creo que es una técnica legítima, puesto que como sostiene Heidegger, toda ontología debe "tomar su hilo conductor en el *Dasein* mismo".[45] En otras palabras, en tanto que objeto entre objetos, tengo un indicio de su objetualidad de primera mano, pues esta proviene de mi experiencia con las cosas. La genuina extrañeza de los objetos, la peculiaridad de su ser y no ser ellos mismos, es fácil de comprobar cuando viajamos al extranjero. Nos aqueja una descompensación horaria y todo parece extraño. La ropa blanca del hotel y los sonidos de la calle parecen arrojarse hacia nosotros con una confianza inapropiada. Cuando llego a un lugar extraño, la vitalidad sensual de los objetos parece saltar frente a mí, colocándose ante los objetos mismos. Los olores son más punzantes y penetrantes (las diferentes bacterias que recubren a los demás objetos interactúan con mi sistema olfativo, sospecho). Los interruptores de luz y los enchufes son una parodia payasesca de ellos mismos mientras me observan burlándose de mi incompetencia. Lavarse o afeitarse se convierte en una experiencia extraña, ligeramente seductora, ligeramente desagradable. La realidad parece estar más cerca que de costumbre. Luego, todo parece encajar en su lugar, por lo general, después de un par de noches de descanso.

En estado de descompensación horaria, las cosas son extrañamente familiares y familiarmente extrañas, misteriosas. Pero entonces caemos en cuenta: es este el estado predeterminado de cosas, no el mundo de cosas que funcionan con normalidad y que parece subestimar los efectos estéticos. Una casa normal en una calle común es realmente así. En verdad, su reconfortante funcionamiento es simplemente un efecto estético al que nos hemos acostumbrado. ¡El mundo reconfortante es la ilusión! La rareza payasesca y la extraña situación de encontrarnos al otro lado del planeta Tierra, aturdidos por el desfasaje horario y buscando el interruptor de la luz: esa es la realidad. La idea de que alcanzo el interruptor de la luz a una distancia que puedo desestimar es la ilusión. Lo que de hecho sucede es que el interruptor de luz ya me ha parecido incómodamente cercano, mirándome como un payaso de circo, sin ninguna distancia en absoluto. Mi intención de encender la luz, y la acción mecánica de hacerlo, supone una interrelación entre el interruptor y yo, que de algún modo siempre está ahí, como un campo de fuerza.

En este nivel ontológico, no hay mucha diferencia entre lo que yo, un ser humano dotado de una mente supuestamente puede hacer, y lo que un lápiz le hace a una mesa cuando descansa sobre ella. Sostener algo, sentarse y pensar pertenecen a una misma dimensión estética, es decir, al dominio de lo causal. Pero hay otro dominio: el dominio del ser. Hay objetos de todo tipo (yo, la copa, la mesa) que ocupan ambos dominios. Así pues, la aparición oscilante y con aspecto payasesco que experimento en mi ámbito fenomenológico es -lo afirmo- común a la manera en que cualquier objeto aparece para otro objeto. Cada objeto dice "yo", como lo expresa Gerard Manley Hopkins (ver el epígrafe de este libro). Pero al decir "yo", el objeto también está diciendo "estoy mintiendo ahora mismo", "este enunciado es falso".

Empecé a preguntarme por qué no me gusta tomar el autobús para ir al aeropuerto. Por supuesto, está la vagancia de levantarse temprano y acomodarse con otros seres humanos mientras que el autobús se detiene en cada dirección particular. (Nada como levantarse a las 3 a.m. para despertar al misántropo interior). Pero no pasa por ahí, al menos no del todo. Es que, en el proceso de recoger a todos los demás, me ataca una sensación totalmente diferente respecto de dónde vivo. El autobús conduce por diferentes caminos en la oscuridad de la noche de un pequeño pueblo al norte de California. Pronto olvido dónde diablos estoy, aun cuando me encuentro solo a unas pocas calles más allá de lo "habitual". El viaje se convierte en una suerte de jazz estimulante. Un jazz metropolitano. Interpretando mi ciudad natal como cada músico de jazz puede recoger su instrumento y hacer que suene distinto. No del todo distinto, pero sí extrañamente distinto.

La ciudad se vuelve extraña porque su retiro se vuelve evidente. Esta no es mi ciudad. Es como ese momento cuando te pruebas un nuevo par de anteojos y te das cuenta cuánto de tu mundo era un objeto sensual. Entonces comprendes que tu mundo cotidiano *era él mismo una suerte de desplazamiento* de algún objeto real. El sentido de ubicación es siempre ya un desplazamiento. El lugar es algo extraño; el espacio es una caja reificada. A medida que el chofer del autobús dobla en una esquina a tan solo unas calles de los lugares más conocidos, uno se da cuenta de que su pueblo se ha retirado irreversiblemente de todo acceso. Aquel extraño autobús de ensueño, con sus reflejos de luces exteriores y ese extraño balanceo en tu cuerpo, *es lo que es*: algo más real que el sueño que uno vivenciaba hasta ese momento. O bien una transición hacia un sueño distinto, y la irónica brecha entre ambos. De manera que lo más extraño es la sensación de familiaridad que acabas de dejar atrás, el jazz que confundiste como una canción *pop* de plástico desechable.

La filosofía ha pensado desde siempre que la causalidad obra "detrás" de la escena. Tal vez haya una profunda razón existencial por la que esto es así. Parece seguir la larga historia de lo que Heidegger llama el olvido del ser, una larga marcha hacia entes objetivos. También hay un extraño paralelo con lo que en psiquiatría se llama propiamente *defensa esquizofrénica*, en la que el esquizofrénico imagina todo tipo de secuencias causales operando a sus espaldas. Lo que esto no nos deja ver es cómo la causalidad sucede "frente a" las cosas. Este "frente a" no significa estar espacialmente a pocos centímetros de una cosa; significa que la causalidad es la forma en la que los objetos se comunican entre sí, se aprehenden unos a otros, se entienden unos a otros: la causalidad es la dimensión estética.

Algunas formas de realismo especulativo imaginan un abismo dinámico agitándose por debajo de las cosas.[46] La OOO, por el contrario, imagina que el abismo debe estar frente a las cosas. Cuando alcanzamos la taza de café, alcanzamos un abismo. Al imaginar una mafia secreta y causal que opera detrás de la escena, tal vez el esquizofrénico se esté defendiendo contra el abismo que está frente a las cosas, el mismo que se encuentra entre el tomate y el cuchillo con dientes de sierra. Este abismo, sin embargo, no es un remolino sin atributos. Exploremos esto un poco más.

El abismo de la interobjetualidad

Sería conveniente profundizar un poco más sobre el fenómeno que he llamado *interobjetualidad*. La dimensión causal (es decir, la dimensión estética) es aespacial y atemporal – otra forma de decir que los objetos están más cerca de lo que parecen estar en el espejo retrovisor de nuestra cotidianidad. Los objetos se encuentran de alguna manera entrelazados en la dimensión causal o estética. Tomo prestada esta imagen de la teoría cuántica, para la cual, cuando los objetos se acercan demasiado unos a otros, se transforman en la misma cosa. Ignoro qué es lo que limita la no-espacialidad y la no-temporalidad de la dimensión causal. Lo cierto es que no hay espacios vacíos en la realidad física.

Hay algo que el fenomenólogo José Ortega y Gasset llama *ingenuidad*, pero que también podríamos llamar sinceridad, siguiendo a Harman.[47] La sinceridad significa que uno está irreductiblemente adherido a sus "objetos intencionales" (Husserl), sus experiencias o, en palabras de Buckaroo Banzai, el personaje de una película de culto de la década de 1980, "Donde quiera que vayas, ahí estarás".[48] Por ejemplo, si tratamos de mantener una distancia crítica respecto de una experiencia –ahí estamos, distanciándonos. No podemos salir de nuestra piel fenomenológica o, como lo expresa Jacques Lacan, no hay metalenguaje. Estamos envueltos en la realidad. Y la realidad es sincera: como no hay metalenguaje,[49] tampoco hay forma de salir de él. Incluso cuando realizamos un acto cognitivo como "volverse meta", tratando de obtener una cierta perspectiva de un enunciado, *ahí estamos*. Esto afecta nuestra concepción del lenguaje. Desde este punto de vista, un enunciado es una suerte de acto en un ballet o drama –una obra, como sugiere Danièle Moyal-Sharrock.[50]

Las relaciones entre los objetos son sinceras en este sentido: son *sinceridades*. Las sinceridades son fundamentalmente abiertas, porque nunca podemos llegar hasta el fondo de ellas mismas. ¿Quién sabe con certeza en qué consiste la forma humana de caminar?

Sin embargo, ahí estamos, somos seres humanos de a pie. Los "objetos de talla media" como *trasfondo*, *mundo*, *entorno*, *lugar*, *espacio* u *horizonte* no son objetos; son fantasmas que nosotros (y tal vez otros seres sintientes) emplean para domesticar este salvaje e intransigente estado de cosas. En verdad, los objetos son más reales y más ilusorios de lo que estamos dispuestos a aceptar. En otro libro, argumento que la conciencia ecológica consiste precisamente en que conceptos como *mundo* y *lugar* se evaporan y dejan a su paso entes reales que están mucho más cerca de lo que aparecen en el espejo de la conceptualidad humana. De modo que, en general, los seres humanos viven a través de las enseñanzas de la OOO, les guste o no, cada vez que se enfrentan a fenómenos como el calentamiento global o las misteriosas semejanzas entre diversas formas de vida.

Cualquier intento de reducir el doble aspecto de los objetos (son y no son ellos mismos al mismo tiempo) está condenado al fracaso. Las tentativas de aplanar el terreno de las cosas abundan en la metafísica: los objetos están hechos de átomos, o son sustancias decoradas con accidentes, o son los componentes de una máquina, o son instancias de un proceso, por dar algunos ejemplos. Un aplanamiento semejante también ocurre en la física. La no-localidad, por ejemplo, y la coherencia cuántica (la forma en que las partículas parecen desdibujarse y confundirse entre sí u ocupar distintos lugares a la vez) parecen refutar, en el nivel más básico de realidad material, la ley de no contradicción. Es así que teorías como la explicación de mundos múltiples buscan eliminar las inconsistencias.[51] El problema es que tales teorías mantienen la ley de no contradicción a expensas de un número potencialmente infinito de universos paralelos que se abren para acomodar las posiciones inconsistentes de un *cuanto*. Es como barrer el polvo debajo de la alfombra. En verdad no desaparece.

Los objetos de la OOO se hallan a la vez aislados e involucrados en un éter sensual (interobjetual). Un sistema metafísico que no toma en consideración el *dialetéismo* (la doble verdad) de los objetos es propenso a la incoherencia en al menos parte de su argumentación. Investigaremos esto a medida que avancemos. El intento de introducir coherencia crea inconsistencias más drásticas, como si los objetos fueran virus que se actualizan a espaldas de todo intento por controlar su comportamiento. Sería mejor comenzar por los hechos, a saber, que los objetos exhiben que $p \wedge \neg p$. Una perspectiva tal posee la ventaja de que no necesitamos especificar ningún objeto originario fuera del universo, ningún tipo de primer motor o fundamento incondicionado (Dios) que haga que todo funcione. Existe el suficiente dinamismo en $p \wedge \neg p$ para que todo empiece a ejecutarse por sí mismo. Si uno realmente quiere ser ateo, debería abandonar el mecanicismo y el relacionismo en favor de una perspectiva orientada a objetos.

Por el momento, consideremos solo el mecanicismo. El funcionamiento de una máquina, que es el modelo que nuestro prejuicio habitual adopta con frecuencia para entender la causalidad (al menos desde Newton y Descartes), es apenas un tipo específico de propiedad emergente de un profundo océano aespacial y atemporal en el que las cosas son lisa y llanamente otras cosas. Las máquinas están hechas de partes separadas, partes que, por definición, son externas unas de otras. Lo que la causalidad *lisa y llanamente no es* es este tipo de funcionamiento mecánico, parecido al del péndulo de Newton en el escritorio de un ejecutivo. El "clic" de las bolas que se golpean entre sí supone un sonido que indica la existencia de al menos un tercer objeto: el aire en el ambiente que vibra, que hace que se escuche el "clic". ¿Cómo puede ser que este "clic" sea más real que otras formas de causalidad como la atracción, la repulsión, el magnetismo, la seducción, la destrucción y el imbricamiento?

La causalidad tipo "clic" supone una visión determinista: dos bolas deben ser contiguas entre sí, la causalidad solo debe moverse en una dirección, y debe haber al menos una razón necesaria, si no suficiente, para que la bola que hace el "clic" pueda hacerlo. Sin embargo, si descendemos unos pocos niveles, descubrimos que el comportamiento cuántico es irreductiblemente probabilístico. ¿Qué significa esto? Significa que la indeterminación está internamente conectada con la conducta: no es el caso -de ser capaces de mejorar nuestro análisis- que la indeterminación aparentaría determinada. Hay razones físicas por las que el determinismo no funciona: nos referimos a las condiciones suficientes y necesarias que en algún punto siempre fallan. Esto significa que Hume está en aprietos.[52] Pero hay otra razón de peso para rechazar el determinismo. A pesar de que exista una fuerte correlación estadística, como la probabilidad de contraer cáncer si uno fuma, si uno es determinista esa correlación puede desestimarse. Este es el problema con la visión poshumeana de que las causas no se pueden ver directamente, solo las correlaciones fuertes entre asociaciones de datos.[53] Kant fue el filósofo que explicó la razón más profunda de la verdad de Hume: existe una grieta trascendental entre lo que aparece y lo que conocemos. La OOO forma parte de este linaje en la medida en que postula una miríada de grietas trascendentales: la realidad está partida por la grieta. Esta es la razón por la cual los filósofos de la inmanencia se sienten perturbados por la OOO, que piensa la trascendencia pero sin ir más allá de las cosas; la trascendencia está en las grietas de una cáscara de huevo en una caja de huevos en el supermercado.

Las compañías de tabaco y los negadores del calentamiento global se basan en la resistencia habitual a la nada, que es inherente a la comprensión de que existen grietas en lo real. No existe un "vínculo comprobado" entre fumar y el cáncer, pero evidentemente ese no es el punto. Asimismo, la negación del calentamiento global parece arrancar una hoja del cuaderno determinista. Como no hay un vínculo evidente entre la lluvia que cae sobre mi cabeza y el calentamiento global, este último debe ser falso; o bien mi teoría sobre la causalidad está fuera de control. Los grandes sistemas complejos, al igual que las escalas cuánticas más pequeñas, requieren teorías de la causalidad que no sean deterministas. La teoría del "clic" es una ilusión que parece afectar a objetos de talla media como el de las bolas de billar, pero solo si aislamos el "clic" de la maraña de fenómenos.

La causalidad tipo "clic" es una negación de la larga historia de enfoques más sutiles sobre la causalidad. El filósofo árabe Al-Kindi define todas las causas como *metafóricas* con la excepción de Dios, el primer motor inmóvil (Al-Kindi, recordemos, es un teista aristotélico).[54] Al-Kindi hizo esta caracterización cuando mis antepasados hacían "clic" unos sobre otros (ya que hablamos de "clics") con armas rústicas, a fines del siglo X d.C. La causalidad es metafórica: eso significa que las causas están sobredeterminadas. Las bolas se mantienen en su lugar gracias a un marco con cables. El marco se apoya sobre un escritorio. El escritorio es parte de la oficina en una gran corporación. Todos estos entes son las causas del "clic" del juguete de un ejecutivo. Sobredeterminación y metáfora: significan lo mismo. O bien, en el ámbito de la traducción, *metáfora* en griego significa *traducción*, puesto que *meta* significa *a través* y *fora* significa *trasladar*. Esta es una manera mucho más sutil de pensar la causalidad que el "clic" mecanicista. Nos proporciona una razón acerca de por qué muchas formas de causalidad que observamos en forma empírica son probabilísticas. La sobredeterminación es particularmente evidente en casos de omisión y prevención. ¿Cómo podemos decir que "su fracaso a la hora de pedir ayuda causó el accidente" sin tener en cuenta al padre que leía su correo electrónico, sin mirar al niño corriendo hacia la calle, el auto sin frenos adecuados que venía demasiado rápido por la calle, y demás?[55] Si sostenemos que debe haber causas no metafóricas, entonces las omisiones y prevenciones son solo contrafácticas y solo existen causas ónticamente dadas: nuestra teoría de la causalidad es, por lo tanto, positivista. Omisiones y prevenciones son, por lo tanto, solo formas de hablar acerca de los entramados causales. De acuerdo con la visión que establecemos aquí, sin embargo, es enteramente posible que algo sea afectado simplemente por quedarse solo: la omisión y la prevención están en estrecha relación con la teoría de la causalidad, en lugar de ser apenas fantasmas contrafácticos. La meditación, por ejemplo, podría definirse como un dejar-los-objetos-en-paz. Este dejar-en-paz es una omisión que ostenta efectos reales. Al permitir que los objetos sigan siendo indeterminados, en lugar de reducirlos a las apariencias (para mí), estoy actuando sin violencia.

Un objeto juega con otro objeto. Esta botella vacía de jugo de naranja está jugando con la mesa de este aeropuerto, tambaleándose a medida que la mesa se balancea porque tiene una pata más corta. Los objetos son compartidos por numerosos entes en un espacio sensual común. Este espacio compartido es un gran espacio de configuración aespacial. Fenómenos como la subjetividad humana –es decir, fenómenos "intersubjetivos"– ocupan pequeñas regiones del espacio interobjetual. Todo fenómeno interobjetual requiere 1 + n de objetos reales. Esto significa que por cada sistema interobjetual, al menos un objeto real debe retirarse. consideremos un ritmo, un ritmo ocurre cuando un sonido es cancelado por otro. Uno construye un ritmo segmentando un sonido continuo. La brecha entre los dos es un ritmo.

Cada evento es, en realidad, una especie de inscripción en la que un objeto deja sus huellas en otro. La realidad interobjetual es justo la suma total de todas estas huellas, entrecruzadas por todas partes. Es aespacial por definición y temporalmente fundida. La huella de un pie de dinosaurio en el barro es vista por los humanos sesenta y cinco millones de años después como un hoyo con forma de pie en una piedra. Se trata de una conexión sensual, entonces, entre el dinosaurio, la roca y el humano, a pesar de sus escalas de tiempo ampliamente diferentes.[56]

Cuando regresamos con el ojo de nuestra mente a la época del dinosaurio, descubrimos algo muy extraño. Todo lo que encontramos allí es otra región del espacio interobjetual en la que se transmiten las impresiones del dinosaurio -marcas de dientes en una presa indefensa, la mirada congelada del dinosaurio mientras ella observa su próxima víctima, la áspera sensación escamosa de su piel. Más huellas de dinosaurio, incluso cuando el dinosaurio está vivo. Ni siquiera el dinosaurio se conoce a sí mismo por completo, solo en una traducción aproximada que muestrea parcialmente y recorta su ser. Un mosquito o un asteroide tienen su propia muestra única de *dinosauriedad*, pero estas muestras no son el dinosaurio. ¿Por qué?

Porque hay un dinosaurio real que se sustrae incluso de sí mismo. Los agujeros negros están aquí, en revistas y en la web, como archivos .jpg, revistas de divulgación científica para niños o películas de ciencia ficción. Sin embargo, es evidente que ellos no están aquí. E, incluso, si pudiéramos volar por encima de uno con una cámara de video, no podríamos saber toda la historia sobre los agujeros negros. ¿Por qué? Porque el video de un agujero negro no es un agujero negro. *Porque los agujeros negros son reales.*

La suma total de todas las instancias de muestreo mediante las cuales un objeto se inscribe en otros objetos es una historia, en ambos sentidos de ese maravilloso y ambivalente término griego, ya que "historia" puede significar a la vez evento y registro. Las gotas de lluvia chocan contra el suelo del oeste californiano. Registran la historia de "La Niña", un vasto sistema meteorológico del Pacífico. En particular, registran cómo el tsunami japonés de 2011 recogió algo de La Niña y lo arrojó sobre árboles y colinas y otros objetos de ese gran objeto llamado Estados Unidos de América. La Niña en sí es la huella de un objeto gigantesco llamado calentamiento global. Otra huella bien pudo haber sido el terremoto japonés, dado que la cambiante temperatura oceánica pudo haber modificado la presión sobre la corteza terrestre, causando un terremoto.

El terremoto destruyó cuatro reactores nucleares. Parte de la radiación de estos reactores, conocida como las partículas alfa, beta y gamma, se inscribió en tejidos blandos de todo el mundo. Somos libros de texto vivientes sobre el calentamiento global y los materiales nucleares, garabateados con caligrafía interobjetual.

Causalidad sin "clic"

Estamos empezando a ver cómo podemos evitar la teoría mecanicista de la causalidad: parece una buena empresa, puesto que las teorías mecanicistas sencillamente no logran hacerle frente a la relatividad o la teoría cuántica.[57] Hay una razón ontológica por la que debemos evitar el mecanicismo. Si los objetos fuesen únicos, no tendría sentido especificar una dimensión mecánica que de algún modo resuene por debajo de los objetos. Esto requeriría partes de máquina consistentes, pero según la OOO, simplemente no vivimos en este tipo de realidad.

Pero hay un problema mucho más complejo. Si los objetos son únicos y se blindan contra todo acceso, ¡nunca realmente se tocan unos a otros! En respuesta a esta situación, Harman ha desarrollado una teoría OOO de *causalidad vicaria*. Esto puede parecer absurdo a primera vista, pero ¿en verdad lo es? Consideremos la teoría cuántica por un momento. Si los objetos realmente se tocaran unos a otros en el nivel cuántico, se convertirían los unos en los otros.[58] Por encima de este nivel, lo que pensamos que es tocarse tiene que ver con cómo los objetos se *resisten* mutuamente. El hecho de que pueda apoyar mi mano sobre un bloque de concreto significa que la materia en mis dedos no se dispersa ante la resistencia de la superficie del bloque. Desde el punto de vista de la física, los objetos simplemente no se tocan unos con otros en la manera en que lo concebimos en nuestra experiencia. Cuando algo toca algo más, aun cuando parece penetrar ese otro algo, nunca se fusiona con ese algo. *Sus materiales no logran fusionarse entre sí.*

Tocar, no importa cuán íntimamente, implica una necesaria distancia estética. La gente suele pensar en la causalidad como un "clic" que atraviesa la pantalla estética, como la bota de Doctor Johnson. Este tipo de "clic" es un fenómeno estético entre muchos otros. En este preciso momento, por ejemplo, estoy siendo tocado por ondas de gravedad que emanan desde centro del universo. Una solución química puede ser tocada por un catalizador. El tejido suave es tocado por fotones de alta energía como los rayos gamma, que causan efectos mutagénicos.

Dos antiguas tradiciones filosóficas han explorado cómo la causalidad puede ser vicaria, es decir, cómo la causalidad no tiene por qué involucrar un contacto directo. Una de estas tradiciones es islámica; la otra es budista.

Hemos considerado brevemente a Al-Kindi; ahora veamos a Al-Ghazali, a quien Harman cita como un precursor de su propia teoría sobre la causalidad vicaria. Al-Ghazali fue un ocasionalista: afirmó que solo Dios podía lograr que cualquier cosa sucediera. El fuego realmente no quema un pedazo de algodón, sino que Dios debe intervenir de forma mágica y utilizar el fuego como una ocasión para que el algodón se encienda.[59] ¿Por qué esto es importante para nuestros propósitos? Porque si los objetos se sustraen unos de otros, debe haber una dinámica vicaria por la que se afecten unos a otros. No necesitamos que sea Dios; de hecho, no necesitamos a Dios para nada. Toda la vicariedad que necesitamos puede encontrarse en la dimensión estética en la que las cosas se insertan.

Ahora bien, esto es notablemente similar a un argumento del budismo Mahayana. Incluso el ejemplo es similar: involucra el fuego y el combustible. Nagarjuna, el gran filósofo del vacío budista (*shunyatā*), argumentó que una llama nunca realmente toca su combustible, ¡pero tampoco fracasa en tocarlo! (Tenemos aquí, una vez más, un ejemplo de dialetéismo). Si lo hiciera, entonces el combustible sería la llama o viceversa, y ninguna causalidad podría ocurrir.[60] Sin embargo, si la llama y el combustible estuviesen separados por completo, no podría producirse la combustión. Nagarjuna argumenta que si algo tuviese que surgir de sí mismo, entonces nada ocurriría. Y al mismo tiempo, si algo surgiese que no es sí mismo, entonces tampoco podría pasar nada. Una mezcla de estas visiones (esto y aquello, ni esto ni aquello) también es posible, puesto que tal mezcla estaría sujeta a los defectos combinados de cada una de ellas. Por ejemplo, de acuerdo con esta visión, la idea de que las cosas no emerjan ni de ellas mismas ni de otras cosas es lo que Nagarjuna llama nihilismo, a partir del cual *cualquier cosa puede suceder*. La lógica de las explicaciones causales, argumenta, es circular.[61] El vacío no es la ausencia de algo, sino la no conceptualidad de la realidad: lo real está más allá de los conceptos, porque es real.

¿Qué explica la combustión? El budismo no es teísta, por lo tanto, no es Dios. En cambio, es el vacío. Es decir, la falta de algo puramente dado, intrínseco y no contradictorio, significa que los objetos pueden influenciarse unos a otros. Vemos llamas brotando de velas todo el tiempo, pero si la vela fuese tocada por la llama, se convertiría en parte de ese objeto, y una llama no puede ser quemada, sino que es un *acto* de combustión. Ahora bien, si la llama y la vela estuviesen separadas, nunca veríamos llamas flameando en candelabros. La causalidad, de acuerdo con esta visión, es como una exhibición mágica; no hay razón física que explique su acontecer. En todo caso, la razón misma es estética (magia, pantalla). Y esto no es todo: la ilusión mágica sucede completamente por sí misma, fuera de toda percepción.

No hay "causalidad" en cuanto tal: eso es una ilusión superficial, una mera presencia, como diría Harman. Al igual que Al-Ghazali, para quien Dios establece las conexiones causales entre objetos irreconciliables, ocurre una especie de magia (aunque sin Dios) que nos hace ver llamas que salen de candelabros y bolas de billar que se golpean unas con otras. No hay nada por debajo de este juego. Y la exhibición sucede aunque no la observemos.

¿Qué significa esto? Significa que la causalidad es estética.

El problema con el fingimiento

El término "sustracción" evoca lo que hacen los caracoles y las tortugas: se retiran a una pequeña cámara oscura dentro de la cual es difícil ver. Esto sugiere un tipo de dimensión espacial detrás o más allá o dentro de lo visible: ocultarse adentro, retirarse. Pero sustracción o retiro como término OOO no significa realmente "moverse a un lugar detrás de la posición actual".

Además del término *sustracción*, en este libro empleo imágenes asociadas con la magia, la ilusión y la exhibición. El retiro es lo que sucede justo bajo nuestras narices, porque, para citar una vez más a Lacan, "lo que constituye el disimulo es, al final de cuentas, que nadie sabe si se trata o no de un disimulo".[62] La causalidad es *como una ilusión*. Si supiéramos que es una ilusión, no sería una ilusión, porque estaríamos seguros de su estatus ontológico.

Muchas culturas indígenas piensan la naturaleza no como la realidad debajo de las cosas, sino como el disimulo ante ellas. Las maquinaciones no funcionan en el disimulo. Las maquinaciones *son* el disimulo. La causalidad sucede "frente" al objeto. Es por ello que resulta tan difícil de verla. La realidad es un truco y los objetos se comportan como niños juguetones; lo mismo aplica para el agujero negro en el centro de la Vía Láctea, que aniquila todo a su paso. Tal visión se vislumbra en las teorías apofánticas de la alegoría. Moisés Maimónides argumenta que el nivel literal es el más superficial. El nivel figurativo es como una manzana de oro contenida en una filigrana de plata súper delgada.[63] A la distancia, parece como si estuviéramos viendo una manzana plateada. Pero lo que realmente estamos viendo es una malla fina que solo aparenta ser sólida. Esta es la malla que se sitúa frente a los objetos. La interconectividad de todas las cosas es un tejido fino que flota frente a lo que en otro lugar he llamado *extraños extraños*: todos los entes, desde la espuma de poliestireno y las ondas de radio hasta los cacahuates, serpientes y asteroides, son irreductiblemente extraños.[64] En palabras de Harman, este entramado es un éter sensual. Los objetos reales son los extraños extraños.[65]

El problema es que cuando solo tenemos el éter, es decir, la máscara, pero sin posibilidad de que haya algo real detrás de ella, entonces no hay juego, disimulo, ilusión, pantalla o misterio. Uno *sabe* que se trata de una ilusión, y por esa misma razón, ya no es una ilusión. Uno *sabe* que no hay esencia, y por eso mismo, la esencia *deviene*: estamos ante una forma sombría e invertida del mismo esencialismo que tratamos de evitar. Este es el problema con el arte performativo, o al menos, con los manifiestos sobre arte conceptual. Al disolver la diferencia entre arte y no arte, y al eliminar de manera deliberada la autoconciencia y a los artistas profesionales, el arte conceptual ignora la grieta entre esencia y apariencia, y reduce lo ontológico a lo meramente óntico. Así pues, una atmósfera generalizada de cansado cinismo cubre la actividad artística.[66]

Por el contrario, si realmente "no hay metalenguaje", como las teorías lacaniana y posestructuralista han afirmado durante décadas, y aunque uno sea consciente de que se trata de una ilusión, la ilusión funciona lo mismo.[67] Un fenómeno (del griego *phainesthai*, "aparecer") es una aparición y a la vez una falsa *apariencia*.[68] Por este motivo, una película de terror puede ser igualmente aterradora cuando se la mira por segunda vez. En otras palabras, para que la causalidad ocurra, los objetos no deben engañar por completo. ¿Pero cómo podrían si se les prohíbe el acceso total? La causalidad es como un juego de fantasía precisamente porque existe una grieta fundamental entre la esencia que se retira y la apariencia estética, un "lugar" de profunda ambigüedad en el ser de las cosas. Es por ello que la causalidad funciona.

El objeto se retira incluso de sí mismo. Ni siquiera el objeto en sí es una expresión adecuada de sí mismo, pues existe una profunda brecha entre *esencia* y *apariencia*. No estamos ante al aristotelismo estándar con el que la ontología se ha estancado durante siglos, incluida la filosofía de Descartes y otros. No se trata de la diferencia entre *sustancia* y *accidentes*. De acuerdo con la visión de la OOO, una sustancia es apenas una "traducción" de un objeto que se sustrae de ciertos entes (por ejemplo, una balanza que mide el peso de una magdalena pero no su sabor o atractivo estético). De algún modo, "nosotros" hemos decidido ya que las sustancias son cosas aburridas, como insípidos pastelitos, y que los accidentes son algo estético y, por lo tanto, superficial, como un expendedor de caramelos. Si buscamos una esencia, no la encontraremos por ningún lado, pues ésta existe.

La OOO es una forma de realismo. Lo que sucede es que toda tentativa de reificar la esencia se vuelve una preferencia ontoteológica que prioriza un ser óntico por sobre el resto. Así pues, los seres se transforman en apariencias, y las apariencias son siempre apariencias para otro ente. Sin embargo, las apariencias no son las porristas de un equipo de esencias sin identidad. La grieta misma entre esencia y apariencia es lo que alimenta la causalidad. Un objeto no es una ilusión, pero tampoco es una no-ilusión. Mucho más perturbador que cualquiera de estas opciones es un objeto completamente real, *esencialmente* él mismo, cuya realidad es inalcanzable desde un punto de vista formal. No hay trampas ocultas, solo una máscara veneciana con plumas cuyo misterio está frente a sí mismo, ante nuestros rostros. Un milagro. Magia realista. Todo esto significa que las habilidades del crítico literario y del arquitecto, del pintor y del actor, del fabricante de muebles y del compositor, del músico y del diseñador de *software*, pueden servir para regular el funcionamiento de la causalidad.

La historia de la sustancia

Es momento de dar un paso atrás y evaluar hasta adónde hemos llegado. Pese a que, desde principios del siglo XX, la física nos ha dado buenas razones para creer que la realidad tiene un componente estético esencial, la estética no es del todo aceptada en el ámbito de las humanidades. Si esperamos una buena defensa del arte, no debemos preguntarle al humanista, ni siquiera al propio artista. Probablemente nos dirán que el arte es una mentira, una hermosa ilusión, grageas artificiales en el pastel seco y gris de lo real. Nos dirán que, como ocurre en el ejército, estas grageas son incorporadas cuando el pastel de bodas comienza a desmoronarse. Las grageas actúan como una especie de patético polvo de hadas que podría engañar a soldados confundidos en las trincheras, pero no a los oficiales arriba en la colina, que estudian el campo de batalla desde una perspectiva más amplia. Los humanistas, a pesar de sus extremadamente creativas formas de pensar las causas en cuestión, ¿se han pronunciado a favor de la causalidad tipo clic, esto es, una causalidad que no admite ninguna explicación por parte de los fenómenos a escala cuántica?

Quizás los humanistas nos dirán que la realidad es un tipo de arte particular, una clase de arte que burbujea, fluye y supura como una lámpara de lava. Sin embargo, lo que hace que las lámparas de lava funcionen no es el arte, sino el calor, los líquidos, la viscosidad y otras propiedades físicas. Lo que estos materialistas quieren decir es que esta visión particular -una visión ya establecida y familiar para todos nosotros- es la única visión verdadera. Así pues, el relacionismo de procesos se convierte en una forma de juzgar lo que cuenta como buen y mal arte. Aunque se trata de lámparas de lava, la situación no es distinta a la del realismo socialista: hay una forma oficial de ver la realidad, y más vale que uno acierte. Si argumentamos que la percepción estética es una cuestión de gusto, responden "No": se trata más bien de algo científico, de algo real. Pareciera que la mayoría de los humanistas no quieren defender el arte propiamente dicho, y mucho menos las humanidades en general. Recientemente, la defensa más vigorosa de las humanidades provino de un físico teórico, quien exculpó el pensamiento crítico que se enseña en las humanidades.[69] Algunos estudiosos de las humanidades se sienten tan avergonzados de estas cosas, que se pusieron ellos solos en un rincón: si el arte es tan solo una hermosa mentira, ¿qué queda? Las defensas de las humanidades arrancan con esta pregunta, razón por la cual terminan siendo algo anodino en el mejor de los casos.[70]

El arte tiene problemas, y la razón detrás de esto tiene una historia muy larga y profunda. Dicha historia está íntimamente relacionada con la triste historia de la ontología, la historia de cómo el pensamiento se alejó de ella. Recientemente, el movimiento filosófico conocido como realismo especulativo ha asociado la historia de la decadencia en las humanidades con el correlacionismo kantiano, que limita la filosofía a la correlación mundo-humano. Sin embargo, el problema se remonta incluso más atrás, a la división que hace el Renacimiento temprano entre lógica y retórica. Alguna vez la lógica consistía en la primera y segunda parte de la retórica: *descubrimiento* y *arreglo*, o qué vamos a decir y cómo vamos a discutirlo. Pero luego, Peter Ramus y otros separaron la lógica de la retórica. De un solo golpe, la retórica fue restringida a cuestiones de mero estilo (del latín *elocutio*); así nació la ciencia como una disciplina específica y lo mismo sucedió con la estética. Hoy en día, cuando decimos que alguien está hablando de manera retórica, esto significa que es portador de estilo, pero no verdad.

Las actitudes hacia la retórica han afectado profundamente la larga historia de la filosofía. Considérese, en particular, la separación de la retórica inventiva y el orden, es decir, la ciencia y la lógica. Esta separación, un evento mayúsculo de la historia mundial, convirtió a los antiguos metafísicos en escolásticos charlatanes. Hoy en día, al escuchar la palabra "metafísica", uno se imagina la sección de una librería que ha de ser evitada por quienes aspiran a ser filósofos serios. La separación de la lógica y la retórica dio lugar a la ciencia como disciplina autónoma y a la reducción de la retórica al estilo, la posterior reducción de este último en tropología y, por último, la reducción de la tropología en metáfora. Las estrategias freudiana, nietzscheana y deconstructivista consisten en encontrar un cierto estilo (*elocutio*) dentro del descubrimiento (*inventio*), que es el dominio de la ciencia; y dentro del ordenamiento (*ordo* o *dispositio*), que es el dominio de la lógica: subvertir la lógica y la ciencia mostrando cómo incluyen y excluyen gestos retóricos, considerados de forma restringida como estilo. La estrategia materialista-eliminativista consiste en ignorar, de manera ingenua, la retórica, es decir, considerarla un ciudadano de tercera clase en la república del conocimiento.[71] Curiosamente, la deconstrucción y el materialismo eliminativista comparten la misma actitud hacia la retórica. De modo que, cuando leemos a Dawkins, a De Man, a Dennett o a Derrida, estamos leyendo a alguien completamente atrapado en un esquema ramista que divide el estilo de la sustancia.

La restricción de la retórica como un adorno decorativo en la superficie del significado acompañó la restricción de la filosofía. De hecho, estas dos tendencias están íntimamente relacionadas. Descartes trazó una línea entre él y sus predecesores y, de manera controvertida, despojó a las cosas de todo menos de su extensionalidad básica, pues confiaba que la ciencia tomaría las riendas ontológicas del asunto. Sin embargo, el propio Descartes se vio afectado por el propio peso de la tradición ontológica. Justamente en el preciso momento en que pensó que estaba escapando de la escolástica, volvió a verse atrapado en ella.[72] La visión cartesiana dominante (aún dominante) de una "presencia objetiva y constante" fue suscrita por las matemáticas y la física. Esta presencia fue asociada al *intellectio* en lugar de la *sensatio* (del griego, *aísthsis*).[73] Pensar la realidad es, por lo tanto, precisamente editar la dimensión estética. La estética se convierte entonces en la mera "personificación de los objetos", para posteriormente "equipar a los seres con predicados de valor".[74] Como un criminal experto, el pensamiento proto-correlacionista que convierte los objetos en una presencia objetiva y no-contradictoria que no deja rastro tras de sí, aunque suponemos que debe ser el caso. La OOO tiene un gran terreno que despejar en este sentido, pues debe abordar no solo dos siglos de correlacionismo poskantiano, sino también cinco siglos de torpeza cartesiana, torpeza que en verdad tiene más de dos milenios de antigüedad (me refiero a la cuestión anodina de la sustancia decorada con accidentes).

Esto lo modifica todo. Se trata de determinar cómo la ontología se ha convertido en un tabú, y cómo la estética surgió como una dimensión separada de, incluso hostil hacia, la retórica (consideremos la hostilidad de Kant a la retórica).[75] Se trata además de cómo la filosofía se ha obsesionado con argumentos perfectos en lugar de un trabajo cognitivo sugerente como el que Harman plantea.[76] Por ello, la única alternativa a los argumentos perfectos y estériles es el puro juego tropológico. Es la razón por la cual hay una búsqueda vigorosa de formas nuevas y mejoradas de la metafísica, tales como las lámparas de lava del materialismo actual, aunque, según la visión que ofrecemos aquí, tal materialismo implica un retroceso en lo relativo a la elección entre argumentos perfectos pero estériles y el vacío.

La OOO nos rescata de la maquinaria que separa la sustancia de sus accidentes y la retórica de la lógica. Precisamente, esto se debe a que imagina el estilo como un aspecto elemental de la causalidad, y no como dulces en la superficie de una materia que choca de manera indiferente. Las apariencias no son solo las *groupies* de un anónimo conjunto de esencias. *Pensar el arte es pensar la causalidad.*

La división entre retórica y lógica, así como la división posterior entre estética y ciencia, ayudó a romper el dominio que el teísmo ejercía sobre el conocimiento y el arte. Sin embargo, algunas peculiaridades fueron pasadas por alto. En primer lugar, la noción de espacio infinito, que comenzó en 1927 con la censura por parte del obispo de París y la bendición del papa Juan XXI a las doctrinas que limitaban el poder de Dios. Dios es lo suficientemente poderoso para crear un vacío infinito, y por lo tanto, lo crea.[77] Hubo que esperar hasta el 1900 para que los físicos y la lógica inductiva superaran esa gema teísta. En la actualidad, y gracias a Einstein, concebimos el espacio-tiempo como una propiedad emergente de los objetos y no como un recipiente gigantesco en el que flotan. ¿Por qué es esto importante? Porque la noción de vacío infinito es compatible con el atomismo y, por lo tanto, con el mecanicismo. Pero además, dado que la dimensión causal no es mecanicista, la OOO nos brinda una verdadera perspectiva ateísta, no un universo de juguete que podría ser liquidado en cualquier momento por la voluntad de un diseñador inteligente. La OOO limpia este desastre y regresa, paradójicamente, a un tiempo en el que la lógica y la retórica podían ser pensadas de forma conjunta. Como veremos, la teoría retórica nos proporciona un modelo que concierne a muchos aspectos de la causalidad. Si en verdad queremos superar el período moderno, debemos dejar de pelear por el valor de nimiedades humanas y concebir la dimensión estética como la sangre de la realidad.

En la modernidad temprana, la estética se enfocó en la manera en que los seres humanos perciben, y luego se limitó al estudio de la percepción de objetos específicos como las obras de arte.[78] Se abandonó la pragmática de la teoría retórica que aplicaba para múltiples ámbitos de la vida. Si regresáramos a una visión más completa de la retórica, a una visión que considere a la retórica como causalidad, seríamos acusados de escolasticismo. Porque es precisamente el término *escolasticismo* lo que nos indica que estamos en la modernidad. La escolástica, como la palabra *marihuana*, significa algo que no queremos tener con nosotros: filosofía en el lugar equivocado sobre cosas equivocadas. Esta es la triste posición actual de la ontología en el estado presente de las cosas. Aparte de Heidegger, quien de alguna manera fue admitido al club de élite de los filósofos modernos, la palabra ontología invoca ángeles bailando sobre alfileres, motores inmóviles y esferas celestiales. En otras palabras, nos retrotrae a un momento en el que Aristóteles era tomado muy en serio. No obstante, si los seres humanos han de salir de la modernidad -algo que la actual emergencia ecológica parece exigirnos- entonces las filosofías que surjan en adelante parecerán bastante aristotélicas.

Después de todo, fue Aristóteles quien propugnó diferentes formas de causalidad más allá de la mera eficiencia tipo "clic", que concebía como una entre cuatro: material, formal, eficiente y final. Seguramente estaremos de acuerdo en que, en una época posdarwiniana, las causas finales no volverán a adquirir un protagonismo dominante. Podemos abandonar la teleología, lo que significa que gran parte del teísmo simplemente se evaporará. En cambio, las causas materiales pueden ser tratadas con los diversos argumentos que presento aquí. Con pocas palabras, las "materias primas" son, como dice Marx, las cosas que entran por la puerta de una fábrica: no importa lo que sean, siempre y cuando la fábrica trabaje con ellas. La materia, por lo tanto, siempre es relacional: es materia-para. Las causas materiales son metonímicas, tropos que de forma indirecta evocan otras cosas: una silla *hecha de madera*, un microchip *hecho de silicio*. Esto debería bastar en lo relativo a las causas materiales.

Son las causas *formales* las que harán un regreso significativo. La causalidad formal y la causalidad vicaria son parte del mismo fenómeno. Sin embargo, desde el siglo XVII, la ciencia "moderna" ha sido proclive a la eliminación de todas las causas, a excepción de la eficiente y la material. No obstante, la teoría cuántica exige una revisión de la causalidad formal. Un electrón se dispara a través del agujero en un circuito electromagnético, y responde como si estuviera dentro de una dona. Probablemente responde al diseño, a la forma y a la estética de dicho campo: se trata de un efecto tipo Bohm-Aharonov (uno de los primeros tipos de no-localidad descubiertos).[79] Del mismo modo, las aves detectan el trazo cuántico de los campos electromagnéticos, no los propios iones.[80] La no-localidad implica que algo muy profundo en nuestro mundo está dotado de un carácter formal, no eficiente o material; es decir, estético. La causalidad formal es en sí vicaria;

actúa en un universo sin materia ni telos. Otro término para la causalidad formal es "dimensión estética".

Si las aves orientan su vuelo detectando el trazo cuántico no-localizado de las ondas electromagnéticas, entonces su sentido de orientación debe ser formal. Pero, ¿qué son las causas formales? Son las cosas que se estudian en las escuelas de arte y en los programas de literatura, es decir, las *formas* de las cosas. Si partimos de un esquema de átomos en el vacío, entonces una causalidad centrada en la eficiencia puede describir la manera en que dichos átomos giran y se golpean entre sí. Pero la OOO no parte de átomos en el vacío; parte de una sopa cuántica en la que el espacio-tiempo bien puede ser una propiedad emergente de los objetos de talla media. Nuestro punto de partida son planetas y agujeros negros que emiten tiempo y espacio, como piedras arrojadas que proyectan ondas en la superficie de un pantano. Partimos de formas de vida que asumen una cierta forma acorde a cómo se expresa su genoma. Partimos de la luz solar, de los globos, de la mantequilla de almendras y de los álamos. Tenemos objetos que explotan, titilan y brillan.

Parece que tanto la ciencia contemporánea como la OOO están dedicadas a revivir la causalidad formal, y así minimizan la causa material (o directamente la eliminan). El resultado es que la "materia" es solo lo que es cuando está siendo utilizada, explotada o trabajada por otra cosa. La eficiencia es apenas una propiedad emergente de las relaciones formales. Sin embargo, para tener un sentido del tabú contemporáneo respecto de la causalidad formal, solo debemos considerar el caso de Rupert Sheldrake, cuyo libro publicado en 1981 sobre lo que llama *causalidad formativa* provocó la ira del editor eliminativista de la revista *Nature*, quien asombrosamente se comparaba con la iglesia católica persiguiendo a Galileo. Si esto suena a materialismo eliminativista disparándose un tiro en los pies, es porque lo es.[81]

Harman, por su parte, afirma que la única manera de explicar la causalidad, dado que los objetos se retiran, es a través de un proceso estético que él llama "encanto" [*allure*]. Se trata de un movimiento audaz y contrario a la intuición. Cuando un objeto ejerce un efecto sobre otro, esto solo puede suceder a través de la dimensión estética. Cuando el dinosaurio del que hablábamos antes caminó sobre el barro, dejó una huella. El dinosaurio *traduce* el barro en "dinosauriedad". Lo *dinosauromorfiza*, del mismo modo en que yo, un ser humano, lo *antropomorfizo* cuando pongo mi mano o hablo sobre él. Sesenta y cinco millones de años más tarde, un paleontólogo inspecciona una huella de dinosaurio fosilizado. Coexiste con el dinosaurio y el barro antiguo en un espacio de configuración atemporal, que yo he denominado *interobjetualidad*. El paleontólogo puede modificar la huella y la huella puede influenciarlo dentro de este espacio sensual compartido. Es como si este nivel de realidad fuese una vasta red de líneas entrecruzadas, marcas, símbolos, jeroglíficos, acertijos, canciones, poemas e historias.

El tipo de causalidad que mejor describe a los objetos se emparenta con los flujos de información, con el copiado, el muestreo y la traducción. Se trata de un espacio en el que la forma estética de un objeto puede ejercer una influencia causal. Esto significa que la causalidad tipo "clic" -el "clic" de la bola de billar que visualizamos en cuanto escuchamos la expresión "causa y efecto"- es apenas un tipo de acontecimiento que tiene lugar en una dimensión estética que incluye otros acontecimientos. Podemos abandonar los vacíos teístas y nihilistas en favor de la tesis del retiro. Infinito y eternidad, que Aristóteles descarta (y que los filósofos árabes también descartaron y los europeos ignoraron), suponen un espacio vacío en el que los objetos chocan unos con otros como las bolas de acero inoxidable en el juguete del ejecutivo.

La causalidad fue imaginada como una suerte de "clic" mecánico durante varios siglos. La relatividad y la teoría cuántica cuestionan seriamente la causalidad tipo "clic". Incluso la electrólisis y el electromagnetismo la cuestionan. Pero a la causalidad "clic" le conviene desdeñar el escolasticismo, esto es, cualquier tentativa de producir una explicación ontológica de la realidad. Sin embargo, insistimos en sostener un torpe materialismo mecanicista en el que un sub-subsuelo lleno de máquinas ruidosas traquetea y todo es apenas una imagen manifiesta, un tipo de cobertura azucarada en la superficie de dicha maquinaria. La causalidad tipo "clic" derrota a las cuatro causas de Aristóteles en favor de una sola: la eficiencia pura. Creemos saber de qué está hecha la realidad: de materia. Y suponemos que la forma es mera apariencia estética, apenas una decoración superficial. Así pues, aceptamos una ontología preconfigurada que en el fondo no desea llamarse a sí misma ontología.

Como expresé anteriormente, el filósofo árabe Al-Kindi nos brinda una hermosa crítica de la causalidad tipo "clic": un "clic" es solo una metáfora. La bola que choca con otra bola se mantiene en su lugar gracias a las cuerdas que la atan a un marco de metal. Estas cuerdas son también la causa del "clic". El marco se apoya en el escritorio de la oficina del ejecutivo. La oficina es parte de una corporación global. Y así sucesivamente hasta llegar al primer motor inmóvil: la causalidad es *metafórica*.[82] La causalidad puede ser pensada mejor como traducción.

Aceptar lo anterior cambia por completo nuestra visión. El "clic" es apenas uno en una gran variedad de tipos posibles de traducción. Hemos decidido que el "clic" es más real que la magnetización, la seducción, la inducción, la catalización o el agenciamiento. ¿Por qué el sonido de un "clic" debería ser la única metáfora genuina para la causalidad? Una metáfora genuina para la metáfora: ¡qué absurdo!

Muchos lectores de la obra de Harman dicen que aceptan, o al menos están dispuestos a admitir, la posibilidad de objetos que se retiran. Pero, ¿cómo concebir el "encanto" (*allure*) como el motor de la causalidad? ¿Cómo concebir la causa y el efecto como metáforas, como traducciones? Les cuesta mucho trabajo aceptar esto. Sin embargo, es la parte de la OOO que, intuitivamente, me parece más interesante y convincente. Y no solo eso: la explicación estética de la causalidad es perfectamente compatible con las teorías científicas más profundas de la realidad física. Es esta pieza esencial de la OOO lo que *Magia realista* se propone explorar, en tres fases que corresponden a cómo los objetos llegan a existir, duran y dejan de ser.

Los objetos son hipócritas

Comencemos por explicar de qué manera podríamos usar la teoría retórica para pensar la causalidad. Tal vez podríamos reescribir la teoría retórica como una teoría orientada a objetos si *revirtiésemos el orden implícito de las cinco partes de la retórica de Aristóteles*. Las cinco partes son invención (o descubrimiento), ordenamiento (o disposición), estilo, memoria y acción (entrega o *actio*). En lugar de comenzar con la invención y proceder a través de la disposición a la elocución, luego a la memoria y la acción, comencemos con la *acción*. La acción es precisamente el aspecto físico de la *rhēma*, el discurso. Demóstenes solía practicar su discurso con la boca llena de piedritas y caminando cuesta arriba. De este modo, las piedritas y las colinas jugaron un papel importante en la retórica de Demóstenes. Pero la retórica tiene inclusive una relación mucho más estrecha con los entes no-humanos.

Revertir el orden hace volar por los aires la teleología implícita en los supuestos más comunes sobre la retórica (común, por ejemplo, en las clases de redacción de nivel universitario): primero tenemos una idea, luego decidimos cómo discutirla, después agregamos un poco de música para los oídos y lo recitamos o lo grabamos, según el caso. Los objetos que se retiran no existen para-algo. Con frecuencia suponemos que la acción es algo secundario en la retórica, algo así como un control de volumen o el ecualizador en un estéreo: sería cuestión de acondicionar los aspectos externos de la retórica. No es lo que pensaban Demóstenes y Cicerón. Cuando le preguntaron acerca de las partes más importantes de la retórica, Demóstenes respondió: "Primero, la acción; segundo, la acción; tercero, la acción" – y, a esta altura, su interlocutor comprendió el gesto, pero Demóstenes estaba preparado para ir por más.[83]

Si repensamos la acción no como una botella en la que el ya existente argumento será vertido como un líquido, ni como un sobre que entrega un mensaje por correo, sino como un *objeto* físico y su *medio sensual*, entonces la estaremos pensando como Quintiliano. Éste afirmaba de los grandes actores que "dan tanta gracia a los mejores poetas, que aquellas mismas expresiones oídas de su boca nos agradan infinitamente más que cuando las leemos, y consiguen aun para los autores más despreciables; de manera que obras que jamás tienen lugar en las bibliotecas lo tienen frecuentemente en teatros" (Instituciones oratorias, p. 275).[84] La explicación para esto, desde la filosofía orientada a objetos, es que la voz, un objeto con su propia riqueza y profundidades ocultas, traduce las palabras que pronuncia –una evocación espeluznante del corazón encriptado de los objetos no a través de la revelación, sino a través de la oscuridad– como si estuviera invocando una dimensión oscura del lenguaje. Quintiliano discute a Quintus Hortensius, cuya voz debe haber "poseído un cierto encanto" para que la gente lo clasifique en segundo lugar después de Cicerón, dado lo horrible que parecían estar escritos sus discursos.[85] Ahora bien, antes de que el lector me acuse de logocentrismo, es importante darse cuenta que no es que la voz nos brinde acceso a las profundidades ocultas del significado, sino que la voz es un objeto por derecho propio, que vibra con sobretonos asombrosos. Como *ekphrasis* (descripción intensificada y vívida), como metáfora, la voz salta hacia nosotros y revela su densidad y opacidad. La voz posee lo que Harman llama *encanto*, la energía sensual de la dimensión en la que sucede la causalidad.[86]

Podemos pasar de pensar en la voz como un objeto por derecho propio a afirmar que un lápiz que permanece apoyado en un vaso de plástico es la acción del propio lápiz, un cierto tipo de postura física similar a la de una fuerte voz o un gemido. Una casa es acción que distribuye a sus ocupantes, sus habitaciones y su patio trasero en diversas configuraciones. Un tocadiscos es acción no importa si es un reproductor de MP3. Un libro es acción. Una cascada es acción. Un juego de computadora es acción. Una cuchara es acción. Un volcán es acción. Un listón es acción. Un agujero negro es acción. Retrocediendo a través de las cinco partes de la retórica y a partir de este sentido ampliado de la acción, desembocamos en la *inventio*. Podríamos decir que la *inventio* es en realidad un objeto que se sustrae: una *inventio* oscura o reversible, "cubrimiento" en lugar de "descubrimiento".

La retórica orientada a objetos no es una larga marcha hacia lo explícito, sino un campo gravitacional que nos arrastra de la acción al retiro, de lo sensual al secreto implícito y silencioso. La retórica de Aristóteles depende del silencio, porque la retórica necesita oyentes, de modo que la segunda parte de su *magnum opus* está dedicada a la concienzuda elucidación de los diferentes tipos de afectos, a los diferentes estilos de escucha. Harman argumenta que la metáfora equilibra incluso las cualidades sensuales de los objetos, los cuales están disponibles para nosotros aunque parezcan haberse retirado.[87] Lo que hace la metáfora, entonces, no es distinto que otro tropo, algo que los viejos manuales llaman *obscurum per obscures*: describir algo oscuro *haciéndolo parecer aún más oscuro*.[88] Percy Shelley era un gran aficionado de este tropo: sus imágenes tendían a oscurecer en lugar de iluminar.[89] Si generalizamos esta tendencia para toda la retórica, la retórica orientada a objetos se convierte en la forma en que los objetos se oscurecen así mismos ocultándose tras los pliegues de misteriosas túnicas, cavernas, fortalezas de soledad y tinta de calamar. El descubrimiento y el ocultamiento tienen, como argumenta Heidegger, una relación muy estrecha.[90]

Mientras que *pensar* un objeto nos lleva de la acción al (des)cubrimiento, *ser* un objeto involucra todas las diferentes partes de la retórica que acontecen al mismo tiempo. En lugar de observar las cinco partes de la retórica como una receta paso a paso para hacer que el significado sea explícito ("primero eliges un tema, luego organizas tu argumento..."), podríamos verlos como aspectos *simultáneos* de cualquier objeto que lo tornan misterioso y extraño, pero a la vez directo e interpelante. Explicarlos de esta manera impide que los distorsionemos como presencias objetivas (Heidegger, *vorhanden*) o substancias metafísicas decoradas con accidentes: hay una taza de plástico y ahora le agregamos un poco de color, ahora vemos que tiene una determinada forma, y así. Esta simultaneidad de aspectos explica lo que los músicos llaman *timbre*, una palabra que evoca la sustancialidad de la madera (*timber*). Una nota tocada en un vaso de plástico suena muy diferente que la misma nota cuando se toca en una madera con forma de cilindro suavemente pulida. El timbre es la apariencia sensual de un objeto para otro objeto, en contraste con las *notas* de Xavier Zubiri, que son aspectos de la dimensión oculta de una cosa.[91] La retórica en un sentido orientado a objetos es la forma en que el timbre de un objeto se manifiesta.

Si comenzamos con la acción -la disponibilidad de un objeto sensual- desplegamos de inmediato una serie de cualidades misteriosas que hablan con extraños susurros acerca del objeto y sus aspectos. La acción deforma tanto a quien hace la entrega como a lo que es entregado: los hace tartamudear y los caricaturiza, los remezcla y remasteriza.[92] Yendo hacia atrás, el objeto sensual persiste (*memoria*), muestra un "estilo" único (*elocutio*), organiza sus notas y partes (*dispositio* y *ordo*), y contiene lo que Harman llama un "núcleo fundido", que se retira de todo contacto (*inventio*).[93] El vaso de plástico le hace esto al lápiz. El jardín le hace esto a la casa. El vaso de plástico se lo hace incluso a sí mismo. Las partes del vaso "entregan" el todo de una manera más o menos distorsionada, dan cuenta de varios aspectos de su historia y presentan el vaso con un determinado estilo, articulado de acuerdo con ciertos arreglos formales; por último, estas cualidades en sí mismas, de manera misteriosa, no se encuentran disponibles para su inspección como presencias objetivas.

El núcleo fundido de una cosa está implicado en la entrega. El latín nos da una pista sobre esto al traducir la palabra griega para "entrega" (*hypokrisis*) como *actio* o *pronuntiatio*.[94] La palabra "hipocresía" deriva de *hypokrisis*.[95] Proviene del verbo *juzgar* o *interpretar*: los objetos se interpretan entre sí. Sin embargo, al hacerlo, son como actores que deshacen y a la vez generan un nuevo conjunto de objetos, como una orquesta que "interpreta" una partitura. Por ejemplo, *hypokrisis* puede denotar el tono o la manera en que aúlla un animal. El aullido expresa al animal, pero también es un objeto por derecho propio. *Pronuntiatio* es la apariencia manifiesta de un objeto ante otro objeto; se refiere a la parte más disimulada de la *hypokrisis*. *Actio* suena más a ejecución (*Vollzug* en Heidegger), al despliegue sombrío de la esencia escondida de un objeto. *Actio* se refiere a la forma mágica en que los objetos se funden con el ser.

Los objetos, por lo tanto, son hipócritas; están por siempre divididos en su interior. Pero es preferible vivir en un universo hipócrita que en uno cínico; ya hemos tenido suficiente de esto último. Una expresión del juego filosófico habitual de los últimos doscientos años ha sido: "cualquier cosa que tu puedas hacer, yo puedo hacerlo en un nivel *meta*". Hoy en día, la filosofía parece haber concedido de manera más o menos explícita que saltar de los objetos al más allá es la marca de la verdadera inteligencia. ¿Podemos imaginar una teoría retórica orientada a objetos capaz de explicar la causalidad indirecta, el único tipo de causalidad posible entre objetos ontológicamente separados por el vacío? Harman habla de "elementos" u "objetos de cualidad", esto es, los aspectos de los objetos sensuales que de alguna manera se comunican entre sí.[96] ¿Podría esta extraña retórica invertida proporcionar un modelo que clarifique dicha dinámica? ¿Es posible que un elemento se parezca a una frase o a un punto retórico? Harman insinúa que el tropo lingüístico de la metáfora puede ser encantador, precisamente porque nos da una idea de cierto tipo de causalidad más profunda.[97] ¿Podemos imaginar la interacción entre un bolígrafo y una mesa de madera a partir de frases y puntos retóricos, de modo tal que los elementos de un objeto convencen a otros? Consideremos la raíz latina de la palabra persuasión (*suadeo*), la cual guarda relación con la manera en que un objeto insta, incita, induce o predispone a otro objeto.[98] La estética, en otras palabras, no es el caramelo de lo real, sino la lubricación, la energía y el pegamento de la causalidad en cuanto tal. Pensar en estos términos nos permite salir de la máquina del ramismo.

El juego de los fenómenos

Los objetos son formas de entrega, lo que significa que *son hipócritas*, lo cual significa a su vez que son actores. La manera más completa de pensar la causalidad es pensar en el drama. Exploremos las difíciles y sorprendentes implicaciones que esta hipótesis supone.

En su ensayo, *Experiencia*, Emerson escribe sobre la "evanescencia y lubricidad de todos los objetos, que les permite deslizarse entre nuestros dedos, sobre todo cuando nos aferramos a ellos con fuerza".[99] Esto no solo es una descripción de cómo los humanos fracasamos en conocer los objetos, sino también una imagen bastante elegante de lo que sucede entre dos objetos cualesquiera. En lo que suena como una broma OOO, Emerson nos dice que esta dinámica, según la cual nuestro aferrarse a los objetos, paradójicamente, hace que se nos escapen, es "la parte más desagradable de nuestra condición". Hay un juego en torno a la noción de manejabilidad (alemán, *zuhandenheit*) que el ontólogo orientado a objetos no puede dejar de observar. En su analítica de los útiles, Heidegger establece una distinción entre las herramientas que son *zuhanden* (están a la mano) y *vorhanden* (están ahí como una presencia objetiva). Heidegger argumenta que, cuando utilizamos una herramienta, esta desaparece en pleno funcionamiento; solo aparece cuando una discontinuidad (o nuestro encuadre estético en torno a la herramienta) la aísla de su trasfondo. Harman desarrolla esta analítica para aplicarla no solo a martillos y otras herramientas (y no solo a la relación entre humanos y martillos), sino a todos los entes en general.[100] Harman argumenta que, para llegar a una versión más consistente de la analítica de los útiles, debemos aceptar que cualquier evento (incluido el uso del martillo como herramienta, el ejemplo que Heidegger excluye) guarda relación con la traducción de un objeto a una parodia *vorhanden* de sí mismo.

Un día salimos a pasear con un amigo por la galería de arte "Tate Britain" en Londres. Sabemos algo sobre arte, ya que lo estudiamos en cursos de historia y crítica del arte. Llegamos a la enorme y extraordinaria colección de pinturas de Turner. Nos detenemos frente a *Lluvia, vapor y velocidad*, un cuadro de un tren emergiendo de la niebla. El tren parece un fantasma, envuelto en nubes prismáticas de color. Conversamos sobre la pintura. Nuestro amigo dice: "Turner celebra 'la era ferroviaria' y la afirmación del progreso encarnado en la locomotora con una alegoría desarrollada en clave barroca, y con un estilo derivado del estudio de Rembrandt." Pero no estamos de acuerdo y respondemos: "La pintura representa la protesta de Turner contra la máquina y la devastación del medio ambiente, en este caso una hermosa sección del Támesis, muy querida por el pintor".[101]

¿Qué está pasando? ¿Ambos estamos en lo cierto? ¿No implica esto una contradicción, una *dialetheia*? Los seguidores de Aristóteles tienen mucho cuidado de no violar el principio de no contradicción, mientras que nosotros debemos buscar otra razón para justificar la contradicción. Quizás deberíamos ser relativistas. Quizás deberíamos pertenecer a diferentes comunidades interpretativas, posición defendida por el crítico literario Stanley Fish.[102] Pero este argumento tiene dos inconvenientes. En primer lugar, hace retroceder el problema a un estadio anterior, pues ahora tenemos que explicar cómo es que existen estas comunidades interpretativas. En segundo lugar, y esto es aún más grave, ¿pertenecemos realmente a diferentes comunidades? Fuimos a la misma escuela, hemos sido amigos por más de dos décadas, estudiamos con los mismos profesores, etcétera. Cuando contemplamos pinturas, leemos poesía o escuchamos música, se trata de experiencias comunes. Las diferencias no serían posibles si no hubiese algún tipo de acuerdo básico. Descartamos entonces la solución de Fish. Después de todo, uno de los placeres de mirar pinturas es poder disentir sobre bases bien fundadas.

Parece entonces que algunas contradicciones en la crítica de arte son verdaderas.[103] ¿Por qué? La respuesta de la OOO es que hay una profunda ambigüedad ontológica en los objetos mismos. Esta ambigüedad se refleja en las relaciones entre y dentro de los objetos. Necesitamos explorar un poco más la naturaleza de esta ambigüedad.

Regresemos a la reunión con nuestro amigo en la galería Tate. Recordamos que Immanuel Kant hace observaciones parecidas en su *Crítica del Juicio*. La experiencia de la belleza es paradójica, porque parece como si la belleza emanara del objeto y no de nosotros. La experiencia es universalizable: es como si aplicara para todos -cualquiera con un mínimo criterio debería amar lo que uno ama. Por un lado, queremos enviar tarjetas postales de la pintura de Turner a todos nuestros amigos. Sin embargo, nos damos cuenta de que si los obligáramos a que les guste lo que a nosotros nos gusta, eso arruinaría sus experiencias, y también la nuestra. Parece que estamos a un paso de decretar que el gusto es relativo. Pero esto no puede ser debido al primer criterio: la belleza parece emanar del objeto. Todo se echaría a perder si viniera de nuestro interior. Si así fuese, podríamos determinar fácilmente qué neuroquímicos estaban involucrados y fabricar un medicamento que nos brindara la misma experiencia, dos o tres veces más potente. Pero la belleza también evita el relativismo debido a un tercer componente, esto es, una cualidad no conceptual. Hay un *no-sé-qué* respecto de la belleza: Kant sostiene que ningún elemento de una imagen puede ser aislado y considerado como hermoso. No podemos encontrar un "ingrediente activo" en la belleza.

¿No significa esto que las cosas bellas son irreductibles? No podemos reducirlas a sus partes porque esto sería aislar un ingrediente activo. No podemos "reducirlas hacia arriba", hacia un todo, puesto que eso significaría que las partes de la pintura se transformarían en los componentes prescindibles de una máquina. Esta pintura es hermosa, pero la belleza no se encuentra en ninguna parte. Es una situación extraña y misteriosa: estamos teniendo una experiencia potente que nos pone la piel de gallina, nos hace llorar; sin embargo, cuando buscamos la fuente de la experiencia, no podemos hallarla. La fuente es *esta* pintura, *esta* pieza de música, y no otra. ¿Qué está pasando?

¿No hay un eco de algo orientado a objetos en Kant, el padre del correlacionismo? ¿No podemos acaso decir que la belleza es prueba de que la realidad no es solipsista, o incluso relativista, dado que la belleza revela la existencia de al menos un (otro) objeto secreto? De hecho, la experiencia de la belleza es una suerte de evidencia interna de algo en nosotros que no somos del todo nosotros. Parece sobrevenir de manera automática, y no hay nada que podamos hacer para manipularla. Para Kant, es posible tener una experiencia que no esté basada en el ego: la experiencia de la belleza es precisamente así, por ello la concibe como una parte crucial del proyecto ilustrado, y es el motivo por el cual Schopenhauer trazó una progresión más o menos lógica de Kant al budismo. La libertad descubierta a través de la belleza es profundamente impersonal y es, por lo tanto, de carácter objetual. Ser objetual significa estar más allá del ego.

Aquí está, la hermosa pintura, y no podemos afirmar qué es lo hermoso en ella. Una suerte de fusión mental está aconteciendo, una suerte de enlace entre el objeto y yo. Y la experiencia es universalizable, es decir, podemos compartirla porque está basada en la posibilidad de que todos puedan tenerla. Aunque no podemos imponer nuestras experiencias a los demás, podemos convivir con los otros de manera pacífica, puesto que todos experimentamos un espacio interior. La vivencia estética que los humanos llamamos "belleza" es una experiencia desnuda compuesta de relaciones entre entes: entre la pintura de Turner y yo; entre las pinceladas en la pintura; entre personas que poseen experiencias de lo mismo, etcétera. ¿Por qué un *no-sé-qué* entonces? Propondré una solución hegeliana bastante sorprendente para este problema, a saber, porque la importancia de cualquier conjunto de las relaciones se halla en el futuro. Lo significativo contiene un ingrediente vital, un todavía no, un por-venir. El sentido de un objeto no es más que otro objeto.[104]

Un evento causal es un conjunto de relaciones entre objetos. Todas las relaciones son estéticas, no solo las relaciones entre los humanos y los objetos, como en el caso de la pintura de Turner. Por lo tanto, debemos investigar cuidadosamente la estética y lo que dice sobre el "significado" de los acontecimientos (artísticos), ya que esto nos brindará una valiosa pista sobre cómo las cosas funcionan en realidad. Quizás la razón por la que es tan difícil detectar la causalidad en el acto (a menos que se tenga algún tipo de visión vicaria o dialeteísta) sea esta: lo único que no podemos hacer en lo que concierne a las relaciones entre objetos es atraparlos "antes" de, o "durante", el acontecer de dichas relaciones. Como sabe todo buen académico en humanidades, el significado es algo *retroactivo*. Nadie se reunió de manera furtiva en una esquina de Nápoles en el siglo XII para discutir secretamente cómo iban a sacudir el mundo del arte: "Comencemos con esto de una vez. Inventemos la perspectiva y viajemos alrededor de África, hallemos la ruta de las especias y redescubramos el platonismo. Llamémoslo 'Renacimiento', eso suena bien".

Si la causalidad es estética, entonces los eventos solo "tienen lugar" después de haber sucedido. Se trata de un argumento hegeliano: para que algo suceda, debe suceder dos veces. Con su prosa deslumbrante, Percy Shelley describe a los poetas como "los hierofantes de una imaginación desapegada, los espejos de sombras gigantes que el futuro arroja sobre el presente".[105] Un hierofante es aquel que hace aparecer lo sagrado -un chamán en lugar de un sacerdote. Lo que la sección final de *Una defensa de la poesía* argumenta es que la importancia de una obra de arte yace en el futuro. El poeta es una especie de canal o medio que de alguna manera trae el futuro al presente.

Shelley llega a esta conclusión desde una apertura que no podría ser más fisicalista o materialista. Cada persona (quizás incluso "todos los seres sintientes") es una especie de "lira eólica", una especie de instrumento de viento que es tocado por estímulos externos, y que modula o traduce estos estímulos en su propio timbre particular. Casi todos los hogares respetables tenían uno en el siglo XVIII, al igual que ahora tenemos iPods con altavoces. ¿Qué escuchamos cuando oímos una lira eólica? Escuchamos el viento modulado a través de las cuerdas y el cuerpo de madera de la lira. Escuchamos dos objetos que se relacionan entre sí. La lira solo puede sonar una vez que el viento interactúa con ella y viceversa; y después escuchamos las ondas de presión que son creadas por la vibración, traducidas por un transductor en nuestro oído interno que convierte las ondas de presión en señales electroquímicas. La importancia de la relación yace en el futuro. En este sentido, por extraño que parezca, las relaciones son mensajes en botellas provenientes del futuro. Su importancia es un constante "todavía no".

Heidegger dice algo parecido acerca del viento: nunca lo escuchamos directamente, solo en la entrada de nuestra casa, en la chimenea y en el árbol.[106] La intuición directa no es garantía de la donación. Tendemos a creer que lo real se encuentra en lo obvio, pero *Magia realista* argumenta que lo real está en lo misterioso y lo oblicuo. No hay manera de atrapar el viento en el acto antes de que sea modulado por algo más. El sonido del viento se halla en su futuro. Deberíamos poder ver cómo el principio aparentemente materialista del ensayo de Shelley converge con el final aparentemente idealista del mismo. Es decir, si abandonamos las nociones de materia y de idea, y en su lugar adoptamos una visión orientada a objetos, podremos ver que Shelley y Heidegger simplemente están diciendo que los entes se retiran en sí mismos: lo que creemos que es su "identidad" es siempre ya una suerte de parodia de ellos mismos. Y este proceso de parodiar es precisamente la causalidad. La imagen de la lira eólica de Shelley es muy adecuada para nuestros propósitos, pues se trata de un objeto estético. La importancia de un acontecimiento estético yace en su futuro.

Nada habla mejor la calidad futura de las relaciones que el fenómeno de los sueños. Hay algo profundamente ambiguo en torno a un sueño, una ambigüedad a menudo perturbadora. ¿Por qué? Porque, como argumenta Freud, los sueños pueden ser interpretados de manera infinita, pues el contenido profundo de los mismos está abismalmente latente, inconsciente.[107] Ahora bien, una interpretación de los sueños sucede ya mientras soñamos, por ejemplo, en la actitud que adoptamos respecto del sueño. De hecho, esta actitud es uno de los principales sentidos del sueño. La genialidad del análisis freudiano consiste en la decisión de no estudiar símbolos (como los fálicos), sino para investigar la forma del sueño, del mismo modo en que un crítico literario investiga al narrador: ¿quién es, qué actitud tiene, cuál es su estado de ánimo, su conexión? Ya hay una relación en el sueño mismo, una relación entre las imágenes de los sueños y quien las sueña.

El contenido profundo del sueño está latente, es decir, se retira. Como buen kantiano, Freud sostiene que no se puede acceder al contenido profundo del sueño; cuando intentamos hacerlo, lo convertimos en otro tipo de contenido manifiesto, y por lo tanto, en algo relacional: estamos una vez más ante un conjunto de relaciones entre un contenido y su propietario.

Pero, ¿qué pasaría si todas las relaciones entre los objetos fuesen como las de un sueño (no solo las que corresponden a seres humanos o sintientes, es decir, las que conectan imágenes con creadores)? Consideremos una vez más el caso de dos fotones entrelazados. Ellos "todavía no saben lo que son": deben ser "medidos", es decir, uno de ellos debe ser polarizado en una determinada dirección para que su importancia sea revelada. Hay realmente dos fotones. Pero luego, son "interpretados", es decir, son ajustados en el plano físico. Ajuste físico, interpretación, causalidad, estética: todos estos términos remiten a lo mismo. No estamos en un mundo idealista donde los fotones solo son reales cuando los percibimos. No; es justamente lo contrario, más contrario aún que la habitual explicación materialista o realista. La percepción como tal es una intervención física en el mundo, lo que significa que la causalidad debe ser estética.

La belleza kantiana es una relación entre entes. Lo que Kant llama "sublime" no es otra cosa que la irreductibilidad de un objeto a otro. Para Kant, lo sublime es provocado por un ente que actúa como gatillo, como una especie de catalizador que pone a la mente en su lugar.[108] Cuando esto sucede, se abre un abismo de libertad. Experimentamos la inmensidad bruta de nuestro espacio interior. Esta experiencia es como el epítome de la no-conceptualidad que vislumbramos en la experiencia de lo bello. Lo bello y lo sublime no son extremos opuestos, sino que se relacionan como el centro líquido y la coraza frágil de un bombón de chocolate relleno. La belleza es la experiencia estética fundamental, cuya esencia es la libertad incondicionada de lo sublime. ¿No sería posible afirmar, entonces, que la libertad trascendental que Kant encuentra en lo sublime es simplemente un eco de la esencia de un ente u objeto particular, a saber, nosotros mismos? Y si ontológicamente hablando no hay gran diferencia entre nosotros y un bloque de concreto, es la apertura cósmica de todos los objetos lo que se manifiesta como algo sublime en nuestra experiencia humana particular.

Dado que esta apertura es un aspecto irreductible de la realidad del objeto, la única forma de obtener un punto de apoyo experiencial pasa por relacionarse con él. Sin embargo, relacionarse implica quedar atrapado en un ajuste, en una armonización que sucede entre nosotros y el objeto. Esta sintonización es lo que Kant llama una vibración, una violenta oscilación entre mi espacio interior y el objeto. Dicha vibración nos brinda ese vértigo que Kant describe como lo sublime. Nuestra relación con los objetos abre el abismo de la libertad, porque cada relación es una danza en la cumbre de un volcán, una emisión que proviene del opaco vacío del objeto. Las relaciones son misteriosas y huecas porque se hallan suspendidas al borde de un abismo.

El tiempo emerge de las relaciones entre las cosas. El significado de un objeto se halla en su futuro, en la manera en que se vincula con otros objetos, incluidos aquellos que constituyen sus propias partes. En cierto modo, las relaciones se ven vaciadas desde adentro por el misterio de los objetos que relacionan. Este vacío es el tiempo mismo. Para descubrir qué es una relación, solo basta con establecer otra relación. Las relaciones, por lo tanto, contienen una nulidad que las impulsa hacia adelante, a medida que más relaciones se apilan sobre ellas. Esta nulidad tambaleante es lo que llamamos tiempo. Puesto que siempre están por venir, las relaciones evocan la sensación de un proceso: de ahí la ilusión de que las cosas sean procesos, y de que el relacionismo de procesos nos brinde la descripción más adecuada de las cosas. Sin embargo, dado que el tiempo emerge de las relaciones, nunca podemos especificar de antemano cómo serán. El relacionismo de procesos es una tentativa óntica u ontoteológica de determinar exactamente lo que las cosas son por medio de una inevitable parodia: los eventos causales. El relacionismo de procesos trata de reducir la ambigüedad intrínseca de las relaciones, las cuales son inherentemente contradictorias (por ejemplo, las que tenemos con una pintura de Turner en la galería Tate, las cuales difieren de las que tienen nuestros amigos).

Para que las relaciones sean ambiguas, no deben ser nada en absoluto (no es necesario imaginar a un elefante del que brotan flores después de echarse agua sobre la espalda). Estamos ante nuestro viejo amigo ECQ (*ex contradictione quodlibet*), también conocido como *explosión*: la idea de que si aceptáramos algunas contradicciones como verdaderas, cualquier cosa podría suceder. Está claro, por ejemplo, que nuestras dos lecturas de *Lluvia, vapor y velocidad* de Turner son superiores a esta:

> *Lluvia, vapor y velocidad* trata sobre un tomate llamado Ronnie que hace malabares con huevos duros en el satélite de Saturno llamado Titán.

Aunque concebimos la causalidad como estética, nuestro argumento sugiere que el acontecer de las cosas no es algo inevitable.[109] El problema es que nunca seremos capaces de explicitar una cadena causal de antemano sin recurrir a la ontoteología o al contrabando de prejuicios ónticos sobre lo que cuenta como objeto o como evento causal. Como señala Harman, "un guijarro puede destruir un imperio si el emperador se atraganta en la cena".[110] Si estamos preparados para deshacernos de las relaciones causales no contradictorias, entonces debemos permanecer abiertos a la posibilidad de que cualquier cosa pueda suceder.

Al eliminar la distorsión correlacionista, constatamos que la experiencia kantiana de la belleza es posible simplemente porque una relación entre los objetos tiene como base una misteriosa no-conceptualidad, un "no-sé-qué". Esta no-conceptualidad requiere otra relación, una interpretación que le dé sentido (lo cual, a su vez, requiere otra relación más). Como todas las relaciones son intervenciones físicas, toda interpretación estética equivale a lo que la psicología llama "paso al acto" (*acting out*). La causalidad es como un juego o mímica; nunca sabemos de qué se trata. Imaginemos a un mimo que olvida aquello que está representando en su mímica. Gesticula frenéticamente ante nosotros, pidiéndonos que le demos un sentido a lo que está haciendo. Esa es la naturaleza de la causalidad. Como escribe Emerson, también en *Experiencia*, "hay una cierta magia en las acciones más propias [de un hombre], que aturde nuestros poderes de observación de modo que, aunque todo sucede ante nosotros, resulta inimaginable. El arte de la vida tiene una gran modestia, y no será expuesta".[111] La OOO simplemente generaliza esta observación a todos los entes. Las teorías sobre la causalidad, al igual que muchas otras y diversas explicaciones de tipo filosófico sobre las cosas, con frecuencia desean despojar el misterio del mundo. Estoy afirmando que este misterio es un componente crucial de la causalidad en cuanto tal, tan crucial que eliminarlo equivale a no comprender cómo funciona. ¿Por qué? Porque la importancia de cualquier acción está siempre por venir. Tiempo, espacio y otros aspectos de la causalidad ocurren gracias a la profunda ambigüedad en las cosas.

La causalidad es como un drama. No es de extrañar que *drama* signifique "cosas que se hacen" o "están haciendo" (griego), del mismo modo en que ópera significa "obras"; y la ópera y el drama ambos tienen "actos". Consideremos otra vez el positivismo estándar de causalidad tipo "clic". Hay un problema adicional con la causalidad del "clic": sus seguidores parecen empeñados en excluir precisamente la dimensión estética, caracterizándola como un dominio de "seudocausalidad" (Wesley Salmon). Esto es muy sintomático de una extraña creencia de que la dimensión estética contamina el materialismo positivista que hemos llegado a aceptar como la ontología por excelencia. Pero a pequeña escala, los fenómenos estéticos son físicos y viceversa: en un determinado nivel, medir es "golpear con un fotón", como también lo es "ver". El tipo de cosas que la causalidad del "clic" quiere eliminar son las sombras, los sonidos, las luces y los fenómenos electromagnéticos: buena parte de la realidad.

Y no solo eso: a menudo parece que lo que las teorías de la causalidad tipo "clic" desean es captar la causalidad en el acto y sin interferencia, una fantasía que la teoría cuántica ha desechado por completo. Parece que el evento causal ideal sería totalmente invisible e inaudible. Sin embargo, sabemos por fenómenos como la complicación o la superposición que tales eventos, de manera extraña e irónica, refutan el "clic" de otras maneras, por ejemplo, mediante la acción a distancia. Antes de ser medidos, dos fotones pueden enredarse a medida que emergen de un determinado láser: son capaces de actuar de manera instantánea gracias al impulso del otro.[112]

Las condiciones ideales para que ocurra el "clic" son precisamente aquellas condiciones que posibilitan todo tipo de no "clics" escalofriantes. No puedo marcar los fotones con una "x" para demostrar que son los mismos cuando emergen del láser que cuando están enredados entre sí. Hacer algo así significaría alterarlos de manera considerable. Hay una incertidumbre irreductible en este caso: en realidad, el hecho de que "marcar" sea sinónimo de causalidad es la base del principio de incertidumbre de Heisenberg: una "medida" en el nivel cuántico significa "alterar (momento, posición) por medio de otro cuanto".[113] Podemos ascender hasta el nivel de los objetos medios y encontrar allí todo tipo de paralelos. Por cierto, puedo marcar una pelota de críquet con una "x" para mostrar que es la misma pelota cuando la lanzamos al campo de juego. Pero, ¿no sería más eficiente admitir que ya he manipulado causalmente la pelota al marcarla? Incluso en este nivel macro, la pelota de críquet ideal aterrizaría de manera espontánea en nuestra mano y diría: "Oye, ¿sabes que soy la misma pelota que lanzaste desde el otro lado del campo? Realmente lo soy, confía en lo que te digo". O tal vez la pelota sea capaz de transmitir su identidad a través del tiempo por telepatía. En cierto modo, podríamos saber enseguida que la pelota es la misma. Lo que plantea la pregunta es: ¿puede toda un área de causalidad tipo "clic" dar cuenta de cómo las cosas parecen ser las mismas a través del tiempo?

Esto debería advertirnos que la dimensión estética, la dimensión de luz y sonido y vibración (y además, su aprehensión por todo tipo de entes, de los oídos a los altavoces a las placas fotográficas y las neuronas humanas, por no mencionar el cuchillo que marca la "x" en la pelota de críquet) es un aspecto irreductible de la dimensión causal. De hecho, como seguiré insistiendo a lo largo de este libro, *la dimensión estética es simplemente la dimensión causal.*

Por lo tanto, las teorías positivistas de causalidad tipo "clic" tienen graves problemas. Algunos fenómenos como el movimiento de las luces, las sombras, etcétera, pueden ejercer efectos causales reales. Sin embargo, estos son justamente los efectos que ciertas causalidades positivistas tipo "clic" desean descartar.[114] Y esto es obvio, pues son efectos de ciertas causas, y deberíamos esperar a que actúen a su vez sobre las cosas. Una sombra puede golpear un diodo que es sensible a la luminosidad y encender una luz de noche. Que esto sea descartado como un evento causal, me supera. El hecho de que ni siquiera sea mencionado en la literatura convencional constituye un punto ciego impresionante. Un reflector alumbra una superficie, por ejemplo, una deshilachada cortina roja en un cabaret venido a menos de un pequeño pueblo a millas de la metrópoli. Las pupilas de la gente en el auditorio se contraen al ver el círculo rojo brillante sobre la cortina iluminada. ¿Por qué no es esto un evento causal? No hablemos ya de cruzar la luz con otra luz o de cambiar el filtro o de recurrir a otros ejemplos similares que la causalidad del "clic" se niega a considerar. Lo sorprendente es: ¿por qué ellos no contemplan la acción de los reflectores como un evento causal?[115]

Para que la luz penetre por la cortina, el filamento eléctrico o halógeno de la lámpara debe alcanzar cierta temperatura, de manera que los átomos se exciten lo suficiente como para liberar fotones. En este nivel, la luz, además de ser ondulante, hace ruidos y se disemina por todos lados. Para iluminar la cortina, los cuantos en su superficie no deben absorber todos los fotones. Esto siempre me pareció muy causal, pero de nuevo, la causalidad del "clic" quiere descartarlo. Es desconcertante.

Phil Dowe da el ejemplo de alguien que corre junto al foco del reflector en movimiento, sosteniendo un filtro rojo para que la luz se vea "marcada" como la bola de críquet.[116] Sin embargo, esta marca no se encuentra precisamente "en" la luz. No obstante, si no hay marca, no podemos estar seguros de que sea la "misma" luz la que se mueve a lo largo de la cortina. Dowe admite que, con este ejemplo, la suposición de una diferencia fundamental entre causalidad real y pseudo real colapsa. En fin, toda esta discusión parece absurda: mientras que el positivismo lucha por controlar el límite entre los eventos físicos y estéticos, produce al mismo tiempo los demonios estéticos que comprometen sus propios principios. Los freudianos tomarían nota precisamente de las contradicciones estéticas y dramáticas que el positivismo produce en el acto de vigilar: la Sydney Opera House, un espectáculo de luces, una sombra.[117]

La razón por la que aparecen más inconsistencias cuanto más uno trata de apuntalar la diferencia entre la causalidad física y la seudofísica es que hay un aspecto estético irreductible de la causalidad. Tratar de atrapar la causalidad en el acto sin esta dimensión estética produce importantes paradojas y aporías para la teoría positivista. Parecen consistir en el hecho de que los fenómenos estéticos requieren un extra ente (1 + n), un campo de energía, dilatación y contracción de pupilas, superficies que puedan ser grabadas, así como todo tipo de entes mudos pero significativos que no están ni dentro ni fuera del proceso causal que la causalidad tipo "clic" trata de establecer. El 1 + n sugiere una región de entes que no podemos abordar en forma directa. Una vez más, esto nos revela algo profundo acerca de la causalidad. De manera más general, el problema surge cuando la filosofía trata de cerrar la grieta intuitivamente obvia entre un objeto y sus propiedades, para evitar así paradojas lógicas y de conjuntos que parecen violar el principio de no contradicción (PNC).[118] Consideremos esto: si un objeto fuera totalmente diferente de su contracara sensual, tendríamos una situación nihilista donde una manzana puede ser un huevo o una tostadora puede ser un pulpo. Por el contrario, si un objeto fuese integramente el mismo que su objeto sensual, entonces tendríamos una ontoteología identitaria en nuestras manos, y nada podría emerger; pero, además, tendríamos una situación en la que los seres se verían definitivamente determinados por alguna forma de lo que he llamado *objeto superior*.

Según la perspectiva de este libro, el PNC no puede regir para todos los objetos, pues hay una grieta radical entre un objeto y sus cualidades sensuales, y esto adquiere la forma de una contradicción, $p \wedge \neg p$. Si tan solo pudiéramos admitir que estas paradojas son correctas, entonces tendríamos menos problemas relacionados con la causalidad. Por supuesto, esto significa mostrar que la existencia de contradicciones en este nivel no implica regresar a viejas propuestas: trivialismo, o *ex contradictione quodlibet* (ECQ). Por suerte, como argumentamos anteriormente, hay buenas razones para suponer que ECQ no se sostiene necesariamente cuando abandonamos el PNC.[119] Un corte entre un objeto y su manifestación para otro objeto no significa que la manifestación pueda ser algo en absoluto.

Tomemos el fenómeno básico del movimiento. Las teorías causales positivistas tienen problemas con el simple hecho de la inercia: la manera en que un objeto continúa moviéndose cuando nada interfiere, formalizada por la Primera Ley de Newton.[120] En el capítulo 3 argumentaré que el movimiento puede ser mucho mejor pensado como el resultado de una ambigüedad inherente de los objetos. Si nos negamos a pensar de este modo, corremos el riesgo de quedar atrapados en todo tipo de prejuicios "ónticos" insatisfactorios, prejuicios que hemos introducido de contrabando en nuestra ontología desde un lugar injustificado.

La causalidad tiene lugar en la dimensión estética, que consiste en una suerte de escenario móvil, como un teatro ambulante. Hay toda una producción involucrada en la configuración del escenario -las cortinas, los accesorios, la iluminación- para preparar el evento causal, y utilizo el término "producción" en su sentido más teatral. Observen que no estoy argumentando que debe haber una audiencia humana, o productores humanos involucrados. La audiencia puede estar conformada por peces o marcianos o partículas de polvo. Los productores podrían ser agujeros negros o fotones o la Orquesta Sinfónica de San Francisco. Tal vez podría ser una de esas obras en las que se incluye a la audiencia en el argumento de la misma.

¿Cuál es la sensación de amenaza y extrañeza que nos invade cuando ingresamos a un circo o un teatro? ¿Es simplemente el hecho de un espacio de fantasía donde las reglas habituales se encuentran suspendidas? ¿O es que nos damos cuenta de que *la ilusión está del otro lado* de la carpa del circo, en el mundo exterior que tomamos como real, y lo que estamos viendo cuando asistimos a una obra es el juego de la causalidad? ¿No es el caso que tomamos el mundo fuera de la carpa como algo real justamente porque tratamos a sus cualidades estéticas como secundarias en las que, suponemos, son las físicas y causales?

Hay muchas obras de teatro y películas que, después de verlas, nos inducen a ver el mundo de esa manera por un rato. Los dibujos de la película *Una mirada a la oscuridad*, por ejemplo, fuerzan a la audiencia a ver el mundo fuera del cine de ese modo, al menos durante unos pocos minutos de confusión.[121] ¿Cuál es exactamente la dinámica de esta sensación que se desgasta? ¿Es que regresamos a la realidad real? ¿O bien superponemos una distancia y normalidad aceptable para nuestra perspectiva del mundo, habiéndolo visto despiadadamente desnudo en el teatro? O bien, tenemos la ilusión de la profundidad y la distancia despojadas, la ilusión de que hay un mecanismo debajo de la pantalla. El drama socava la perspectiva falsa que hace parecer que las cosas realmente suceden contra un fondo neutro. Nos damos cuenta de que la causalidad está sucediendo en nuestras caras, más cerca que la respiración.

Repasemos las dos principales formas de evitar la OOO expuestas hasta aquí:

1. Demolición. Las cosas son reducidas a entes más pequeños como partículas. O bien, las cosas solo son instancias de procesos más profundos.

2. Sepultamiento. Los objetos son sustancias vacías con sus apariencias pegadas a sus superficies, o bien agregadas por un "observador" externo. En ambos casos, los objetos son básicamente nada hasta que interactúan con otros objetos. En cambio, sería preferible trazar una grieta entre apariencia y esencia dentro del objeto mismo. Los objetos, según esta visión, tiemblan de vitalidad. Pero para que esto sea posible, debemos aceptar un cierto tipo de lógica paraconsistente, posiblemente *dialeteísta*, como la propuesta por Graham Priest, una lógica que le permite a las cosas ser y no ser lo que aparentan al mismo tiempo. De lo contrario, volveremos a las sustancias por defecto, incrustadas con accidentes.

Ahora podemos discernir una tercera forma de evitar la OOO. Esto consistiría en declarar lo contrario de (2):

3. No hay sustancias, y todo es apariencias para algo o alguien, todo es estética hasta el fin.[122]

Queremos preservar la grieta entre apariencia y esencia. ¿Por qué? Porque esto preserva, de manera paradójica, la esteticidad de la dimensión estética. Veámoslo de este modo. Si la realidad fuese completamente estética, entonces *sabríamos* que "solo" se trata de una ilusión: por lo tanto, no sería una ilusión. Sabríamos que es una pretensión, por lo que no sería una pretensión. Tendríamos una especie de ontoteología invertida de afectos puros sin sustancias. Citemos a Lacan una vez más: "lo que constituye la pretensión es que, el fin y al cabo, no sabemos si es pretensión o no". Hasta que el pensamiento esté listo para aceptar que los objetos pueden ser intrínsecamente inestables, tanto esenciales como estéticos al mismo tiempo, estaremos atrapados en las opciones (1) y (3), todas las cuales son formas de evitar la OOO.

Una vez que aceptamos esta inestabilidad intrínseca (la grieta entre esencia y apariencia), no es necesario tener objetos marginados por procesos o partículas, o percepciones de ellos mismos. Ellos pueden arreglárselas muy bien solos. Esto parece aplicar para un único cuanto, que visiblemente parece ocupar más de un lugar a la vez, para inspirarnos en las palabras del físico Aaron O'Connell.[123] En ese caso, como norma general y aproximada, supongamos que la causalidad ocurre en tres actos, como en una obra: si incluimos la dimensión estética podría ser apropiado ver los fenómenos estéticos como evidencia arqueológica distorsionada de la causalidad.[124] El primer acto trata sobre cómo las cosas comienzan. Y así continúa la función.

Aristóteles comenta que las obras teatrales tienen un comienzo, un desarrollo y final.[125] Al decir esto, quiere afirmar algo más que la primera página, la última página, y el número total de páginas dividido por dos. Aristóteles sugiere que hay cualidades fenomenológicamente distintas para el inicio, la persistencia y la finalización. Del mismo modo, podemos dividir este libro en los tres capítulos que siguen, los cuales corresponden al comienzo, el desarrollo y el final de un ente. ¿Por qué? ¿Hay algo más profundo que explique este arreglo, o acaso resulta útil en términos de una organización formal? De hecho, parece haber una especie de corte ontológico entre el emerger, el persistir y el cesar. Es así como argumentaré que es difícil, quizás imposible, especificar que el "mismo" ente está involucrado en el surgimiento, la permanencia y la cesación. Esta apenas una de las incoherencias y las dobles verdades a las que tendremos que acostumbrarnos en una explicación ontológica orientada a objetos de la realidad. Principio, desarrollo y final son, después de todo, diferentes partes formales, como las de una novela, una obra de teatro o una película. Los directores de Hollywood hablan intuitivamente de los actos uno, dos y tres de una película. Yo afirmo que hay una razón para este tipo de habla: se refieren, aunque de manera distorsionada, a cómo funciona realmente la causalidad.

De manera un tanto provocativa y, en cierto modo, contraria a mis propias intuiciones, he decidido llamar a las fases de un objeto "nacimiento", "vida" y "muerte". Esto no busca sugerir que los objetos estén vivos, pues con ello se me definirá como un vitalista. No obstante, me parece que el entendimiento común y corriente acerca de los objetos es demasiado mecanicista y reificado. En este sentido, coincido con Jane Bennett en que sería útil, aunque solo sea para imaginar cosas más libremente, inyectar un poco de animismo en la discusión.[126] Por las razones que expondré a lo largo de este libro, sería mejor si utilizáramos un término que no se comprometa ni con el vitalismo ni con el mecanicismo. Este enfoque parece bastante consistente con lo que sabemos sobre las formas de vida: que están hechas de no-vida.[127] Y me parece congruente con lo que seguramente la OOO afirma sobre los objetos: que no son apenas un mero sustrato neutro. Lo mejor que se me ocurre es agregarle algún tipo de negación a la vida y a la muerte, a fin de que los objetos se conviertan en no-muertos. Pero explicar esto llevará algo de tiempo, de ahí que el nacimiento, la vida y la muerte figuren en los títulos de los capítulos que siguen.

El siguiente capítulo, "Nacimiento mágico", explora el origen de los objetos. Esto se hace de dos maneras interrelacionadas: a través de un experimento mental que imagina una enfermería de objetos con forma de estanque al final de la calle donde vivo; y a través de un análisis de los conjuntos transfinitos de Cantor, que reivindica las paradojas dialeteístas, las cuales algunas interpretaciones se esfuerzan por eliminar (más notablemente, en nuestro tiempo, la ontología de Alain Badiou, que se apoya en la interpretación que hacen Ernst Zermelo y Adolf Fraenkel de Cantor). El capítulo avanza hacia una explicación desde la "fenomenología alien" acerca del comienzo de los objetos, partiendo de las teorías estéticas del comienzo (*apertura*) y de lo sublime. ("Fenomenología alien" [*Alien Phenomenology*] es un término de Ian Bogost.) En el capítulo 2, argumento que la manera en que un objeto comienza tiene que ver, en pocas palabras, con la *apertura de un nueva grieta* entre esencia y apariencia. Para Badiou, la existencia de un ente significa que dicho ente es idéntico a sí mismo. En *Magia realista*, sin embargo, la existencia de un ente es la existencia de una grieta en el corazón de la identidad.

En el capítulo 3, "Vida mágica", explico la persistencia de los objetos. Dado que el tiempo es una propiedad emergente de los mismos, esta persistencia no es un mero vagabundeo al azar por una calle llamada Avenida Temporalidad. Cada objeto "tiempea", en el sentido de un verbo intransitivo como "camina" o "ríe". El momento presente, que muchos sistemas filosóficos (como el de San Agustín) asumen como más real que el pasado o el futuro, es abordado como una zona engañosa y cambiante de *suspensiones*. Las teorías musical y narrativa son utilizadas para elucidar la presencia, que nunca es tan objetiva y tan evidente como algunos suponen. Asimismo, el hecho del movimiento, y en particular, la inercia (el hecho de seguir existiendo en el sentido de un movimiento continuo), se vuelve algo explicable desde la OOO. La persistencia de las cosas, sostengo, es la *suspensión de la grieta* entre esencia y apariencia que constituye a un objeto.

El capítulo 4, "Muerte mágica", ofrece un relato acerca de cómo un objeto termina. El fin de un objeto es simplemente la clausura de la grieta entre esencia y apariencia, y por lo tanto, la reducción de un objeto a la mera apariencia. Esta dinámica nos presenta un hecho sorprendente y contraintuitivo, a saber, que la apariencia de un objeto es el *pasado* de dicho objeto, mientras que la esencia de un objeto es su *futuro*. Si el término principal para la fenomenología alien del capítulo 3 fue *suspensión*, el término principal del capítulo 4 es *fragilidad*. Ofreceremos una definición OOO de la fragilidad basada en una interpretación del Teorema de la Incompletitud de Gödel, que traza su ascendencia al descubrimiento por parte de Cantor de los conjuntos transfinitos, explorados en el capítulo 2. Badiou supone que el final de un objeto es la terminación de su identidad consigo mismo; pero al aferrarse al PNC, una plaga de paradojas del montón amenazan con ascender a la superficie. Por ejemplo, cuando algo está casi muerto, ¿cuán idéntico es a sí mismo? ¿Dónde trazamos la línea? La idea de que el fin es el cierre de una grieta, un regreso a la consistencia -al menos en cierta región de la realidad- no se ve afectada por estas paradojas, pues no concibe los objetos desde una perspectiva positivista.

Magia realista termina con una breve conclusión sobre lo que hemos logrado. Mi conclusión es que el libro equivale a un retorno a un Aristóteles extraño y no teísta, menos comprometido por las causas finales y por el principio de no contradicción. Este Aristóteles regresa en un momento en que los seres humanos toman conciencia de su impacto ecológico en la Tierra.

Notas

1. Stephen Bates, "Banksy's Gorilla in a Pink Mask" Is Painted Over," *The Guardian* (Julio 15, 2011), http://www.guardian.co.uk/artanddesign/2011/jul/15/banksygo-rilla-mask-painted-over (consultado en Septiembre 16, 2011). Vid. Bobby George, [formerly http://dreamduke.tumblr.com/post/7657062564/bansky].
2. En particular, considérese *The Truth in Painting*, trad. Geoffrey Bennington y Ian McLeod (Chicago y London: University of Chicago Press, 1987).
3. John T. Dugan, *Star Trek*, "Return to Tomorrow," primera transmisión 9 febrero, 1968; Henry Laycock, "Some Questions of Ontology," *The Philosophical Review* 81 (1972), 3–42. Vid. Arda Denkel, *Object and Property* (Cambridge: Cambridge University Press, 2007), 188–194.
4. Martin Heidegger, *Being and Time,* trad. Joan Stambaugh (Albany, N.Y: State University of New York Press, 1996), 66.
5. Heidegger, *Being and Time,* 66.
6. El término *irreducción* ["irreduction" en el original N. del T.] proviene de Bruno Latour: *The Pasteurization of France*, trad. Alan Sheridan y John Law (Cambridge, MA.: Harvard University Press, 1993), 191, 212–238.
7. Graham Harman, *The Quadruple Object* (Ripley: Zero Books, 2011), 7–18.
8. Este no es el lugar para discutir la teoría cuántica, pero he argumentado que los cuantos tampoco autorizan a pensar en un mundo del que no pueda hablar porque solo es real cuando puede medirse. Este mundo es el del Modelo Estándar dominante propuesto por Niels Bohr y puesto a prueba por De Broglie y Bohm (y ahora por el cosmólogo Valentini, entre otros). Vid. Timothy Morton, "Here Comes Everything: The Promise of Object-Oriented Ontology," *Qui Parle* 19.2 (Spring–Summer, 2011), 163–190.
9. John Donne, Holy Sonnets 15, en *The Major Works: Including Songs and Sonnets and Sermons*, ed. John Carey (Oxford: Oxford University Press, 2009).
10. Edward O. Wilson, *Consilience: The Unity of Knowledge* (New York: Knopf, 1998).
11. Harman utiliza la expresión "papa caliente" para describir las manera en que las teorías relacionistas incluyen-excluyen el objeto: *Guerrilla Metaphysics: Phenomenology and the Carpentry of Things* (Chicago: Open Court, 2005), 82.
12. Paul Tillich, *Systematic Theology* 1 (Chicago: University of Chicago Press, 1951), 188.
13. Martin Heidegger, *What Is a Thing?* (Chicago: Henry Regnery, 1967), 19–20.

14. Martin Heidegger, *What Is a Thing?*, 243.

15. Albert Einstein, *Relativity: The Special and the General Theory* (London: Penguin, 2006); Petr Horava, "Quantum Gravity at a Lifshitz Point," arXiv:0901.3775v2 [hep-th].

16. Levi Bryant, *The Democracy of Objects* (Ann Arbor: Open Humanities Press, 2011), 73–77, 152, y en particular 208–227.

17. Immanuel Kant, *Critique of Pure Reason*, trad. Norman Kemp Smith (Boston y New York: Bedford/St. Martin's, 1965), 51.

18. Leo Spitzer, "Milieu and Ambiance," en *Essays in Historical Semantics* (New York: Russell y Russell, 1948; repr. 1968), 179–316.

19. Hago notar de paso que los físicos Stephen Hawking y Basil Hiley, ambos, han aventurado la idea de que no hay Higgs.

20. Ian Bogost piensa los objetos como unidades: *Unit Operations: An Approach to Videogame Criticism* (Cambridge, MA.: MIT Press, 2008).

21. Mark Heller, *The Ontology of Physical Objects: Four-Dimensional Hunks of Matter* (Cambridge: Cambridge University Press, 2008), 1–29.

22. Heller, *Ontology*, 75.

23. Este es el caso para la propia admisión de Heller: *Ontology*, 47–49, 68–109.

24. David Bohm, *The Special Theory of Relativity* (London: Routledge, 2006), 159–174, 175–176.

25. Maurice Merleau-Ponty, *Phenomenology of Perception*, trad. Colin Smith (New York: Routledge, 1996), 67–69.

26. Este es el conjunto de no todos los conjuntos de Lacan. Vid. Bryant, *The Democracy of Objects*, 250, 253, 255–257.

27. Esta es la fase de Spinoza: *Ethics*, ed. y trad. Edwin Curley, intro. Stuart Hampshire (London: Penguin, 1996), 174.

28. Esto es por mucho más complejo que el simple escepticismo empirista, que afirma que el objeto es percibido en diferentes maneras por diferentes sujetos. También es radicalmente diferente del idealismo en el que ser percibido es existir. Realmente hay un objeto allí y mi experiencia no es simplemente "una visión diferente de lo mismo". Mi relación con el objeto constituye un dominio único. Esto complementa la idea budista de que diferentes seres sintientes habitan diferentes tipos de realidad. A diferencia del *esse est percipi* del idealismo, lo que esto significa es que hay objetos reales y que están ocultos. Si un ser infernal se bebe un vaso de agua, le sabrá a plomo fundido. Si un fantasma hambriento se bebe un vaso de agua, le sabe a un vaso de pus. Para los microbios, el agua es su hogar, para los humanos apaga su sed. ¿Cómo puede el agua realizar todo esto? Porque existe.

29. Esto es para ampliar y modificar la idea de que "no hay metalenguaje", en pocas palabras: no hay un sitio privilegiado fuera de la realidad desde el que podamos apreciarla correctamente. La OOO saca ganancia de esta idea posestructuralista mejor de lo que el mismo posestructuralismo hizo. El retorno a la fenomenología permite una omniabarcante "sinceridad" que imposibilita la distancia cínica. Sin embargo, al mismo tiempo, esta particular sinceridad tiene una carga irónica tal como una tormenta de relámpagos va cargada de electricidad. Y elevar las pretensiones de la epistemología a ontología fundamental previene de que cualquier tipo

de pretensión o de distancia intente trepar por los caminos que se abren cuando se afirma que "no hay metalenguaje".

30. Heller, *Ontology*, 84.

31. Harman, *Guerrilla Metaphysics*, 82.

32. Aristotle, *Metaphysics*, trad. e intro. Hugh Lawson-Tancred (London: Penguin, 2004), 88, 89–97, 98–103.

33. Jacques Lacan, *Le séminaire, Livre III: Les psychoses* (Paris: Editions de Seuil, 1981), 48.

34. Heller, *Ontology*, 70–72, 80–81.

35. Heller, *Ontology*, 94–96.

36. David Lewis, "Many, but almost One," en John Bacon, Keith Campbell y Lloyd Reinhardt, eds., *Ontology, Causality and Mind: Essays in Honor of D. M. Armstrong* (Cambridge: Cambridge University Press, 2008), 23–42 (26–28).

37. Arda Denkel, *Object and Property* (Cambridge: Cambridge University Press, 2007), 82–83, 211–212. Peter Geach, "Ontological Relativity and Relative Identity," en Milton K. Munitz, ed., *Logic and Ontology* (New York: New York University Press, 1973), 287–302.

38. Uso la versión de Harman de la noción heideggeriana "como-estructura": *Tool-Being: Heidegger and the Metaphysics of Objects* (Peru, IL: Open Court, 2002), 8–9, 40–49.

39. Lewis, "Many, but almost One," 23.

40. Peter Unger, "The Problem of the Many," *Midwest Studies in Philosophy* 5 (1980), 411–467.

41. Shinji Nishimoto et al., "Reconstructing Visual Experiences from Brain Activity Evoked by Natural Movies," *Current Biology* 21 (2011), 1–6, doi:10.1016/j.cub.2011.08.031.

42. Harman, *The Quadruple Object*, 13–16.

43. Alexander Pope, "Windsor Forest," *The Poems of Alexander Pope: a One-Volume Edition of the Twickenham Text, with Selected Annotations*, ed. J. Butt (London y New York: Routledge, 1989).

44. Vid. Margaret A. Boden, ed., *The Philosophy of Artificial Intelligence* (Oxford y New York: Oxford University Press, 1990).

45. Heidegger, *Being and Time*, 22.

46. Iain Hamilton Grant, "Suprematist Ontogony and the Thought Magnet," Object-Oriented Thinking, Royal Academy of Arts, Julio 1, 2011.

47. José Ortega y Gasset, *Phenomenology and Art*, trad. Philip W. Silver (New York: Norton, 1975), 63–70; Harman, *Guerrilla Metaphysics*, 39, 40, 135–143, 247.

48. W.D. Richter, Dir., *The Adventures of Buckaroo Banzai across the Eighth Dimension* (20th Century Fox, 1984).

49. Jacques Lacan, *Écrits: A Selection*, trad. Alan Sheridan (London: Tavistock, 1977), 311.

50. Danièle Moyal-Sharrock, "Words as Deeds: Wittgenstein's 'Spontaneous Utterances' and the Dissolution of the Explanatory Gap," *Philosophical Psychology* 13.3 (2000), 355–372.

51. Véase, por ejemplo, David Deutsch, *The Fabric of Reality: The Science of Parallel Universes—and Its Implications* (London: Penguin, 1998).

52. Phil Dowe, *Physical Causation* (New York: Cambridge University Press, 2000), 14–29.

53. Judea Pearl, *Causality: Models, Reasoning, and Inference* (Cambridge: Cambridge University Press, 2010), 78–85.

54. Al-Kindi, "The One True and Complete Agent and the Incomplete 'Metaphorical' Agent," en *Classical Arabic Philosophy: An Anthology of Sources*, trad. e intro. Jon McGinnis y David C. Reisman (Indianapolis: Hackett, 2007), 22–23.

55. Phil Dowe, *Physical Causation*, 123–145.

56. Esta conección entre escalas de tiempo que difieren se hace aparente en el filme de Werner Herzog *La cueva de los sueños olvidados* (IFC, Sundance, 2010), un documental sobre las pinturas de la cueva de Chauvet que datan de 30,000 años a. de C.

57. David Bohm, *Quantum Theory* (New York: Dover, 1989), iii–v, 167; *The Special Theory of Relativity* (London: Routledge, 2006), 217–218.

58. Las fuerzas de Casimir juntan engranes a escala nano: Anon., "Focus: The Force of Empty Space," *Phys. Rev. Focus* 2, 28 (December 3, 1998), DOI: 10.1103 / PhysRevFocus.2.28, disponible en: http://physics.aps.org/story/v2/st28, consultado en Junio 27, 2012.

59. Al-Ghazali, *The Incoherence of the Philosophers* trad. Sabid Ahmad Kamali (Lahore: Pakistan Philosophical Congress, 1963). Véase también Harman, *Guerrilla Metaphysics*, 92–93.

60. Nagarjuna, *The Fundamental Wisdom of the Middle Way*, trad. y commentario de Jay L. Garfield (Oxford: Oxford University Press, 1995), 28–30.

61. Eleanor Rosch, "Is Causality Circular? Event Structure in Folk Psychology, Cognitive Science and Buddhist Logic," *Journal of Consciousness Studies* 1.1 (Summer 1994), 50–65.

62. Lacan, *Le séminaire*, 48.

63. Moses Maimonides, *Guide for the Perplexed*, http://www.sacred-texts.com/jud/gfp/gfp008.htm, consultado en Agosto 18, 2012.

64. Timothy Morton, *The Ecological Thought* (Cambridge, MA.: Harvard University Press, 2010), 14–15, 17–19, 38–50.

65. Harman, *Guerrilla Metaphysics*, 33–44, 77, 81–84, 84–87.

66. Allan Kaprow, "Education of the Un-Artist 1," "Education of the Un-Artist 2," en *Essays on the Blurring of Art and Life*, ed. Jeff Kelley (Berkeley: University of California Press, 2003) 97–109, 110–126; Theodor Adorno, *Aesthetic Theory*, trad. y ed. Robert Hullot-Kentor (Minneapolis: University of Minnesota Press,1997), 103–105.

67. Jacques Lacan, *Écrits: A Selection*, trad. Alan Sheridan (London: Tavistock, 1977),311.

68. Heidegger, *Being and Time,* 25; 23–34 son pertinentes a este respecto.

69. Gregory Petsko, "Save University Arts from the Bean Counters," *Nature* 468.1003 (publicación en Internet, 22 diciembre, 2010), doi: 10.1038/4681003a.

70. Véase, por ejemplo: Martha Nussbaum, *Not for Profit: Why Democracy Needs the Humanities* (Princeton: Princeton University Press, 2012).

71. Esto afecta al realismo especulativo mismo. Por ejemplo, la visión negativa de la retórica de Quentin Meillassoux es un producto directo del dominio científico. Un relacionismo materialista por defecto reina supremo. Vid. Graham Harman, *Prince of Networks: Bruno Latour and Metaphysics* (Melbourne: Re.Press, 2009), 175.

72. Heidegger, *Being and Time*, 89.

73. Heidegger, *Being and Time*, 89.

74. Heidegger, *Being and Time*, 92.

75. Vid. Don Abbott, "Kant, Theremin, and the Morality of Rhetoric," *Philosophy and Rhetoric* 40.3 (2007) 274–92.

76. Harman, *Prince of Networks*, 163–85.

77. Edward Casey, *The Fate of Place: A Philosophical History* (Berkeley: University of California Press, 1997), 106–116.

78. Terry Eagleton, *The Ideology of the Aesthetic* (Oxford: Basil Blackwell, 1990), 1–30.

79. Yuri Aharanov y David Bohm, "Significance of Electromagnetic Potentials in the Quantum Theory," *Phys. Rev.* 115.3 (August 1, 1959), 485–491.

80. Maria Isabel Franco et al., "Molecular Vibration-Sensing Component in Drosophila Melanogaster Olfaction," *Proceedings of the National Academy of Sciences* 108.9 (2011), 3797–3802, DOI 10.1073/pnas.1012293108.

81. Rupert Sheldrake, *Morphic Resonance: The Nature of Formative Causation* (Rochester, VT: Park Street Press, 2009).

82. Al-Kindi, "The One True and Complete Agent and the Incomplete 'Metaphorical' Agent," en *Classical Arabic Philosophy: An Anthology of Sources*, trad. e intro. Jon McGinnis y David C. Reisman (Indianapolis: Hackett, 2007), 22–23.

83. Quintilian, *Institutio Oratoria* 11.3. La cuarta parte de la edición de la Loeb Classical Library no está disponible en edición en papel, pero una versión en línea puede consultarse en: http://penelope.uchicago.edu/Thayer/E/Roman/Texts/Quintilian/Institutio_Oratoria/11C*.html - 3, consultado en Agosto 15, 2012.

84. Quintilian, *Institutio Oratoria* 11.3.

85. Quintilian, *Institutio Oratoria* 11.3.

86. Harman, *Guerrilla Metaphysics,* 142–44, 172–82.

87. Harman, *Guerrilla Metaphysics*, 162.

88. Richard Lanham, *A Handlist of Rhetorical Terms: A Guide for Students of English Literature* (Berkeley, Los Angeles y London: University of California Press, 1969).

89. Timothy Morton, "Introduction," *The Cambridge Companion to Shelley* (Cambridge: Cambridge University Press, 2006), 1–13.

90. Joan Stambaugh, *The Finitude of Being* (Albany: SUNY University Press, 1992), 7–11, 59–70.

91. Xavier Zubiri, *On Essence*, trad. A.R. Caponigri (Washington DC: Catholic University Press, 1980), 46–47. Véase también Harman, *Tool-Being,* 243–268.

92. Alphonso Lingis, *The Imperative* (Bloomington: Indiana University Press, 1998), 135.

93. Harman, *Guerrilla Metaphysics,* 102–6, 119–21; 161.

94. Charlton T. Lewis y Charles Short, *Latin Dictionary* (Oxford: Clarendon Press, 1879), *actio, pronuntiatio.*

95. Henry George Liddell y Robert Scott, *A Greek-English Lexicon: Revised and Augmented throughout by Sir Henry Stuart Jones with the Assistance of Roderick McKenzie* (Oxford. Clarendon Press, 1940), *ὑπόκρισις.*

96. Harman, *Guerrilla Metaphysics*, 164–70, 171.

97. Harman, *Guerrilla Metaphysics*, 172.

98. Lewis y Short, *Latin Dictionary, suadeo.*

99. Ralph Waldo Emerson, "Experience," en *The Essential Writings of Ralph Waldo Emerson,* ed. Brooks Atkinson, intro. Mary Oliver (New York: Modern Library, 2000) 307–326 (309).

100. En Harman, *Tool-Being*, 19, 24, 28, 35–36.

101. Estas son citas originales de John Gage y John McCoubrey. Vid. Brandon Cooke, "Art-Critical Contradictions," paper expuesto en la American Society of Aesthetics, San Francisco, Octubre 2003.

102. Stanley Fish, *Is There A Text in This Class?* (Cambridge, MA.: Harvard University Press, 1980), 147–174.

103. Para una discusión mordaz, véase Brandon Cooke, "Art-Critical Contradictions."

104. Adapto para mis propios propósitos una famosa línea de Harold Bloom's: "el significado de un poema sólo puede ser un poema, pero otro poema - un poema que no sea él mismo" [the meaning of a poem can only be a poem, but another poem—a poem not itself."] *The Anxiety of Influence: A Theory of Poetry* (Oxford: Oxford University Press, 1997), 70.

105. Percy Shelley, *A Defence of Poetry*, in *Shelley's Poetry and Prose,* ed. Donald H. Reiman y Neil Fraistat (New York y London: W.W. Norton, 2002), 509–535 (535).

106. Martin Heidegger, "The Origin of the Work of Art," en *Poetry, Language, Thought,* trad. Albert Hofstadter (New York: Harper & Row, 1971), 15–86 (26).

107. Sigmund Freud, *Interpreting Dreams,* trad. J.A. Underwood, intro. John Forrester (London: Penguin, 2006), 148–149.

108. Immanuel Kant, *Critique of Judgment: Including the First Introduction,* trad. Werner Pluhar (Indianapolis: Hackett, 1987), 113–117.

109. Argumento esto, a diferencia de Meillassoux, quien se deshace del principio de razón suficiente para mantener el principio de no contradicción: *After Finitude: An Essay on the Necessity of Contingency*, trad. Ray Brassier (New York: Continuum, 2009), 34, 40–42, 48–52, 60, 132.

110. Harman, *Prince of Networks*, 21.

111. Ralph Waldo Emerson, "Experience," *Essential Writings,* ed. Brooks Atkinson y Mary Oliver (Modern Library, 2000), 307–326, 318.

112. Anton Zeilinger, *Dance of the Photons: From Einstein to Quantum Teleportation* (New York: Farrar, Straus y Giroux, 2010), 45–55.

113. Bohm, *Quantum Theory*, 99–115.

114. Dowe, *Physical Causation*, 104–107.

115. Dowe, *Physical Causation*, 64–90.

116. Dowe, *Physical Causation*, 75.

117. Dowe, *Physical Causation*, 75–79.

118. Dowe, *Physical Causation*, 77.

119. Graham Priest, *In Contradiction: A Study of the Transconsistent* (Oxford: Oxford University Press, 2006), 5–6, 42.

120. Dowe, *Physical Causation,* 54, 63.

121. Richard Linklater, Dir., *A Scanner Darkly* (Warner Independent Pictures, 2006).

122. Esta es la postura de Steven Shaviro: "Kant and Hegel, Yet Again," http://www.shaviro.com/Blog/?p=991, consultado en Agosto 18, 2012.

123. Aaron O'Connell, "Making Sense of a Visible Quantum Object," TED Talk, March 2011, http://www.ted.com/talks/aaron_o_connell making_sense_of_a_visible_quantum_object.html, consultado en Junio 27, 2012.

124. Vid. Harman, *Guerrilla Metaphysics,* 101–124. Para una discusión de qué tanto la metáfora poética es evidencia arqueológica en este sentido.

125. Aristotle, *Poetics*, en *Aristotle, Horace and Longinus, Classical Literary Criticism,* trad. T.S. Dorsch (Harmondsworth: Penguin, 1984). 41.

126. Jane Bennett, *Vibrant Matter: A Political Ecology of Things* (Durham: Duke University Press, 2004), 119–120; Timothy Morton, *The Ecological Thought* (Cambridge, MA.: Harvard University Press, 2010), 8, 110, 115.

127. Timothy Morton, "Some Notes towards a Philosophy of Non-Life," *Thinking Nature* 1 (2011).

Capítulo 2

Nacimiento mágico

¿Quién está ahí?

– Shakespeare, *Hamlet*

¡Croack, croack, croack! Las ranas croaban en el estanque cerca de mi casa. Debe haber habido decenas de miles de ellas. Los humanos escuchan el croar y lo traducen utilizando la palabra *croar*. Aristófanes lo tradujo con la sofisticación rítmica del brekekekex, ko-ax ko-ax[1]. Croar o ko-ax, no es una mala traducción (para ser precisos, se trata de una onomatopeya). Las ranas no hacen *boing* o *clunk*. Ellas croan. De algún modo, estos sonidos no humanos alcanzan el lenguaje humano, alterados, pero razonablemente intactos. Una nueva traducción ha sucedido. Una nueva grieta se ha abierto entre apariencia y esencia. Un objeto ha nacido.

El mundo del croar llenó el aire de la noche. Flotando alrededor de una cabeza humana, un par de oídos oyeron el vago sonido que viaja por encima del estanque hacia los suburbios oscuros de la ciudad. Un proceso discursivo del pensamiento subdividió el muro de sonido, visualizando miles de ranas. Una imagen más o menos vívida y concisa de una rana brilló en la imaginación. La suave oscuridad invitó a los sentidos a sondear la cálida noche, de manera expectante y en profundidad. Con la brisa vino el muro de sonido, intransigente, trinando como arvejas congeladas que traquetean en el interior de una botella de leche vacía, su sonido multiplicado decenas de miles de veces.

Mientras el autor escribía la oración anterior, un gusto caprichoso por la metáfora disfrutaba unir el sonido de las ranas con el sonido de vegetales congelados. (¿No es fácil ser ecologista?).

El aire fue forzado dentro de un saco elástico en la garganta de una rana. Los pulmones empujaron hasta que el saco se infló, y cuando el aire fue expulsado comenzó a croar. Así, el aire fue modulado por tejidos de ranas, sampleado brevemente y vuelto a empaquetar, volviendo a la atmósfera ambiente como un grave tono áspero con armónicos agudos. El sonido se hizo con miríadas de ondas que se entrecruzan en el aire. El fétido olor del pantano húmedo en los bordes del estanque flotaba indiferente al coro de las ranas, alcanzando la nariz de una niña, quien dijo recordar el aroma del mar. El aire transportó el sonido y el olor, con un suave toque en la piel.

Una única onda de sonido de cierta amplitud y frecuencia se montó a las moléculas del aire en la boca de la rana. La onda era inaudible para un mosquito que volaba cerca de la rana, y la percibió, en cambio, como una fluctuación en el aire. La onda llevaba información sobre el tamaño y la elasticidad de la boca de la rana, el tamaño de sus pulmones, su juventud y su vigor. La onda se extendió como un murmullo, volviéndose más y más débil a medida que transmitía su mensaje más y más allá del aire circundante. Diez mil pies por encima del estanque, los pasajeros de un avión no oyeron la onda de sonido, aunque el leve destello de las luces de aterrizaje del avión se hizo visible como un breve guiño de color, reflejado en la superficie del agua. Alcanzando los oídos de una rana hembra cercana, sin embargo, la onda de sonido pronto se tradujo en hormonas que le advirtieron que una rana macho estaba cerca. El muro del croar hizo que el césped cercano al pavimento que rodeaba el estanque vibrara levemente.

Unos dedos encendieron una grabadora de MP3 fuera de la casa suburbana. El frente de ondas entró en el micrófono junto con innumerables parientes sónicos. Un *software* tomó 44.000 impresiones diminutas del sonido por segundo y lo almacenó en la memoria del dispositivo.

A medida que avanzaba el frente, la forma de la onda se mantuvo bastante constante, mientras que, molécula tras molécula, la tradujo a su propia vibración. El frente de ondas en expansión chocó contra el borde más externo de una tela de araña, haciendo que la araña detecte a sus pies la posible presencia de su próxima comida. Como una cuerda de violín punteada, un hilo de la tela se movió ligeramente hacia atrás y adelante[2]. Hubo minúsculas diferencias momentáneas de presión a cada lado del hilo. Una pequeña gota de rocío cayó del hilo en vibración, estrellándose contra la superficie de una piedra más abajo, liberando millones de microbios en el medio circundante. Un rato más tarde, el autor de un libro llamado Magia Realista recordó el sonido de las ranas en el estanque y se preguntó qué más podría haber estado sucediendo con y en torno al mismo.

Cosas reales y actuales están aconteciendo en múltiples niveles e involucran a múltiples agentes mientras el frente de ondas provenientes de la única onda de sonido de la boca de la rana cruza el estanque hasta mis oídos. La ola se imprime en el aire, en la tela de araña, en el oído humano. Cada bloque de moléculas en el aire traduce la onda y la pasa al siguiente bloque: *traducir* significa "trasladar"; es el mismo significado que *metáfora*. Así pues, espero que esté empezando a quedar claro cómo la causalidad y la "información" estética están profundamente entremezcladas unas con otras.

Cada objeto es un maravilloso registro arqueológico de todo lo que alguna vez le sucedió. Esto no quiere decir que el objeto sea simplemente todo lo que alguna vez le pasó, una superficie inscribible; un disco duro o una hoja de papel *no son* exactamente la información que registran, pues como sostiene la "OOO", se retiran. Es precisamente por este motivo que podemos tener registros, MP3, discos duros, anillos de árboles y el universo, que es el objeto más grande que conocemos. La evidencia de este se halla por todas partes: el uno por ciento del ruido blanco de la televisión está constituido por la radiación cósmica de fondo que quedó del "Big-Bang". Cuanto más extendida es la evidencia de una cosa con la forma de otros seres, mayor es su poder y más profundo su pasado. Por lo tanto, cuanto más básico sea un rasgo del carácter de una persona, más recóndito será el pasado del que proviene. Cinco proteínas encontradas en todas las formas de vida son la evidencia del "último antepasado común universal", que por sus siglas en inglés se llama LUCA, quien se cree fue una criatura oceánica gigantesca con células muy porosas. Estas proteínas ahora se fabrican de manera diferente a lo que ocurría con LUCA, pero en cierto modo es como si nuestros cuerpos -y los cuerpos de geckos y bacterias- continuaran reproduciéndolas de todas maneras, como líneas de la Biblia tejidas accidentalmente en el discurso cotidiano de un ateo del siglo XXI.

Asimismo, Heidegger pensó que la filosofía había olvidado profundamente al ser en el pasado, y que la evidencia de su olvido estaba por todas partes y en ningún lugar.

Si tan solo pudiéramos interpretar cada rastro correctamente, tal vez comprenderíamos que el más leve pedazo de telaraña es un registro de los objetos que alguna vez chocaron contra él: de la onda de sonido a la pata de la araña, a la desventurada mosca doméstica y a la gota de rocío. Se trata de un registro de cinta hecha de telaraña. Así pues, Jakob von Uexküll se refiere a las *marcas* (*Merkmalträger*) de la mosca en el mundo de la araña[3]. Aunque los dos mundos nunca se cruzan -la araña no puede conocer a la mosca en cuanto mosca, y viceversa-, hay marcas y rastros en abundancia. Giorgio Agamben, interpretando la idea de Uexküll, escribe sobre un bosque:

> No existe un bosque como ambiente objetivamente fijo: existe un bosque-para-el-guarda-parque, un bosque-para-el-cazador, un bosque-para-el-botánico, un bosque-para-caminante, un bosque-para-el-amante-de-la-naturaleza, un bosque-para-el-carpintero, y finalmente un bosque de fábulas en el que Caperucita Roja se pierde.[4]

La OOO agrega: “sí, pero no olvidemos el bosque-para-la-araña, el bosque-para-la-tela-de-araña, el bosque-para-el-árbol, y por último, pero no por ello menos importante, el *bosque-para-el-bosque*”. Aunque fuese capaz existir por sí mismo, un bosque sería un excelente ejemplo de cómo *la existencia es apenas coexistencia*. Afirmar que la existencia es coexistencia no quiere decir que las cosas se reduzcan a sus relaciones. En todo caso, quiere decir que debido al retiro [*withdrawal*], un objeto nunca se agota en sus apariencias. Esto significa que siempre queda algo detrás, por así decirlo, un exceso que podría experimentarse como una distorsión, brecha o vacío. Los objetos son en sí mismos “un pequeño mundo hecho astutamente”[5], como escribe John Donne. Esto se debe a la grieta: el ser de las cosas se ve vaciado por dentro. Y es esta grieta lo que impulsa su nacimiento.

La causalidad como muestreo

Regresemos al frente de ondas del croar de la rana. Parece como si cada ente hiciera un muestreo del frente de diferentes maneras. Hay un frente de onda que es registrado por el mosquito como cambio en la presión, por ejemplo. La vibración del hilo de la tela de araña le anuncia a esta la presencia de una posible comida en la red. Sin embargo, un solo ente -el frente de onda- es lo que está siendo traducido a cada momento. Es como una canción pop. Puedes obtenerla en CD, vinilo, cassette, MP3, en *remix dance* de doce pulgadas, en AIF, en WAV o escucharla a todo volumen en una radio de transistores baratos que zumba con interferencias. En cada caso, tenemos una muestra, una huella de la canción. La canción tiene una forma determinada. El vinilo tiene una forma determinada. Herramientas especiales marcan el vinilo con forma de la canción. Un láser corta pequeños agujeros en la superficie de plástico de un CD, y traduce la canción en una serie de agujeros y no agujeros.

Analicemos la grabación de las ranas croando en un MP3. Es una traducción del sonido, al igual que la palabra "croar" o la elaborada fórmula de Aristófanes: brekekekex, ko-ax ko-ax. Primero, seleccionamos dos segundos del croar. Una computadora traduce el sonido en la imagen visual de una onda. Una aplicación especial de *software* introduce ceros en la onda para que cada pequeña porción se haga visible entre secuencias cada vez más espaciadas. Una pequeña parte de la onda con dos segundos del croar de la rana constituye una secuencia de "clics". Si aceleramos los "clics", tenemos un croar. En una escala muy pequeña, la onda es una serie de ritmos, como los latidos de un tambor. Estos latidos ocurren cuando un sonido interrumpe a otro. Imaginemos una línea. Ahora introduzcamos un espacio en la línea: interrumpámosla y tendremos dos líneas. El espacio entre ellos es un latido. En los programas de composición musical, una muestra puede dividirse de acuerdo con el ritmo de otra, dando lugar a un efecto comúnmente conocido como "puerta" [*gating*]. Una voz, por ejemplo, puede dividirse en el golpeteo disperso de los platillos o en el redoble intenso de tambores, de modo tal que un suave "ah" puede convertirse en un "a-a-a-a-ah".

Imaginemos una línea recta. Dividámosla en tres y eliminemos el tercio medio. Ahora tenemos un ritmo, el espacio entre líneas, y dos tiempos que son las líneas. Luego, cortemos los tercios intermedios de esas dos líneas. Tenemos más ritmos. Y más pulsos como líneas. Eventualmente, llegamos al *polvo de Cantor*. El mismo lleva el nombre de Georg Cantor, el matemático que descubrió los conjuntos transfinitos: conjuntos infinitos de números que parecían ser mucho más grandes (infinitamente más grandes) que otros conjuntos de números infinitos. El polvo de Cantor es extraño, porque tiene una infinidad de pulsos y una infinidad de no pulsos. Infinidad de pulsos e infinidad de pulsos-como-líneas: $p \wedge \neg p$. Este hecho paradójico es el tipo de descubrimiento que las reinterpretaciones contemporáneas de Cantor se han esforzado por eliminar, en particular, la teoría de Zermelo-Fraenkel, preferida de Alain Badiou[6]. Ya hemos visto esta fórmula en nuestra primera incursión en el mundo de los objetos inconsistentes. No debe sorprender que nos encontremos nuevamente con esto. ¿Por qué?

La amalgama de pulsos y no-pulsos también sucede en una escala física menor. Cada onda se rompe y es rota por otras. Ondas simples de sonido se descomponen en, y son descompuestas por, otras ondas. El sonido corta el silencio. Hemos llegado a un lugar muy extraño. Para que surja el croar de una rana, algo debe estar allí, ¡pero existiendo como una falta! Por ejemplo, el flujo continuo de respiración dentro de la boca de una rana debe ser interrumpido de algún modo para poder producir un latido. Siempre debe haber al menos un sonido o un no-sonido extra que el pulso pueda cortar[7]. Para quien tenga inclinaciones matemáticas, esto es una reminiscencia de la asombrosa prueba diagonal de Cantor en los conjuntos transfinitos, es decir, "infinidades" más grandes que el infinito de un todo de números regulares, o de números racionales (números enteros más fracciones). Supongamos que observamos cada número entre cero y uno. Cantor imagina una cuadrícula en la que se puede leer cada número entre cero y uno en la serie horizontal y vertical. Sin embargo, cada vez que hacemos esto, aparece un número en la línea diagonal que atraviesa la cuadrícula a cuarenta y cinco grados, un número no incluido en el conjunto de números racionales. ¡Lo sorprendente es que algo siempre queda afuera de la serie![8]

Podríamos argumentar que Cantor descubrió algo sobre los entes en general o, como los llamamos aquí, *los objetos*. Descubrió que objetos como los conjuntos contienen profundidades infinitas e infinitesimales, bordes oscuros que retroceden cada vez que intentamos tomar una muestra de ellos. El conjunto de números reales contiene el conjunto de números racionales pero es infinitamente más grande, ya que contiene números como Pi y la raíz cuadrada de 2. No parece haber un continuo parejo entre tales conjuntos. Entonces, el conjunto de números reales contiene un conjunto que no es del todo un miembro de sí mismo: el conjunto de números racionales se sitúa extrañamente dentro del conjunto de números reales, y es esta paradoja lo que enfureció a lógicos como Russell. Su "solución" fue decretar que este tipo de conjuntos no es un conjunto, lo que significa perder de vista el tema de la discusión.

Volviendo a nuestra rana que croa, no importa cuántas veces tomemos muestras de su voz, grabándola con un reproductor de MP3, escuchándola con patas de araña, disfrutándola como un miembro indistinto de un coro potente de mil ranas, nunca lograremos agotarla. Pero eso no es todo. El croar mismo contiene inagotables traducciones y muestras de otros entes como la tráquea de la rana y sus hormonas sexuales. El croar mismo no es idéntico a sí mismo. Y ninguna muestra del croar es idéntica a sí misma. No hay un todo del que estas partes sean la suma, ni un todo que sea más grande que su suma. Simplemente no puede haberlo. Algo siempre se escapa, algo siempre debe quedar fuera para que pueda ocurrir un pulso. Pulso significa "objeto retirado".

¿Qué sucede cuando tomamos la unidad más pequeña de un pulso que podamos encontrar? Es lo que los físicos llaman un *fonón*. Un fonón es un cuanto de vibración, del mismo modo que un fotón es un cuanto de luz. Cuando pasamos un fonón a través de un material lo suficientemente sensible para registrar su presencia, como un pequeño diapasón de metal apenas visible para el ojo humano, podremos ver que la horquilla del diapasón vibra y no vibra *a la vez*[9]. Recordemos que Aaron O' Connell, quien diseñó el experimento, describe este estado de una manera encantadora con el término "respiración". Esta respiración es visible para los seres humanos. O' Connell emplea la analogía de alguien que está solo en un ascensor: la persona es susceptible de hacer todo tipo de cosas que no haría en público por sentirse inhibida[10]

Para alcanzar esta magia, debemos pasar el fotón a través de un cúbit. Un cúbit, a diferencia de un interruptor clásico, puede estar "encendido", "apagado", o "encendido" y "apagado" al mismo tiempo. Cuando preservamos el frágil ser del fotón pasándolo a través del cúbit hacia una red cristalina (metal) a poco más de cero grados Kelvin (cero absoluto), descubrimos que esto no causa nada y causa algo al mismo tiempo. Es como si el pulso y el no-pulso sucediesen en forma simultánea. Una capa extra de misterio surge ante nuestros ojos; este experimento puede ser visto por los ojos humanos sin ayuda protésica, lo que lo hace más misterioso aún, dados los prejuicios habituales respecto de la escala en que los fenómenos cuánticos deberían ocurrir.

La unidad de vibración no ocurre "en" el espacio o "en" el tiempo, si por ello nos referimos a un tipo de contenedor rígido que es externo a las cosas. Parece como que el tiempo y el espacio mismos están involucrados en la producción de estas diferencias, de estos pulsos, y en todas partes[11]. Pero, debido a la regularidad de nuestros dispositivos para medir el tiempo, los seres humanos, irónicamente, esperamos que las cosas se comporten de manera mecánica, incluso cuando la física nos dice que esto no puede ser así, al menos en un sentido básico. La puerta de un *sampler* se abre y se cierra a cuarenta milésimas de segundo. Registra, inscribe, un cierto fragmento del croar. Un cristal de cuarzo en el reloj digital de una grabadora MP3 vibra. Nos dice que el croar de la rana fue registrado en tal o cual momento. Nos dice la hora en clave de cuarzo, del mismo modo en que los engranajes de metal y los resortes en un viejo reloj cucú dan la hora en clave de engranajes y resortes. "Dar la hora" es una frase que revela mucho más de lo que nos revela. Decir es hablar y por lo tanto traducir vibraciones de cuarzo electrónicas al lenguaje humano, por ejemplo. Decir también es contar o pulsar el tiempo. Los "clics" periódicos de la rana indican latidos mesurados.

En este sentido, la realidad es un gigantesco estanque en el que billones de entes como las ranas croan a diferentes velocidades, una frente a otra, a través de la otra, modulándose y traduciéndose mutuamente.

Al subir uno o dos niveles más, nuestro pequeño estanque nocturno -con su coro, sus lengüetazos y sus hierbas suaves- puede ser observado por un satélite espía en órbita geoestacionaria. Un fotón atemporal rebota en el ojo de la rana para luego regresar al espacio, donde es captado por el dispositivo de muestreo del satélite. En este nivel, la información se dispersa a la velocidad de la luz a través del universo, formando un cono gigantesco que Hermann Minkowski bautizó como "cono de luz". Si alguna nave alienígena equipada con sofisticados telescopios fuese capaz de recibir los fotones provenientes del ojo de la rana, los extraterrestres podrían averiguar en qué momento exacto los fotones rebotaron en el globo ocular, y dónde se ubicaba su nave en relación con la rana. Pero si la nave alienígena pasara por fuera del cono de luz que emana de la rana que croa, no tendría ningún sentido para ellos preguntarse si la rana estaba croando en su pasado, en su presente o en su futuro. Sencillamente no habría forma de averiguarlo. Así pues, en este nivel macro el universo parece comportarse como si los objetos en él se encontraran misteriosamente retirados: los eventos comienzan a perder su contrastabilidad con otros eventos, y no podemos asegurar cuándo o dónde suceden (a menos que estemos dentro de un cierto rango definido por el cono de luz). Si Einstein tiene razón, quiere decir que esta dinámica también afecta a la rana misma. Si instalamos un pequeño reloj en la lengua de la rana, nos dará un tiempo diferente al del pequeño reloj que colocamos en el ala de un mosquito que vuela por ahí.

La teoría cuántica y la teoría de la relatividad ponen todo tipo de límites a la idea del estanque como una intrincada maquinaria. Las máquinas necesitan piezas rígidas que funcionen sin inconvenientes en un contenedor neutro de espacio-tiempo. Los materialistas que creen en el universo infinito y en el espacio como contenedor vacío, adaptaron lo que irónicamente fue un componente neopitagórico asociado al misticismo de San Agustín y otros teólogos, quienes fueron los primeros en abogar por el espacio infinito (argumento que fue impuesto por el propio Papa)[12]. En la actualidad, la teoría del "Big-Bang" se encuentra bien establecida, aunque la mayoría de los físicos posnewtonianos suponían que el universo debía ser eterno. Sin embargo, varios cientos de años antes de esto, un árabe aristotélico que no estaba sujeto a los edictos papales comprendió de qué se trataba el asunto. El metafísico especulativo al-Kindi se sirvió un poco de Aristóteles y otro poco de algunos razonamientos precisos para argumentar que el universo no podía ser infinito o eterno. Poniendo a Aristóteles en contra de Aristóteles llegó a la conclusión de que, como una cosa física no puede ser infinitamente grande, y dado que el tiempo es un aspecto del universo físico, el universo no podía de ningún modo ser eterno[13]. (Recordemos que el propio Aristóteles creía que, como el movimiento de los cielos era perfecto, el universo debía ser eterno.) Pero si el universo fuese eterno, habría necesitado una infinitud de días para alcanzar su estado actual. Por lo tanto, el universo no puede ser eterno.

La física del último siglo nos ha hecho ver que resulta muy poco probable que nuestro estanque sea una maquinaria en cualquier sentido del término menos el imaginativo. Tal vez el croar de cincuenta mil ranas nos recuerde a una tienda comercial llena de juguetes a cuerda todos funcionando mal en un mismo instante. Hay una periodicidad, un ciclo regular que da una semblanza de mecanicidad. A la biología, en particular, le gusta usar la metáfora de la máquina para imaginar cómo algunas formas de vida pueden hacer cosas como croar. Pero, desde el punto de vista de la física fundamental, esta maquinaria es apenas una metáfora razonablemente aceptable.

No obstante, durante mucho tiempo, al menos desde el siglo XVII, los humanos se han acostumbrado a pensar que la causalidad tiene algo de mecánico, como si se tratase de engranajes rotando o de las pequeñas bolas en el juguete del ejecutivo de ventas que golpean una contra otra. Sin embargo, cuando examinamos engranajes y bolas, lo que descubrimos es algo mucho más curioso. Por ejemplo, si fabricamos pequeñas ruedas dentadas a escala nano y las ensamblamos todas juntas descubriremos que no giran, pues se habrán convertido en una sola pieza. Las fuerzas de Casimir las unen, pero estrictamente hablando, las ruedas no se tocan. Cuando una pequeña bola diminuta golpea contra una estructura cristalina, podría rebotar, ingresar o hacer ambas cosas a la vez.

Como observamos en la introducción, cuando pensamos en la causalidad, pensamos en una especie de "clic". Pensemos ahora en las hormonas del sistema endocrino de la rana. Como en todo sistema químico, puede que lo que está pasando no sea obvio; no obstante, un catalizador bien puede ocasionar una reacción. Tal vez no sea de buen gusto concebir la estimulación sexual de la rana en términos de una bola golpeándose con otra (perdón por la incomodidad de esta frase con doble sentido); tal vez sería mejor pensar en una transferencia de información, y concebir la causalidad como un proceso *estético*.

Ya hemos visto de qué manera los eventos inician gracias a la intervención de algún tipo de fenómeno estético. No se trata tan solo de una idea pintoresca. De hecho, es probable que sea mucho menos pintoresca que la imagen de una causalidad tipo "clic". ¿Cómo es que unas ruedas dentadas a escala nano pueden unirse gracias a la fuerza de Casimir? ¿Cómo es que un pequeño diapasón puede vibrar y no vibrar al mismo tiempo? ¿Cómo es que "pasado" y "futuro" son insignificantes fuera del cono de luz? ¿Acaso todos estos fenómenos no sugieren de manera convincente la posibilidad de que cuando buscamos la causalidad, como cuando abrimos el capó de un automóvil para inspeccionar la maquinaria, de hecho estemos buscando en el lugar equivocado? La magia de la causalidad, en otras palabras, podría ser mágica en el sentido de que sucede justo ante nuestros ojos, en la dimensión estética. Como se dijo anteriormente, el mejor lugar para robarse algo es justo delante de las cámaras de seguridad. Nadie podrá creer lo que está sucediendo. Lo que debemos explicar, por lo tanto, no es la mecánica ciega bajo el capó, sino el hecho de que las cosas sucedan del todo, aquí mismo.

¿Podría la idea de una maquinaria causal subyacente a los objetos ser una reacción defensiva ante el hecho de que la causalidad es un misterio que ocurre justo bajo nuestras narices, algo inexplicable si no recurrimos a la estética y no revisamos seriamente un montón de presupuestos sobre el mundo del siglo XVII a esta parte? El gradual auto-confinamiento de la filosofía a una isla cada vez más pequeña de sentido humano solo sirvió para confirmar estas suposiciones. En paralelo a este triste curso de acontecimientos, las artes y la dimensión estética de la vida son vistas cada vez más como una suerte de glaseado agradable, aunque a la vez básicamente inútil, que decora la superficie de la máquina. Trataré de defender la posición opuesta. La maquinaria es una fantasía humana, y la dimensión estética es la sangre misma de la causalidad. Un efecto siempre es un efecto estético; es decir, un tipo de evento perceptivo para algún ente, no importa si dicho ente tiene piel, nervios o cerebro. ¿Cómo es posible sugerir algo tan extravagante?

Una forma de empezar a reflexionar sobre por qué puede ser convincente, e incluso razonable, pensar de esta manera, es examinar si hay algo del todo diferente en mi percepción comparada con la percepción de una rana, de una araña o incluso la de una tela de araña. En vez de seguir la ruta que sostiene que los bloques de concreto poseen mente, procedamos mejor de otro modo: imaginemos que ser conscientes de algo es como ser un bloque de concreto. Aquí podemos refugiarnos en los desarrollos más estrictos de la teoría evolutiva. Si creemos que la percepción es una suerte de reconocimiento especial por el hecho de ser muy evolucionados, entonces no estamos siendo buenos darwinistas. Esa sería una noción teleológica, pero si Darwin contribuyó en algo fue clavando una lanza de hierro gigante y de manera un tanto imprudente en el corazón de la teleología. La rana que croa en el estanque es tan evolucionada como yo. Y hasta es posible que tenga más genes. De hecho, las moscas de la fruta poseen más genes que los humanos, y la mutación genética es aleatoria respecto de la necesidad presente. Los cerebros son miles de obstáculos superados a lo largo de millones de años de historia evolutiva. Quizás el punto sea que el cerebro estiliza el mundo de acuerdo con sus formas cerebrales; pero esto no es muy distinto de cómo un bloque de concreto estiliza el mundo en clave de hormigón. ¿Por qué?

Cuando escucho el croar, mis oídos esculpen la esencia de esos sonidos de manera antropomórfica. Cuando el grabador de MP3 toma una muestra del mismo sonido a cuarenta mil veces por segundo, modifica el croar de la rana tanto como yo lo antropomorfizo. El croar solo es escuchado como mis oídos pueden escucharlo, o como la grabadora puede registrarlo. Escuchar siempre es escuchar de manera sesgada. Es lo que Harman –siguiendo a Heidegger- llama estructura del *en cuanto que*. Mis oídos escuchan a la rana como lo hacen los oídos humanos. La grabadora escucha a la rana como lo hace una grabadora digital. La tela de araña también "escucha" a la rana y la "forma" a su manera. Los oídos *otomorfizan*, el grabador *grabamorfiza*. Cuando escuchamos el viento, escuchamos el viento en los árboles; los árboles *dendromorfizan* el viento. Oímos el viento en el puerta; la puerta *puertamorfiza* el viento[14]. Oímos el viento en el llamador de ángeles; el llamador de ángeles morfiza el viento a su manera.

La interobjetualidad, reconsiderada

Otra forma de expresar esto es afirmando que el viento *hace* sonar las campanas. El viento *hace* que la puerta de entrada cruja suavemente. El viento *hace* que los árboles chisteen y aleteen. La rana *hace* que la telaraña vacile. La rana *hace* que mi tímpano vibre. Y todo es mucho más sencillo de este modo. *La causalidad es estética.*

Este hecho significa que los eventos causales nunca jamás harán "clic", puesto que el "clic" implica una secuencia temporal lineal, un contenedor en el que una bola de metal se desplaza hacia otra y hace "clic" al chocar con ella. Sin embargo, *antes* y *después* son algo estrictamente secundario en lo que respecta al *intercambio* de información. Tiene que haber una configuración completa que involucre al juguete del ejecutivo, un escritorio, una habitación, y al menos un ejecutivo aburrido, antes de que pueda suceder el "clic". La reificación fetichista sucede en la causalidad tipo "clic", ¡no en la causalidad sensual!

En el plano estético, los objetos parecen enredarse entre sí. Hoy en día el enredo cuántico es un fenómeno bastante conocido. Podemos enredar dos partículas como fotones, o incluso moléculas más pequeñas, de modo tal que se comporten de manera telepática. A una distancia arbitraria (algunos piensan que no existen límites) se le puede dar información a una partícula mientras la otra partícula parece recibir la misma información en simultáneo[15]. Las diferencias espacio-temporales no tienen importancia en lo que respecta al enredo cuántico. ¿Y qué sucedería si este también fuese el caso para los saleros y la comida para picar, o para los estanques y la brisa nocturna, o para los reproductores de MP3 y las ondas sonoras? La causalidad guarda relación con la manera en que las cosas se enredan entre sí. La causalidad se encuentra, por lo tanto, distribuida; ningún objeto particular es responsable de la causalidad. La cadena de responsabilidad no se detiene en ninguna parte, porque la causalidad es tal que la responsabilidad se halla en varios lugares al mismo tiempo. Han pasado dos días desde que escuché por primera vez a esas ranas, y aquí estoy, escribiendo aún sobre ellas. El entramado se extiende a través del tiempo, o mejor dicho, digo la hora de acuerdo a los ritmos del croar con el que estoy enredado. "Ayer" es una relación que estoy teniendo ahora mismo con el cuarzo, el amanecer, la gravedad y un persistente dolor de garganta.

Otra forma de expresar esto es diciendo que la causalidad posee un carácter interobjetual. Ya comenzamos a explorar esta noción en el capítulo anterior. De hecho, estamos bastante familiarizados con el término intersubjetividad: significa que algunas cosas son compartidas entre sujetos. Por ejemplo, soy alguien a quien varias personas llaman Tim. Tim es un fenómeno intersubjetivo. Los niños pequeños hablan de sí mismos en tercera persona porque aún no han internalizado este hecho social. Se refieren a ellos mismos como alguien más, y al hacerlo pronuncian una verdad. Pero yo estoy aquí, afirmando que la intersubjetividad es una pequeña pieza con forma humana, parte de un fenómeno mucho más amplio: la interobjetualidad. Esto tiene consecuencias de largo alcance. Después de todo, tiene sentido describir fenómenos tales como la *subjetividad* y la *mente* en términos interobjetuales. Un cerebro en una cubeta, un cerebro drogado y el cerebro de un hombre funcional de cuarenta años: todos son estados interobjetuales. La intersubjetividad es apenas una pequeña región de sentido humano en un vasto océano de objetos que se comunican unos de otros y reciben información, como ranas en el estanque de lo real. Pensar en la mente como una sustancia que se sitúa por "debajo" del dominio sensual interobjetual -tradición iniciada por el filósofo griego Teofrasto- supone todo tipo de dificultades, como advirtió el filósofo árabe Averroes[16].

La interobjetualidad implica que algo nuevo puede suceder en cualquier momento, porque en cualquier situación -en cualquier configuración dada de objetos- siempre hay 1 + n objetos más de lo necesario para compartir información. El croar de la rana viaja a través del estanque. El agua ayuda a la transmisión más o menos pareja de las ondas de sonido en el aire del ambiente alrededor del estanque. Pero las hierbas al borde del estanque absorben parte del sonido, y lo enriquecen con su rumor sutil, apagándolo un poco. Cuando escucho el croar, escucho una historia sobre el aire, los pastos, el agua y la rana. Es el croar de una rana más *n* objetos. Pero el sonido no viaja a través de un espacio vacío; viaja a través de un objeto en el que residen otros objetos Por ejemplo, el sonido viaja a través de un cono de luz en el que conviven varios planetas, galaxias y fluctuaciones del vacío. El sonido también viaja a través de los suburbios de la costa oeste de EE.UU. Y viaja a través de una sociedad de ranas. No hay *mundo*, estrictamente hablando; no hay *ambiente*, no hay *naturaleza*, no hay *trasfondo*. Estos solo son términos útiles para los *n* objetos que constituyen las relaciones interobjetuales de lo que sea que esté pasando. Hay simplemente un *plenum* de objetos, presionando por todos lados, mirándonos como los locos personajes de una pintura expresionista.

La interobjetualidad es el útero donde crece la novedad. La interobjetualidad garantiza que algo nuevo pueda suceder, pues cada muestra, cada vibración de la telaraña, cada huella de objetos en el interior de otros objetos, son un objeto completamente nuevo, con un conjunto nuevo de relaciones que involucra a todos los entes a su alrededor. La evidencia de la novedad se derrama como cascada en torno a cada nuevo objeto. El croar que escucho fue moldeado por mi forma humana, y me inspiró a escribir un capítulo de este libro. El croar de la rana con forma de MP3 se agazapa en la memoria del chip de la grabadora, eliminando otros datos a su paso. El croar de la rana -con su forma de red- logra confundir a la araña por medio segundo, atrayéndola en dirección de la alerta. Por su parte, un globo ocular humano permanece indiferente al croar, y se concentra en una pestaña que ha quedado a la deriva en su superficie húmeda y lechosa. Los objetos están preparados para la novedad, ya que poseen todo tipo de recovecos, redundancias y dimensiones ocultas. En resumen, contienen todo tipo de objetos en su interior, 1 + *n*.

Si el comienzo de un objeto fuese el comienzo de una historia, lo llamaríamos *apertura*. Dado que la causalidad es estética, apertura es justamente el nombre que le daremos al nacimiento de un nuevo objeto. ¿Qué es una apertura? ¿Qué debemos aprender de los objetos estéticos con los que ya estamos familiarizados? ¿Podemos aplicar esto a otros tipos de objetos y a las interacciones entre objetos? Para responder a estos interrogantes, podemos regresar a Aristóteles. Su noción de causa formal es muy útil para pensar las obras de arte en cuanto sustancias, es decir, como objetos con una forma, un contorno y trazos específicos. La razón más importante por la que esto será útil para nosotros es que las obras de arte hacen *origami* con la causalidad, doblándola en todo tipo de formas atípicas que podemos estudiar.

Apertura: el comienzo como distorsión

Imaginemos que una historia es un cierto tipo de forma. Aristóteles tenía razón sobre las historias. Según él, tienen un *comienzo*, un *desarrollo* y un *desenlace*[17]. Cuando leí esto por primera vez me sentí frustrado. ¡Dime algo que no sé, Aristóteles! Mira, aquí está el comienzo de una historia (página 1). Aquí está el desarrollo (número total de páginas dividido por dos). Y aquí está el desenlace (página final). Por supuesto que esto no es lo que Aristóteles tenía en mente. Lo que quiso decir es que las historias tienen la *sensación* de comienzo (apertura), la *sensación* de intermedio (desarrollo) y la *sensación* de final (desenlace). Según la historia, estas sensaciones pueden ser más o menos intensas y pueden tener distintas duraciones.

Los comienzos, los desarrollos y los desenlaces tienen un carácter sensual. En otras palabras, pertenecen a la dimensión estética, al éter en el que interactúan los objetos. Toda tentativa de especificar un comienzo, desarrollo o desenlace pre-sensual o no-sensual resultará en aporías, paradojas y callejones sin salida. Como los objetos aman esconderse y hacen lo que Heráclito dice sobre la naturaleza, investigar la forma en que comienzan, continúan o terminan, será como tratar de encontrar una aguja en un pajar.

Pero, entonces, ¿qué es la apertura, la sensación de comienzo? Quizás reflexionar sobre esto nos pueda dar alguna pista acerca de cómo los objetos comienzan. Las historias comienzan con guiños de incertidumbre. Como lector, no tenemos idea de quién es el personaje principal. No tenemos idea de lo que cuenta como acontecimiento grande o pequeño. No tenemos idea si el enfoque persistente del capítulo de apertura, que se desarrolla en una sala de estar en los suburbios de Londres a fines del período victoriano se volverá significativo. Cada detalle resulta extraño, pues flota en un éter de potencial importancia. No tenemos idea si la historia propiamente dicha ha comenzado. ¿Esto es solo un prólogo?

Imaginemos que escuchamos una historia por la radio. Encendemos la radio en un momento aleatorio y captamos un fragmento de la historia. ¿Seríamos capaces de decir, a juzgar por la forma en que el narrador cuenta la historia, si estamos en el principio, el medio o el final? Si la historia resulta ser un episodio verídico, escrita de 1790 en adelante, quizás tengamos suerte. Hay reglas bastante precisas para realizar una apertura, un desarrollo y un cierre en una narrativa realista. Ahora, obviamente, no voy a argumentar que la realidad real se corresponde con una narrativa realista. Pero el realismo estético nos brinda algunas herramientas útiles para pensar de qué manera el arte puede transmitir una sensación de novedad, familiaridad y finalidad. Y dado que la causalidad es un tipo de arte, hay razones suficientes para investigar un poco este asunto. Tengamos en cuenta, sin embargo, que una novela realista no es necesariamente realista de la misma forma en que una ontología es realista. Es solo que las novelas realistas tienen parámetros claramente definidos para establecer lo que cuenta como un comienzo, un medio y un final.

Ya pasamos un tiempo en una guardería de objetos, el estanque al otro lado del camino de mi casa. Ahora veamos qué sucede cuando somos testigos del nacimiento de un objeto. ¿Cómo comienzan los objetos?

¡Choque! De repente, el aire se llena de cristales rotos. Los pedazos de vidrio conforman nuevos objetos, recién nacidos de una copa de vino hecha añicos. Estos objetos asaltan mis sentidos, y si no soy cuidadoso, mis ojos podrían lastimarse. Hay pedazos de vidrio por todos lados. ¿Qué está pasando? ¿Cuántos son? ¿Cómo sucedió esto? Experimento la profunda donación del comienzo como una *anamorfosis*, como una distorsión de mi espacio cognitivo, psíquico y filosófico[18]. El nacimiento de un objeto deforma los objetos a su alrededor. Un objeto aparece como una grieta en lo real. Esta distorsión ocurre en el ámbito sensual, pero debido a sus elementos indispensables de novedad y sorpresa, brilla con lo real, aunque de manera distorsionada. Los comienzos son abiertos, inquietantes, dichosos, horrorosos.

Las preguntas desconcertantes que necesariamente se me ocurren al comienzo de una historia son todas posibles marcas de *apertura*, la sensación de un comienzo. Como la estética juega un papel fundamental en la ontología orientada a objetos, pensemos en la estética del comienzo. La sensación de comienzo es precisamente esta cualidad de incertidumbre, una cualidad bien asentada en el inicio de Hamlet, cuya primera línea es una pregunta: "¿Quién está allí?"[19] ¿No es esta la cuestión por excelencia de todo principio dramático, ya sea en una película o en una obra de teatro? ¿Quién es el personaje principal? ¿A quién estamos viendo ahora? ¿Son personajes secundarios o principales? ¿Cómo podemos darnos cuenta? No podemos. Solo una vez que la película o la obra avance podremos darnos cuenta.

La apertura es distorsión (anamorfosis), la ausencia de un punto de referencia. Nada ha sucedido todavía, ya que "suceder" es algo paradójico: requiere que al menos dos cosas ocurran, como argumenta Hegel. Y además, una apertura es flexible. Se puede estirar y se puede comprimir. Podemos tener comienzos que nos lanzan directamente a la historia con poco tiempo para preguntarnos quién es quién: las películas de acción son buenos ejemplos. Podemos tener inicios que ocupan toda la película. Un comienzo no puede medirse, pero es algo definido, tiene coordenadas precisas, pero estas son estéticas, no espaciales o temporales.

Cuando empezamos a leer una historia – cualquier cosa que tenga un narrador – otras preguntas surgen en nuestra mente. ¿Qué califica como un evento en esta historia? ¿Somos presas de un evento importante o uno insignificante? Hay formas más tradicionales de generar este efecto, como la *mise-en-scène* (puesta en escena). La apertura es la sensación de incertidumbre en lo que respecta a las velocidades y a los ritmos relativos de la historia. ¿Cómo podemos saber? La velocidad y el ritmo son relativos, y por eso necesitan secuencias de eventos comparables. Del mismo modo, el nacimiento de un solo objeto es simplemente una distorsión en la plenitud de las cosas, por leve que sea. La novedad está garantizada en un universo OOO, pues la llegada de algo nuevo pone a las cosas fuera de fase consigo mismas, al igual que la adición de un nuevo poema cambia los poemas que lo precedieron. Una cosa nueva es una distorsión de las demás cosas.

Hay algunos trucos que los novelistas realistas utilizan para comenzar sus historias, es decir, para evocar una apertura. Vale la pena explorar estos trucos, porque nos dicen algo acerca de cómo funciona la causalidad. Consideremos el comienzo de *Imagen de Dorian Gray,* de Oscar Wilde:

> *"El intenso perfume de las rosas embalsamaba el estudio y, cuando la ligera brisa agitaba los árbol del jardín, entraba, por la puerta abierta, un intenso olor a lilas o el aroma más delicado de las flores rosadas de los espinos. Lord Henry Wotton, que había consumido ya, según su costumbre, innumerables cigarrillos, vislumbraba, desde el extremo del sofá donde estaba tumbado -tapizado al estilo de las alfombras persas-, el resplandor de las floraciones de un codeso, de dulzura y color de miel, cuyas ramas estremecidas apenas parecían capaces de soportar el peso de una belleza tan deslumbrante como la suya; y, de cuando en cuando, las sombras fantásticas de pájaros en vuelo se deslizaban sobre las largas cortinas de seda india colgadas delante de las inmensas ventanas, produciendo algo así como un efecto japonés, lo que le hacía pensar en los pintores de Tokyo, de rostros tan pálidos como el jade, que, por medio de un arte necesariamente inmóvil, tratan de transmitir la sensación de velocidad y de movimiento."*[20]

"El estudio..."[21] Con su genio para el minimalismo, Wilde comienza la historia utilizando un artículo definido. *Ya hay un estudio.* ¿Qué estudio? ¿Eh? Correcto. Esa es la sensación de comienzo o apertura. Decir "El estudio" es hacer referencia a algo que de alguna manera preexiste la narrativa en la que aparece. Imaginemos cómo sonaría si Wilde hubiese comenzado su historia con "Un estudio..." En cierto modo, nos sentiríamos "fuera" de la historia. Nos sentiríamos en control. En cambio, Wilde nos arroja a una situación en curso. Ya hay por lo menos un objeto. Esta es precisamente la "sensación" de apertura. Si tuviéramos que darle un nombre, lo llamaríamos "más uno", tomando prestado un término de Alain Badiou: al agregarse al *plenum* de objetos, el objeto "más uno" perturba el universo.

Hay una manera más tradicional de comenzar una historia: "Érase una vez *un estudio*... " La frase de apertura nos conduce dócilmente al dominio de la narrativa. El uso realista del artículo definido, por otro lado, nos despierta bruscamente *in medias res,* como lo expresa Horacio[22]. ¿Y no es así como los objetos comienzan? ¿No es el poder convincente de la historia misma un eco de los objetos reales, objetos que sostienen su disponibilidad-como, su uso-como, su percepción-como –objetos que preexisten la estructura del "en cuanto que"? *El comienzo de un objeto es una distorsión.* Otros objetos, como los lectores de una narrativa realista, simplemente se encuentran en su medio, y así de repente, en el dominio del "más uno". Por esta razón, cualquier sentido de totalidad bien delimitada es una imposición arbitraria al pleno de objetos.

Nuestro análisis de la narrativa no es de ningún modo una visión superficial de algunos hechos triviales pertenecientes a construcciones humanas. En todo caso, la calidad siempre presente de la apertura tiene implicaciones ontológicas. Si examinamos un video del rompimiento de un pedazo de vidrio reproduciéndolo a una velocidad extremadamente lenta, no podremos especificar con exactitud en qué momento el vidrio se convierte en sus fragmentos. Nos enfrentamos nuevamente a la paradoja del montón, una situación tan distinta del problema de la mesa fragmentada que vimos en nuestra introducción. Solo podemos postular la existencia de los fragmentos de vidrio en forma retroactiva. El vidrio que se fragmenta no lo hace dentro de un contenedor vacío de tiempo. Los pedazos de vidrio crean su propio tiempo, su propio vórtice temporal que irradia desde ellos hacia cualquier objeto en la cercanía que esté predispuesto a ser afectado. Un objeto completamente nuevo acaba de nacer, una entidad *alien* en lo que al resto de la realidad concierne: una astilla de vidrio que viaja a gran velocidad por el aire. *Hay* pedazos de vidrio; el estudio... El pleno de objetos está iluminado por el objeto más uno: el pleno en cuanto pleno nunca es un todo bien delimitado y estable. El pleno es 1+*n*, una gama indefinidamente amplia de objetos cuya impresión general es la de una multitud anárquica de extraños lacayos, como los personajes en una pintura de James Ensor.

Emmanuel Levinas es el gran filósofo del infinito que se opone a la totalización: de la manera en que un único solo ente, el verdadero otro, el extraño, socava la coherencia de mi mundo. Sin embargo, Levinas es también el gran filósofo del *il y a*[23] ("hay"). Con una prosa inquietantemente evocadora, Levinas describe el *hay* como la noche que se le revela al insomne, la sensación escalofriante de estar rodeado, no por la nada sino por la pura existencia. Ahora bien, este *hay* es inadecuado en lo que concierne a la OOO. El *hay* es tan solo un vago "salpicar" o "retumbar" elemental, una difusa ambientalidad que parece envolvernos. Esta vaguedad hace que la idea de Levinas sea bastante diferente de la punzante especificidad que nos golpea en el brazo cuando nos cortamos con un vidrio y sangramos; o el estudio que exuda su atracción seductora sobre todos los fenómenos que lo componen y habitan en él – jardín, pájaros, cortinas, diletantes, pinturas, sofás y Londres.

No obstante, el *hay* funciona de algún modo para nosotros cuando describimos el efecto que llamamos apertura. Sin duda, esta es la razón por la cual Coleridge empieza su obra maestra, *La canción del viejo marinero*, con "Un viejo marinero se encuentra..." (línea 1)[24]. De repente, allí está él, maloliente, crujiente, opresivamente lamentable, acechando como un vagabundo en la entrada de una iglesia. El *hay* no es una sopa amorfa, sino un objeto opresivamente específico. Levinas escribe: "El uno afectado por el otro es un traumatismo"[25]. Es tan específico que no tiene nombre (todavía); es totalmente único, es una especie de Mesías que rompe con el "tiempo vacío y homogéneo" de la pura repetición que constituye la realidad cotidiana[26]. El avance del "más uno" aplasta la coherencia del universo. Del mismo modo, la idea de que la historia está teniendo lugar dentro de un tubo de tiempo es lo que Heidegger llama "ilusión vulgar"[27]. Las revoluciones desenmascaran esta ilusión.

Comienzos sublimes

Si buscamos un término para describir la estética de los comienzos, nuestra mejor elección es el término *sublime*. Sin embargo, el tipo de sublime que necesitamos no viene de un más allá, pues este más allá es una ilusión óptica del correlacionismo, la reducción del sentido a la correlación humano-mundo que se ha impuesto gracias a Kant. La OOO se resiste a pensar un más allá, pues no hay nada por debajo del universo de objetos. Ni siquiera hay "nada", si preferimos pensarlo así. Lo sublime reside en la particularidad, no en un distante más allá. Y lo sublime es generalizable a todos los objetos, en la medida en que son todos *perfectos extraños*, es decir, ajenos a sí mismos y entre sí mismos de forma irreductible.[28]

Si consideramos las dos teorías dominantes de lo sublime, podemos elegir entre autoridad y libertad, entre exterioridad e interioridad. Pero ambas elecciones son correlacionistas. Es decir, ambas teorías de lo sublime tienen que ver con el acceso subjetivo (humano) a los objetos. Por un lado, tenemos a Edmund Burke, para quien lo sublime es conmoción y pavor: una experiencia de aterradora autoridad a la que debemos someternos[29]. Por otro lado, tenemos a Immanuel Kant, para quien lo sublime es una experiencia de libertad interior apoyada en cierto tipo de falla cognitiva de orden temporal. Intentemos contar hasta infinito. No podemos. Pero eso *es*, precisamente, el infinito. El poder de la mente se revela en el fracaso de subsumir el infinito.[30]

Ambos sublimes suponen que: (1) el mundo es accedido de manera especial o singular por los seres humanos; (2) lo sublime correlaciona de forma única el mundo con los humanos; y (3) lo que importa de lo sublime es la reacción por parte del sujeto. Lo sublime en Burke es simplemente cobardía ante la presencia de autoridad: la ley, la fuerza de un Dios tirano, el poder de los reyes, la amenaza de una ejecución. No se supone ningún conocimiento real de la autoridad – basta y sobra con una aterrorizada ignorancia basta y sobra. Burke argumenta abiertamente que lo sublime siempre es un dolor sin peligro, es decir, que está mediado por los cristales de la estética. Es por ello que las películas de terror, un género verdaderamente especulativo, intentan atravesar la pantalla estética en todo momento.

Lo que necesitamos es un sublime más *especulativo* que en verdad intente un contacto más íntimo con el otro, y aquí Kant es -en todo sentido- preferible a Burke. De hecho, hay un eco de la realidad en el sublime kantiano. Ciertamente, la dimensión estética es una manera en que la dicotomía habitual sujeto-objeto queda suspendida en Kant. Y lo sublime se convierte, por así decirlo, en la subrutina esencial de la experiencia estética, lo que nos permite experimentar el poder de nuestra mente al encontrarnos con un obstáculo externo. Kant hace referencia a telescopios y microscopios que amplían la percepción humana más allá de sus límites.[31] Su maravilloso pasaje sobre cómo la mente puede partir de una escala humana y por simple extensión comprender la inmensidad de los "sistemas de la Vía Láctea" es un ejemplo sublimemente expansivo de la capacidad humana de pensar.[32] También es cierto que lo sublime kantiano inspiró las poderosas especulaciones de Schelling, Schopenhauer y Nietzsche, y debe investigarse más cómo esos filósofos comenzaron a pensar en una realidad independiente de lo humano (al respecto, los trabajos de Iain Hamilton Grant y Ben Woodard se destacan en su actualidad).[33] Es cierto que en §28 de la tercera *Crítica*, Kant habla de cómo vivenciamos un "sublime dinámico" ante el terror de la inmensidad, por ejemplo, del océano o del cielo. Pero eso no es equiparable a una suerte de intimidad con el cielo o el océano.

En secciones posteriores, Kant, de hecho, excluye de manera categórica cualquier cosa parecida a un análisis científico o incluso exploratorio de lo que podría existir en el cielo. Tan pronto como pensamos en el océano como un cuerpo de agua que contiene peces y ballenas en lugar de un lienzo para nuestra psique; tan pronto como pensamos en el cielo como un verdadero universo de estrellas y agujeros negros, fracasamos en vivenciar lo sublime (§29):

> "Así pues, si se denomina *sublime* a la visión del cielo estrellado, no debe ponerse como fundamento suyo conceptos de mundos habitados por seres racionales, ni considerar a los puntos luminosos con los que vemos colmado el espacio sobre nosotros como soles que se mueven teleológicamente en

> círculos alrededor de tales mundos, sino meramente —tal y como se la ve— como una amplia bóveda que lo abarca todo; y la sublimidad que un juicio estético puro atribuye a este objeto debemos colocarla tan solo bajo esta representación. Lo mismo sucede con respecto a la visión del océano, al que no debemos *pensar* enriquecido con todos los conocimientos que poseemos sobre él (pero que no están contenidos en la intuición inmediata); por ejemplo, como un amplio reino de criaturas acuáticas | o como el gran tesoro de agua para las evaporaciones que preñan el aire con nubes que luego regarán los campos, ni tampoco como un elemento que ciertamente separa los continentes entre sí, pero que al mismo tiempo hace posible la mayor comunidad entre ellos: pues todo ello supone claros juicios teleológicos. Sino que el océano debe pensarse, como lo hacen los poetas, meramente según aquello que se muestra a la visión ocular; por ejemplo, cuando se lo considera en calma, como un claro espejo limitado por el cielo, pero cuando está intranquilo como un abismo que amenaza con devorarlo todo, pero que al mismo tiempo podemos encontrar sublime." (Crítica del Juicio, p. 231).[34]

Si bien compartimos las reservas de Kant respecto de la teleología, su argumento principal es menos que satisfactorio desde una perspectiva realista especulativa. En realidad, no deberíamos poder especular cuando vivenciamos lo sublime. Lo sublime es precisamente la *falta de especulación.* ¿Deberíamos simplemente tirar la toalla y abandonar lo sublime por completo, y elegir solo el horror -experiencia límite de las formas de vida sensible- en lugar de lo sublime, como varios realistas especulativos han hecho? ¿Podemos tan solo especular desde y hasta el punto de sentir que nuestra propia piel está a punto de desmenuzarse, o del vómito a punto de salir de nuestras entrañas?

Sin embargo, el horror presupone la proximidad de por lo menos otro ente: un virus letal, una bomba de hidrógeno que explota, un tsunami que se aproxima. La intimidad es por lo tanto una precondición del horror. Desde este punto de vista, incluso el horror es una reacción desmesurada, demasiado preocupado por cómo los entes se correlacionan con un observador. Lo que requerimos es algo más profundo, algo que sostenga lo sublime kantiano. Lo que necesitamos es una experiencia estética de convivencia con otros entes 1 + *n*, sean estos vivientes o no. Lo que el realismo especulativo necesita es un sublime que devuelva una cierta intimidad entre los entes reales. Pero este es precisamente el tipo de intimidad que Kant prohíbe, según la cual lo sublime requiere una distancia estética prudente, ni demasiado cerca ni demasiado lejos (§25):

> ...es necesario no aproximarse ni separarse demasiado de las pirámides para experimentar todo el efecto que causa la magnitud de ellas. Porque si nos separamos demasiado, las partes percibidas (las piedras superpuestas) son oscuramente representadas, y esta representación no produce ningún efecto sobre el juicio estético. Por el contrario, si nos aproximamos demasiado, el ojo tiene necesidad de cierto tiempo para continuar su aprehensión de la base de la cúspide, y en esta operación las primeras representaciones se extinguen siempre en parte, antes que la imaginación haya recibido las últimas; de suerte, que la comprensión no es nunca completa.[35]

La dimensión estética kantiana envuelve y aísla los objetos con una película de protección. A salvo de la amenaza de una intimidad radical, el espacio interior de la libertad kantiana se desarrolla sin obstáculos. El buen gusto consiste exactamente en saber cuándo vomitar: cuando expulsar cualquier sustancia extraña que pueda resultar desagradable y tóxica.[36] Pero esto ya no funciona en una era ecológica donde “lejos” -la precondición del vómito- ya no existe. Nuestro vómito simplemente flota en algún lugar cerca de nosotros, pues ya no hay un “lejos” en el que podamos enjuagarlo disimuladamente.

Contra lo sublime correlacionista, voy a abogar por un sublime especulativo, un sublime orientado a objetos, para ser más preciso. Hay un modelo para semejante sublime en el mercado: el texto más antiguo que existe: “Sobre lo sublime” (*Περὶ ὕψους*) de Pseudo-Longino. Lo sublime en Longino trata sobre la intromisión física de una presencia foránea. Nos permite, por lo tanto, extender fácilmente su alcance para ser capaz de incluir entes no humanos, y hasta no sintientes. En lugar de trazar distinciones ónticas entre lo que es y lo que no es sublime, Longino nos muestra cómo alcanzar la sublimidad. Porque se interesa más en cómo lograr el efecto de la sublimidad retórica que en definir lo que es sublime para la experiencia humana, Longino nos da la libertad de extrapolar todo tipo de eventos sublimes entre todo tipo de entes.

Lo sublime en Longino ya está preocupado con una presencia objetual foránea: él podría llamarla Dios, pero nosotros la llamaremos sencillamente "bolitas de poliestireno" o "gran mancha roja de Júpiter". La forma en que los objetos aparecen uno ante otros es sublime: es una pregunta de contacto con una presencia alienígena, e involucra un trabajo posterior de traducción radical. Longino describe de esta manera el contacto con la alteridad: "lo sublime es el eco de un espíritu noble".[37] Eco, mente -es como si la mente no fuese un fantasma etéreo, sino una sustancia sólida que rebota contra las paredes. Podríamos extender este ejemplo e incluir la sensualidad de todos los objetos. ¿Por qué no? Muchos fenómenos supuestamente mentales se manifiestan de manera automática, como si fueran objetos: sueños, alucinaciones, emociones fuertes. Coleridge dice sobre su sueño de opio que inspiró *Kubla Khan* que las imágenes surgieron nítidas en su mente. Esto no es sorprendente si se concibe a la cognición como un conjunto de unidades de operación tipo *kluge* (término de Ian Bogost), las cuales realizan su tarea de manera más o menos correcta. No decimos que este bolígrafo está vivo, sino que todo lo significativo en cuanto a mi mente, que ahora descansa sobre esta pluma, también puede decirse de la pluma que descansa sobre el escritorio. Es posible que los neurocientíficos y los teóricos (y enemigos) de la inteligencia artificial estén buscando la conciencia en un lugar equivocado: es posible que la conciencia sea algo increíblemente común. La mente puede ser simplemente un fenómeno interobjetual entre otros: una mente distribuida entre neuronas, escritorios, utensilios de cocina, niños y árboles.[38]

Consideremos los términos de Longino. Afortunadamente para la OOO hay cuatro de ellos –transporte, fantasía, claridad y brillo. Aún más afortunada resulta la coincidencia con la interpretación que hace Harman de la cuaternidad heideggeriana (tierra, cielo, divinos y mortales) como un conjunto de descripciones para las propiedades básicas de los objetos. El truco es leer los términos de Longino al revés, como lo hicimos con la retórica en general. Los primeros dos términos, claridad y brillantez, se refieren a la actualidad de los encuentros objeto-objeto. Los segundos dos, transporte y fantasía, se refieren a la apariencia de estos encuentros. Suena contradictorio que brillo equivalga a retiro, pero en una lectura comparada de lo que Platón, Longino y Heidegger nos decin sobre este término (*ekphanestaton*), todo se vuelve más claro.

1. Brillo: tierra. Objetos como un “algo en absoluto” secreto, independiente de todo acceso.
2. Claridad: divinos. Objetos como algo específico, independientes de todo acceso.
3. Transporte: mortales. Objetos como algo en absoluto para otros objetos
4. Fantasía: cielo. Objetos como apariciones específicas para otros objetos.[39]

Cada uno de estos términos establece relaciones con una presencia alien.

1) Brillo. En griego, *ekphanestaton*, lustre, brillantez, resplandor. *Ekphanestaton* es un superlativo, por lo que en verdad significa “lo más brillante”, “brillantez eminente”. Esta eminencia debe significar algo previo a toda relación. Longino afirma que “del mismo modo que las luces tenues desaparecen ante el resplandor del sol, también la emanación omnipresente de la grandeza oscurece el artificio de la retórica.”[40] La brillantez es lo que *oculta* los objetos. La brillantez se refiere a la vida secreta del objeto, su inaccesibilidad total antes de cualquier relación. En la modalidad de lo sublime, es como si pudiéramos probar esa vida secreta, aunque se trata de algo estrictamente imposible. La luz del magma interior es cegadora y, extrañamente es por esa razón que se produce un retiro. El objeto real está ahí mismo. Longino, por lo tanto, llama brillo al hecho inquietante de lo sublime.

Para Platón *ekphanestaton* era un índice del más allá esencial. Para el ontólogo orientado a objetos, el brillo es la apariencia del objeto en su cruda unidad. Algo se está abriendo paso. O mejor dicho: nos damos cuenta de que algo ya estaba allí. Es la esfera de lo extraño, de lo extrañamente familiar y de lo familiarmente extraño.

2) Claridad (*enargeia*). "Manifestación", "evidencia propia". Esto tiene que ver con *ekphrasis*.[41] La *ekphrasis* misma es interesante para la OOO, porque nos remite precisamente a un ente similar, a un objeto que surge de la prosa descriptiva. Es una parte hiperdescriptiva que se abalanza sobre el lector, petrificándolo (lo convierte en piedra) y causa una extraña suspensión de tiempo como en la balacera de la película Matrix. Esto nos recuerda un poco a Deleuze, cuando habla de los "cristales de tiempo" en su estudio sobre el cine.[42] Este es el aspecto resorte de la *ekphrasis*, una viveza intensificada que interrumpe el flujo de la narración, sacando al lector de su complacencia. Quintiliano enfatiza el aspecto de distorsión temporal de la *enargeia* (el término es *metastasis* o *metatesis*), que nos transporta en el tiempo como si el objeto tuviese su propio campo gravitacional que nos aspira. El objeto en su especificidad intensificada.

Longino sostiene que, si la retórica sublime debe contener la *enargeia*, la poesía sublime debe evocar *ekplexis* (asombro).[43] Esto también puede verse como un tipo de impacto específico. En términos de la OOO, la *ekphrasis* es una traducción que inevitablemente pasa por alto el objeto secreto, pero que genera en el proceso su propio tipo de objeto. La *ekphrasis* se refiere a cómo los objetos se mueven y tienen agencia, a pesar de nuestra conciencia o falta de conciencia de ellos; la analogía de Harman sobre el hombre drogado en *Tool-Being* [44]nos proporciona un ejemplo convincente. Ahora, si lo interpretamos de manera equívoca, terminamos con la rimbombancia: el límite donde los objetos se vuelven vagos, indefinidos, apenas un montón desordenado (la palabra *rimbombancia* significa literalmente "relleno", del tipo que encontramos en las hombreras de una prenda).

3) Transporte. El narrador nos hace sentir algo conmovedor dentro de nosotros, un tipo de energía divina o demoníaca, como si estuviéramos poseídos por extraterrestres. "Verse conmovidos"[45], "verse agitados". Podemos imaginar lo sublime como un tipo de teletransportador al estilo *Star Trek*, un dispositivo que nos permite traducir el objeto alien al marco de referencia de otro objeto. El transporte consiste en el contacto sensual con objetos como parte de un universo extraño. Del mismo modo que el transportador solo puede funcionar al traducir partículas de un lugar a otro, el transporte de Longino solo funciona a partir de un objeto que traduce a otro mediante sus marcos de referencia específicos. Al hacerlo,

tomamos conciencia de lo que se perdió en la traducción. El transporte, por lo tanto, depende de algo mucho más rico que un vacío: la realidad secreta pero abierta del universo de objetos, una dimensión que está cerrada para siempre al acceso, pero que, sin embargo, es pensable.

La maquinaria de transporte, el transportador como tal, es lo que Longino llama amplificación: no lo grande, sino una sensación de "hacerse grande" (como dice el doctor Seuss): "[la amplificación] se da cuando los hechos y los conflictos permiten, de manera periódica, muchas intercalaciones de preámbulos y pausas, de modo que se suceden en continuidad grandes expresiones en progresión gradual"; así, por ejemplo, Platón "con frecuencia se expande en vastos espacios de grandeza"[46]. Al sintonizar nuestras mentes con las cualidades explosivas de un objeto, la amplificación establece una especie de terremoto subjetivo, un terremoto del alma.

4) *Phantasia.* A menudo se traduce como "visualización"[47] Visualización, no imaginería: la producción de un objeto interno. Es la imaginería en nosotros, no en un texto. Quintiliano comenta que *phantasia* hace que las cosas ausentes parecieran estar presentes[48]. La *phantasia* evoca un objeto. Si decimos "Nueva York" y estamos en Nueva York, no necesitamos imaginar tediosamente cada edificio y cada calle por separado. Simplemente evocamos a Nueva York en nuestras mentes. Eso es la *phantasia*. Lo que he llamado poética de las especias opera de este modo: el uso de la palabra "especia" (en lugar de "canela" o "pimienta") en un poema actúa como un blanco que posibilita el trabajo de una imaginación olfativa afín a la visualización.[49] Es más una alucinación que un pensamiento intencional.[50] En historias, por ejemplo, la *phantasia* genera un ente similar a un objeto que nos separa del flujo narrativo, nos pone en contacto con lo alienígena en tanto alienígena. La visualización es un poco aterradora: después de todo, estamos evocando una deidad real, pedimos ser abrumados, tocados, conmovidos, agitados.

Una aparición es lo repentino de una irrupción alien en mi espacio fenomenal. En términos de la OOO, la *phantasia* es la capacidad que tiene un objeto de imaginar otro objeto. Esto depende de cierto contacto sensual. Cómo el papel contempla una piedra. Cómo las tijeras contemplan el papel. ¿Los objetos sueñan? ¿Contienen versiones virtuales de otros objetos dentro de ellos? Estos serían ejemplos de *phantasia*: la manera en que un objeto incide sobre otro. Una objetualidad excesiva nos magnetiza con una terrible compulsión.

Resumamos brevemente lo que hemos aprendido sobre lo sublime en Longino. Este dice que la sublimidad es "el eco de una mente noble". No hay mucha diferencia entre las almas humanas, si es que existen, y las almas de los tejones, los helechos y las conchas marinas. Lo sublime de Longino se basa en la coexistencia. Al menos otra cosa existe aparte de mí: esa "mente noble", cuya huella encuentro en mi espacio interior. Por el contrario, los conceptos familiares de lo sublime se basan en la experiencia de una sola persona. Es nuestro miedo y nuestro terror, nuestra conmoción y nuestro asombro (Burke). Es mi libertad, mi espacio interior infinito (Kant). Por supuesto, algún objeto debe activar lo sublime. Pero luego nos olvidamos del objeto y solo nos enfocamos en el estado: esto es particularmente cierto en el caso de Kant. En el caso de Burke, todo pasa por la opresión. Se trata del poder de reyes y de bombardeos. ¿Por qué el objeto de lo sublime no puede ser algo vulnerable o amable?

Pensemos nuevamente en la causalidad como algo estético. Lo sublime, de acuerdo con esta visión, es la manera en que nacen nuevos objetos. De repente, otros objetos descubren fragmentos de vidrio en su mundo, fragmentos de otros objetos son incrustados en su carne, esparcidos por todo el piso. No es tanto que Burke y Kant estén equivocados, sino que lo que están pensando es ontológicamente secundario respecto de la noción de coexistencia. Longino sitúa lo sublime un poco más atrás en la secuencia causal, en ese ser "noble" que deja sus huellas en nosotros. En este sentido, está en el objeto, en el no-yo. Así pues, lo sublime nos pone en sintonía con lo que no somos nosotros. Este es un buen augurio en la era ecológica. Antes que miedo o libertad, lo sublime es coexistencia.

Ahora bien, para un ejemplo de lo sublime en Longino, debemos recurrir al primer gran uso que hace Harman del tropo "mientras tanto" (Quentin Meillassoux lo llama el "rico más allá"), en su artículo titulado "Filosofía orientada a objetos":

> Pero por debajo de este argumento incesante, la realidad se agita. Aun cuando la filosofía del lenguaje y sus supuestamente reaccionarios rivales ambos cantan victoria, la arena del

> mundo está llena de objetos diversos, sus fuerzas desatadas sin ser del todo apreciadas. La bola de billar roja golpea a la bola de billar verde. Los copos de nieve brillan a la luz que cruelmente los aniquila; submarinos averiados se oxidan en el fondo del océano. Mientras la harina emerge de los molinos y los terremotos comprimen bloques de roca caliza, hongos gigantes se extienden por el bosque de Michigan. Mientras que filósofos humanos discuten sobre la posibilidad misma del "acceso" al mundo, los tiburones cazan atunes y los icebergs se estrellan contra las costas.

Todos estos entes deambulan por el cosmos, impartiendo bendiciones y castigos a todo lo que tocan, desapareciendo sin dejar rastro o ampliando sus poderes más lejos aún, como si millones de animales se hubiesen escapado del zoológico en una fábula tibetana..."[51]

Este es un mundo de nadie. Es casi lo opuesto de la retórica ambientalista habitual (que en otro lugar he llamado *ecomimesis*): "Aquí estoy en este hermoso desierto, y puedo demostrarte que estoy aquí porque puedo escribir que veo una serpiente roja que desaparece en un arbusto de creosota. ¿Te dije que estaba en un desierto? Ese soy yo, ahí, en un desierto. Estoy en un desierto".[52] Esto es tierra de nadie. Pero no se trata de un vacío sombrío. Resulta que el vacío absoluto es solo la otra cara del mundo correlacionista. No. Este es un zoológico tibetano lleno de gente, un desfile expresionista de objetos misteriosos y payasescos. No se supone que debamos inclinarnos ante estos objetos, como Burke desearía. Sin embargo, tampoco se supone que debamos encontrar nuestra libertad interior en ellos (Kant). Es como uno de esos mapas con una pequeña flecha roja que dice "Usted está aquí", solo que este dice "Usted no está aquí".

Novedad versus emergencia

Veamos ahora que la novedad de la apertura es verdadera para *cada* objeto, no simplemente para los seres sintientes y ciertamente no solo para los humanos. Una tetera comienza a hervir. El agua en la tetera comienza a hervir y emite vapor. En el nivel sub atómico, los electrones realizan saltos cuánticos a órbitas más distantes en torno al núcleo de los átomos. Para un

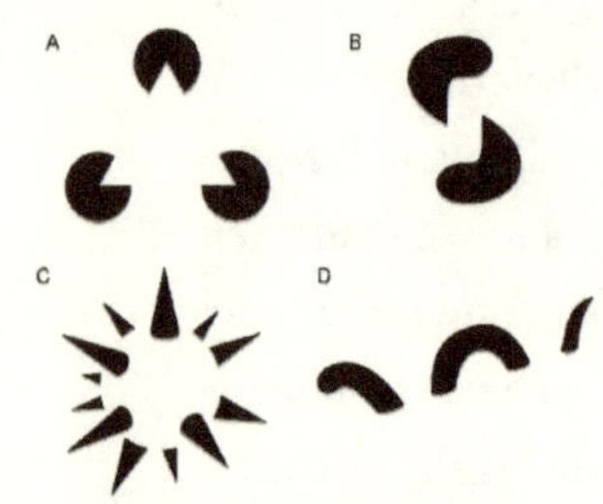

Figura 1. Emergencia. De Steven Lehar, *Isomorfismo gastáltico y la primacía de la experiencia consciente subjetiva: modelo de la burbuja gestáltica.*

átomo que no está aún en un estado de excitación, *nada está sucediendo*. Solo sucede algo desde el punto de vista de al menos otro "observador", digamos, un dispositivo de medición como yo o como el silbato en la parte superior de la tetera. En otro nivel distinto, hay series de saltos repentinos, ninguno de los cuales en sí mismo es lo que llamamos ebullición.

Este es el gran problema con la noción ahora popular de *emergencia*. El problema es que la emergencia no explica cómo comienzan las cosas, porque la emergencia siempre es emergencia para alguien o algo. La emergencia requiere al menos un objeto fuera del sistema que sea percibido como emergente. Algo ya debe existir para que la emergencia suceda. Es decir, las propiedades emergentes son sensuales en los términos de la OOO. Las cosas emergentes son manifestaciones de apariencia-como o apariencia-para, lo que Harman llama estructura del *en cuanto que*. La emergencia requiere un sistema holístico en el que el todo sea siempre más grande que sus partes; de lo contrario, dice el argumento, nada podría surgir de algo más. Pero en una realidad OOO, las partes siempre superan al conjunto. Lo que sucede cuando los objetos comienzan es que aparecen *más partes* de manera repentina y se separan de objetos que parecían entes estables. Estas partes carecen de totalidades, como extremidades en una película de terror, se agitan en el vacío. Es solo más tarde que podemos postular un todo del cual "emergen".

Todas las definiciones clásicas de emergencia parecen indicar que se refieren a totalidades que son más grandes que la suma de sus partes, que son relativamente estables, que ejercen una causalidad descendente (pueden afectar sus partes), y así sucesivamente. La ideología ontológica actual, obsesionada con los procesos, supone que la emergencia es un tipo de maquinaria básica que mantiene al mundo unido, a la vez que genera nuevas partes de mundo. La tendencia es concebirlo todo como un tipo de mecanismo causal subyacente por el que los componentes comienzan a funcionar como un súper componente más grande. Si fuese cierto, afectaría seriamente el carrito de compras orientado a objetos. ¿Por qué? Porque para la OOO, los objetos son los entes privilegiados de la ontología. En una realidad OOO, la emergencia debe ser una propiedad de los objetos mismos, no al revés. En otras palabras, la emergencia siempre es sensual.

La emergencia implica 1 + *n* objetos que interactúan en lo que Harman llama un éter sensual.[53] Dicho éter es la maquinaria causal, no una serie de cables y poleas subyacentes. Consideremos ahora de qué modo la emergencia es realmente una propiedad sensual de los objetos. Consideremos un tipo de emergencia más sencillo, para el cual sería más fácil decir que es algo sensual, es decir, producido a partir de las interacciones con otros entes. Hay numerosos ejemplos de emergencia en la percepción visual.

¡Puff! Una esfera, un triángulo, el monstruo del Lago Ness emergen de una serie de puntos en blanco y negro. Según la teoría, no ensamblamos estas formas a partir de sus partes, ya que estas surgen de los fragmentos de sombra y espacio en blanco de una imagen. Ahora bien, este tipo de emergencia requiere claramente un observador. Requiere, como mínimo, una interacción entre la imagen y algún otro ente. Si "observador" suena demasiado parecido a sujeto humano, consideremos esta explicación neurocientífica de cómo funciona esto:

> Aunque la teoría Gestalt no ofrecía ningún mecanismo computacional para explicar la emergencia en la percepción visual, Koffka (1935) sugirió una analogía física de la burbuja de jabón, a fin de demostrar el principio operacional detrás de la emergencia. La forma esférica de una burbuja de jabón no está codificada a la manera en que lo está una plantilla esférica o con un código matemático abstracto, sino que la forma surge de la acción paralela de innumerables fuerzas locales de tensión superficial que actúan al unísono. El rasgo característico de la emergencia es que la forma global final no se computa en una sola pasada, sino de manera continua, como la relajación de un equilibrio en un sistema dinámico. En otras palabras, las fuerzas que actúan sobre el sistema inducen un cambio en su configuración, y ese cambio, a su

> vez, modifica las fuerzas que actúan sobre el sistema. La configuración del sistema y las fuerzas que lo impulsan, por lo tanto, cambian en forma continua a lo largo del tiempo hasta alcanzar el equilibrio, y a tal punto, el sistema permanece en un estado de equilibrio dinámico, es decir, su estado estático oculta un equilibrio dinámico de fuerzas listas para volver a ponerse en marcha tan pronto como el equilibrio se vea comprometido.[54]
>
> ...la forma surge de la acción paralela de innumerables fuerzas locales de tensión superficial que actúan al unísono." ¿Qué significa eso? Significa que la emergencia es un objeto sensual. La emergencia es relacional. Los copos de nieve, por ejemplo, se forman de la interacción entre cristales de agua y propiedades del aire en el ambiente (temperatura, humedad). Sería muy extraño si los copos de nieve se ensamblaran mágicamente por y desde sí mismos, sin interacciones con cualquier otra cosa. Esto significaría que existe algún tipo de misterioso motor de la causalidad que trabaja por debajo o dentro de ellos. Este tipo de emergencia profunda debería parecernos un poco extraño: ¿cómo puede algo construirse a sí mismo?

No es de extrañar que tengamos dificultades para pensar las mentes. ¿De qué modo los patrones neuronales culminan en actividades mentales? Ahora bien, si la emergencia fuese un objeto sensual producido por las neuronas más otros entes vecinos, no habría problema alguno. No sería necesario, como argumenta Harman, que hubiese diferencia entre lo que mi silla le hace al piso, y lo que mi mente le hace al piso.[55] Es decir, mi silla depende del piso en gran medida, pero también lo ignora, al igual que mi mente. Esto no equivale a decir que las sillas tienen mente, sino lo opuesto. Desde un punto de vista ontológico, la mente es como una silla que se apoya en el piso. La silla resalta un pedazo de piso para sus propósitos egoístas, y lo mismo hace una mente. Podríamos afirmar entonces que la "mente" no es un premio especial por ser muy desarrollados. Lo cual no quiere decir que lo que las mentes humanas hacen sea exactamente idéntico a lo que hacen las sillas en cada caso específico. "Mente" es la propiedad emergente de un cerebro, tal vez, pero no tan distinta de las propiedades emergentes de las sillas respecto de los pisos. Y la mente requiere no solo un cerebro, sino todo tipo de objetos que interactúen con el cerebro, desde huevos hasta sartenes y deudas de tarjetas de crédito.

La realidad sería en verdad extraña si hubiera una propiedad mágica escondida bajo los objetos. Sin embargo, todo lo que necesitamos para una magia orientada a objetos son los objetos mismos. Su interacción genera un éter sensual en el que la magia sucede. El mejor lugar para hacer magia está justo ante nuestras narices. Nadie puede creerlo cuando sucede en frente nuestro. Uno sospecha un misterio oculto. Pero como lo deja claro el cuento de Poe, "La carta robada", el verdadero misterio se desarrolla frente a nosotros.

La preocupación por la forma y la causalidad formal en la ciencia moderna y la filosofía es probablemente lo que da lugar al misterio y a la leve fascinación, incluso temor, respecto de las nociones de emergencia. De algún modo, queremos que la causalidad sea un torpe clic que involucre materiales que chocan entre sí como las proverbiales bolas de metal en el proverbial juguete del ejecutivo. Pero si la causalidad sucede debido a la forma (además de, o incluso en lugar de, la materia) entonces nos vemos obligados a considerar todo tipo de cosas que la ciencia materialista, desde sus inicios, ha encontrado problemáticas (como la epigénesis). Las causas formales son precisamente las ovejas negras de la ciencia, marcadas con una gran letra de color escarlata ("E" de escolástica).

La emergencia se manifiesta como una especie de grasa mágica para aceitar el motor que presuntamente se esconde en una realidad más profunda que los objetos. Sin embargo, la emergencia siempre es emergencia-para o emergencia-como. Consideremos otra vez el caso de la tetera que hierve. ¿Qué está sucediendo? Los electrones dan saltos cuánticos de una órbita a otra más alta. Este comportamiento, una transición entre fases, emerge como agua que hierve para un observador como yo, que espera su té de la tarde. El deslizamiento liso y holístico del agua de un líquido frío a un líquido hirviente sucede ante mí, un observador, del mismo modo que la forma en que la esfera emerge de los parches negros en la Figura 1. La emergencia aparece como algo unificado y suave, pero su acontecimiento holístico es siempre *para* otro ente. Sería equivocado decir que el agua tiene propiedades emergentes de ebullición que de alguna manera "surgen" en el momento oportuno. Es menos misterioso afirmar que cuando el elemento de calor en mi estufa interactúa con el agua, ésta hierve. Su emergencia-como-ebullición es un objeto sensual, producido por una interacción entre la tetera y la estufa.

Del mismo modo, desde nuestro punto de vista, la mente no se encuentra "en" las neuronas, sino en las interacciones sensuales entre las neuronas y otros objetos. Hay algo de verdad, pues, en la idea budista esotérica de que la mente no se encuentra "en" el cuerpo, como tampoco "fuera" de él o en algún punto intermedio. Hay mucho menos misterio en esta visión, pero seguramente mucha magia. El mundo ordinario en el que las teteras hierven y las mentes piensan en el té consiste en un meollo donde se hace imposible determinar dónde termina un objeto sensual y dónde empieza el siguiente.

Ahora bien, la preexistencia de $1 + n$ objetos nos enseña algo acerca de cómo pensar los orígenes. No estoy particularmente interesado en la pregunta sobre si el universo fue creado por un dios o no. En lo que a mi concierne, podría haber una regresión temporal infinita de los eventos físicos. Pero podemos establecer algunas reglas básicas para determinar cómo un dios debería operar en una realidad orientada a objetos. Un dios necesitaría al menos otro ente para remarcar su existencia. Hasta el momento en que el universo fue creado, no pudo haber existido un dios particular. Es simplemente imposible designar a un ser como *causa sui* (como los escolásticos proponen) que se encuentre en una relación privilegiada respecto de los demás seres.

Utilizamos el término "remarcar" en el sentido de Jacques Derrida y su análisis acerca de cómo las pinturas difieren (o no) de los textos escritos. ¿Cómo podemos decir que un garabato es una carta y no apenas una pizca de pintura?[56] Este es un verdadero problema. Ingresemos a un aula. La pizarra está garabateada con escritura. Pero a medida que nos acercamos, notamos que la escritura no es escritura en absoluto, sino marcas de tiza medio borradas que pudieron o no haber sido escritura en algún momento.

Cualquier marca, plantea Derrida, depende de otra cosa (aquí está una vez más ese molesto $1 + n$). Esta otra cosa podría ser algo tan simple como una superficie inscribible, o el sistema que hace que la marca tenga sentido. Para que haya una diferencia que hace la diferencia debe haber al menos otro objeto que la marca no pueda explicar, es decir, que remarque la marca. Las marcas no pueden producir sentido por sí mismas. Si pudieran hacerlo, entonces el sentido se reduciría a un puro sistema estructuralista de relaciones. Pero, como no pueden, entonces la "primera marca", en particular, ha de ser incierta, porque es estrictamente secundaria respecto de la superficie inscribible (o lo que sea) sobre la que se funda. Debe haber una apertura al comienzo de todo sistema para que pueda ser un sistema, una *incertidumbre* irreductible. Algún tipo de magia, algún tipo de ilusión que pueda o no pueda ser el comienzo de algo.

La idea de una superficie inscribible no es abstracta. Un juego podría ser pensado como un espacio interobjetual compuesto por una serie de diferentes agentes, como tableros, piezas, jugadores y reglas.[57] Este espacio depende para su existencia de 1 + *n* objetos retirados. Un juego es el resultado de objetos reales coexistentes. Citando a Kenneth Burke y Gregory Bateson, Brian Sutton-Smith hizo una observación similar sobre la función de jugar mordiendo que realizan los animales. Sugirió que el juego podría ser la forma más temprana de la negatividad, anterior a la existencia de lo negativo en el lenguaje. Jugar, como una forma de no hacer lo que el juego representa, previene el error. Es un comportamiento negativo positivo. Se dice no diciendo que sí. Es un mordisco, pero también es un pellizco.[58] En ambos casos, el impulso de jugar es un medio de comunicación en una situación en la que las criaturas aún no han adquirido el lenguaje. Una acción de juego es una señal similar a la llamada de un depredador, excepto que su referente está en el mundo social. Quienes hayan tenido un gato alguna vez, sabrán que la mordida del juego remite a lo más profundo de la ontogenia mamífera. Pensemos en lo que esto significa. Para comenzar, significa que lo que llamamos lenguaje es una pequeña parte de un espacio de configuración mucho más amplio. Para que una palabra sea un mordisco juguetón, el mordisco debe siempre ya referirse a un mordisco genuino. Debe existir un espacio interobjetual en el que el "significado" tenga sentido. El hecho de que podamos hablar, entonces, no significa que seamos diferentes de los animales, sino que somos capaces de encapsular una gran variedad de entes y comportamientos no humanos. Para que exista el lenguaje, tienen que haber todo tipo de objetos en juego. Todo tipo de superficies inscribibles.

Una vez más, nos encontramos con algunos pensamientos sobre la naturaleza de la mente. Consideremos el ensayo de Andy Clark y David Chalmers, "La mente extendida".[59] El argumento es sorprendentemente similar a algunas conclusiones del ensayo de Derrida, "La farmacia de Platón". No es que Derrida lo haya explicitado todo de antemano; por el contrario, evita cuidadosamente hablar sobre lo que es, un pecado de omisión. Pero Derrida sí argumenta que no hay sentido en el que se pueda afirmar que una memoria nocional interna es mejor que dispositivos externos como tabletas de cera y unidades de memoria.[60] O que es más reales o más representativa de "lo que significa ser humano", etcétera.

Clark y Chalmers parecen hacerse eco de esto cuando afirman que la idea de que la cognición ocurre "dentro" del cerebro es puro prejuicio. El mejor aspecto de la deconstrucción, para mí, es cuando *refuta* el relacionismo. Y es el estructuralismo quien es puramente relacional. La deconstrucción señala constantemente que el significado depende de entes 1 + *n* que se hallan excluidos de dicho sistema y, sin embargo, incluidos por ser excluidos, socavando de paso la coherencia del sistema. Estos entes pueden ser tabletas de cera, tinta o papel. Que sean "significantes" o no, esa es justamente la cuestión. El significado emerge del sinsentido. No se trata únicamente de relaciones.

El significado no existe en el vacío, por eso prefiero la re-marcación de Derrida a la marca más o menos contemporánea de Spencer-Brown.[61] La marca de Spencer-Brown parece crearse a sí misma (y sus condiciones para la interpretación) a partir del vacío, como si se tratase de un soberbio dios hindú o judeocristiano. Sin embargo, debe haber siempre ya una superficie inscribible en la que la marca aparezca. Las marcas requieren un escenario en el que puedan mostrar sus atributos. Es en este sentido que prefiero adoptar el término de Derrida: *archiescritura*. No todo es exclusivamente signos – pero el todo *no es*.

Quizás esto saque de apuros a Derrida, ya que es bastante posible utilizar su trabajo en favor del antirrealismo, como muchos han hecho. Sin embargo, hay una suerte de darse en Derrida, pese a sus declaraciones en sentido contrario. Él la llama archiescritura, trazo, diferencia, *gramma*. Por el contrario, una marca pretende ser una varita mágica o una palabra mágica como "abracadabra". La realidad es *como una ilusión*, nunca se sabe. La forma en que los objetos aparecen es *como un acto de magia*. Si la realidad fuese de hecho definitiva y verificablemente mágica, habitaríamos un mundo diseñado por un teísta o por un nihilista (que cada uno elija). Es hora de esta cita una vez más: "Lo que constituye la pretensión es que, al fin de cuentas, no sabemos si una simulación o no".[62]

Las teorías tipo Spencer-Brown conducen a lo que ahora llamamos emergencia. El emergentismo quiere atrapar la novedad en el acto de su surgimiento. Si esto no suena a una tarea imposible, es probable que me haya descuidado al escribir este libro. Para que algo suceda, debe suceder dos veces. Un objeto está siempre dentro de otro objeto, como la escritura que aparece en un pedazo de papel. Pero además, la emergencia propiamente dicha es emergencia-para. Hay por lo menos un "observador" y, naturalmente, este observador no necesita ser un humano, ni siquiera un ente sensible. Cuando los gases excitados emergen como fotones en el interior de una lámpara fluorescente, emergen para el baño en cuyas paredes los fotones rebotan. Cuando una nube de polvo de esporas emerge como la pudrición de un melocotón mohoso en algún bol olvidado, el polvo emerge-para las corrientes de aire en una cocina desierta. Cuando una tetera hierve sin ser vista, el vapor emerge-para las partículas menos excitadas del agua en la cocina y para la fotografía enmarcada que cuelga cerca de la ventana, cuyo vidrio se empaña con una fina capa de niebla.

Podemos rastrear algunos de los problemas asociados con ciertas formas de materialismo a la fijación con la emergencia como hecho ontoteológico: en este caso, la emergencia se toma no como algo emergente-para, sino como algo que funciona solo, es decir, como una especie de milagro causal. Consideremos la teoría marxista que da cuenta del surgimiento del capitalismo. Desde nuestro punto de vista, el verdadero problema con el marxismo es que Marx es un idealista, o tal vez un correlacionista. ¿Cómo puede uno justificar una idea tan descabellada? De hecho, hay varias formas de hacerlo. Por ejemplo, podríamos examinar el anticuado antropocentrismo de Marx, que su amado Darwin ya había hecho estallar por los aires cuando aquél se dispuso a escribir. Pero mi argumento es más técnico, y se refiere a un problema específico: ¿cómo aparecen las cosas?

Consideremos el capítulo 15 de *El capital*,* en el cual Marx describe su teoría de las máquinas. El argumento básico es que cuando tenemos suficientes máquinas que crean otras máquinas, el resultado es un salto cualitativo hacia un capitalismo industrial de gran escala. Marx nunca especifica cuántas máquinas se requieren para dicho salto. Es algo que uno sabrá cuando lo vea. Si aparenta ser un capitalismo industrial, y suena como capitalismo industrial, entonces... Por lo tanto, esto se reduce a una teoría de la emergencia. El capitalismo propiamente dicho emerge de su fase comercial cuando hay suficientes máquinas funcionando. Esto se parece mucho al *test* de Turing.[63] Según esta teoría, la inteligencia es una propiedad emergente de suficientes algoritmos haciendo lo suyo. Pero el punto es, ¿emergente para quién? Si estoy sentado en una habitación contigua y recibo información que parece bastante coherente, y esto me hace pensar que hay una persona inteligente detrás de la puerta, entonces una persona inteligente está detrás de la puerta. Para una teoría que trata de explicar la totalidad del espacio social, este es un problema significativo.

Este es el problema con el emergentismo. Cualquier sistema requiere 1 + *n* objetos externos para poder existir y ser medido, y así sucesivamente. Esta es la maravillosa conclusión de Derrida acerca del estructuralismo. A menudo se confunde la deconstrucción con el estructuralismo, pero es este último el que dice que nada realmente tiene significado; que todo es relacional. Lo que argumenta la deconstrucción es que para cualquier sistema de significado, hay al menos un ente opaco que el sistema no puede asimilar, es decir, que debe a la vez incluir y excluir para poder existir. La emergencia es un paraguas demasiado escurridizo para incluir toda posibilidad causal. Consideremos las fotografías de Myoung Ho Lee. Lee simplemente agrega una enorme tela detrás de un árbol. Luego lo fotografía, creando un aura instantánea. Es como si el árbol apareciera inscrito sobre una superficie bidimensional como un dibujo o una pintura. Es una especie de inversión de la técnica surrealista que desarrolló Magritte. En lugar de pintar cuadros en los que los árboles aparecen frente a otros árboles reales, tomamos una foto de un árbol real en este extraño y suspendido estado imaginario. Agregar un fondo es básicamente un comentario sobre cómo, para que un objeto exista, debe haber algún otro objeto cerca. Para que exista una marca, debe haber tinta y papel. El significado no viene de la nada. Proviene de las interacciones entre las marcas y las superficies inscribibles. Haciéndonos frente como gigantescas postales de sí mismos en escala uno-uno, los árboles parecen amenazarnos con los artificios de un payaso. El hecho de que sepamos que se trata de un montaje, de que podemos ver las arrugas en la tela, hacen que el montaje sea mucho más intenso. Como cuando vemos a alguien disfrazado de *drag queen* y sabemos que está haciendo una *performance*: árboles *queer*.

Entre las cosas

El libro de Molly Ann Rothenberg, *La subjetividad excesiva*, formula una teoría retroactiva de la causalidad basada en el concepto lacaniano de "extimidad", una especie de "intimidad exteriorizada". Podemos fácilmente aplicar algunas de sus ideas a seres no humanos y no sintientes. Esto es posible porque los objetos ya están dentro del fenómeno de la extimidad. Se trata de una suerte de presencia objetual que está en nosotros más que en nosotros mismos. Es nuestro *agalma* (griego), nuestro "tesoro". El ejemplo de Rothenberg es "Carl sonrió mientras acariciaba suavemente la piel de su amante con el filo de un cuchillo".[64] El final de la oración cambia lo que pensamos de "él", reorganizando la escena de forma retroactiva. Nótese que es un *cuchillo* lo que hace esto, un objeto que es "éxtimo". Estas pistas son más que suficientes para imaginar cómo aplicar la causalidad retroactiva a entes no humanos y no sintientes. Harman argumenta precisamente esto. Cuando una barra de hierro choca contra el piso de un almacén, nos presenta retroactivamente el piso del almacén de una determinada manera. De esto se trata la *traducción*. Para Harman, el objeto es como un *retrovirus*, que inyecta su "ADN en cada objeto que encuentra a su paso".[65]

Consideremos el fenómeno del sampleo musical. Un *sampler* traduce el sonido en una versión con compuesta de marcaciones regulares del sonido: la frecuencia preferida de muestreo es 44,000 veces por segundo, por lo que hay 44,001 pequeños agujeros entre, y a ambos lados de, cada pequeña pieza de muestreo. Cada muestreo es una traducción en la medida en que corta una tajada sensual de cada objeto y, al hacerlo, crea un nuevo objeto. En ese sentido, *la causalidad es un tipo de muestreo*. Así, cuando observamos un fenómeno, estamos contemplando siempre y estrictamente el pasado, pues lo que observamos es *una muestra de otro objeto*. Samplear es postular de manera retroactiva. Esto explicaría la extraña calidad de los objetos. Todos los objetos poseen un tipo de extimidad adherida a ellos, a fuerza de ser muestras, y a fuerza de samplear otros objetos. *El sujeto excesivo es simplemente un objeto en un* plenum *de objetos excesivos.*

Los comienzos son retroactivos: involucran una causalidad inversa. Uno se encuentra "en el medio de algo", o como dice Horacio de la buena épica, "*in medias res*", literalmente, *entre las cosas.* Este abordaje es mucho más honesto que pretender inventar una suerte de objeto medio en el que las cosas aparecen, como el mundo, el medio ambiente, la naturaleza, etcétera. Uno simplemente se despierta en el interior de otro objeto, *entre las cosas.* La existencia es coexistencia. La coexistencia ahueca el ser de una cosa por dentro, porque incluso un ente ideal y aislada coexiste con sus partes. Heidegger supone que este extraño estar-con aplica solo para los seres humanos, pero no hay razón significativa para creer que los seres humanos son diferentes en este sentido de los teléfonos, las cascadas o las cortinas de terciopelo.

Por lo tanto, el comienzo absoluto de algo es inaccesible desde el punto de vista ontológico para cualquier objeto del universo. Está siempre "ahí". Como nadie está parado fuera del universo, equipado con un cronómetro y una pistola de carreras, es decir, como no hay metalenguaje, el comienzo de algo no solo está envuelto en misterio -es el misterio por excelencia. Todo origen es un lugar sombrío. Tenemos aquí un ejemplo contemporáneo. ¿Cómo determinar que el calentamiento global está sucediendo? Porque seguimos preguntándonos si ha comenzado o no.

Así pues, los comienzos suponen un toque peculiar de ironía que llamaré *apoléptico.* Todos estamos bastante familiarizados con la ironía proléptica: una ironía de la anticipación en la que los espectadores saben algo que el protagonista de una narración aún no conoce. Ahora conozcamos a su pariente extraño, la ironía apoléptica. Se trata de la ironía retroactiva que sentimos cuando el final de una narración hace que contemplemos el relato de manera diferente. Explota la brecha entre lo que creíamos estar leyendo y lo que leemos ahora. (Cuando doy mis clases, describo la ironía como una explotación de brechas: la explotación estética de una brecha entre niveles 1 + *n* de significación). ¿Qué es lo irónico de la canción de Alanis Morissette, *Ironic*?[66] Lo irónico es que ninguno de los ejemplos que ella da son ejemplos de ironía. Hay una brecha entre lo que la canción dice ser y lo que realmente es. Como a mi forma de ver existe una brecha ontológica entre un objeto y su manifestación sensual, la ironía parece ser una propiedad básica de la realidad, no algo divertido que sucede en una novela de Jane Austen.

Debemos distinguir la ironía del sarcasmo. El sarcasmo puede no tener ironía, y la ironía puede ser muy sutil y sin sarcasmo. El sarcasmo es el uso de dos o más niveles de significación para causar dolor. Como cuando mi hija usa citas con comillas para decir: "Papi, realmente 'te amo'". No se trata de una distinción trivial, porque también hay una diferencia que podemos identificar dentro de la ironía, entre un tipo de ironía reificada, como la leyenda en una camiseta, y una ironía más fluida y vacilante. El sarcasmo es una versión aún más dura que las expresiones que encontramos en las camisetas, y por lo tanto tiende a quedar fuera del delicado sistema de la ironía. El sarcasmo y la pesada cruda suponen una posición "meta" respecto de las cosas que la OOO descarta como estrictamente imposibles.

La ironía es un sistema interobjetual que trata con brechas. La interobjetualidad es el ámbito de las brechas entre los objetos –ámbito que se genera cuando un objeto deja su huella en otro objeto, como un sonido que es *sampleado* por un grabador digital. La ironía siempre significa que algo ya está ahí. De lo contrario, no podría haber una brecha. Ahora bien, hay varios tipos de ironía. Hay una ironía proléptica, la ironía de la anticipación, en la que un personaje se anticipa pero el lector o la audiencia saben que las cosas saldrán de una manera diferente. Hay una ironía dramática en la que el público sabe algo que el personaje ignora. La ironía romántica sucede cuando el narrador se da cuenta que es el protagonista. Ahora, este conocimiento está implícito en cualquier narrativa en primera persona, puesto que el yo que está narrando es estructuralmente distinto del yo que es sujeto de la historia. Esta es una versión 2.0 de la ironía romántica. Y la ironía romántica completa es cuando se tematiza esta brecha estructural. Pensemos en *Blade Runner* (1982). Deckard descubre que él es el tipo de persona que ha estado persiguiendo a lo largo de toda la historia: un replicante, un humano artificial de cuatro años.[67] Esta es la ironía romántica versión 2.0. También hay una versión 3.0 en la que toda la historia se orienta en torno a este descubrimiento. Pensemos en otra película, *The Shawshank Redemption*[68](Sueños de fuga) (1994). Durante todo el transcurso creemos que Red, el narrador cínico e institucionalizado, nos está contando la historia del magnífico, liberado y liberador Andy Dufresne. Pero cuando Red abre la caja enterrada debajo del árbol, él y nosotros descubrimos simultáneamente que toda la historia le estaba sucediendo a él, que toda la actuación de Dufresne estaba dedicada a liberar al Red interior, de ahí la "redención" en el título. Ambas películas ejemplifican de forma maravillosa una característica de OOO que Harman ha vinculado con el pensamiento de Slavoj Žižek. La causalidad es en cierto sentido retroactiva, y la ironía apoléptica es, por lo tanto, responsable de la emoción que acompaña a la causalidad retroactiva.[69]

Al final de *The Shawshank Redemption*, el comienzo de su vida fuera de prisión, Red descubre que su cinismo se ha derrumbado. Él ya no está afuera. El cinismo es la tentativa de encontrar algún tipo de posición metalingüística por fuera de la narración. *La ironía hace que los entes se unan y se separen*: deben unirse para que ocurra la causalidad, sin embargo, nada en absoluto podría acontecer si todo simplemente flotara en un éter. La ironía apoléptica no es una forma de sarcasmo o de distancia cínica. Es la experiencia de la sinceridad total: de despertarse dentro de un objeto, de estar entre las cosas, *in medias res*. Esta sinceridad total es el momento del nacimiento, no como un momento "en" el tiempo, sino como un acontecimiento del que brota el tiempo y se propaga hacia la continuidad y la persistencia, como agua de un glaciar que se derrite. En el próximo capítulo, nos ocuparemos de la continuidad.

Notas

1. Aristophanes, *The Frogs*, disponible en http://classics.mit.edu/Aristophanes/frogs.html, consultado en Junio 27, 2012.
2. Vid. Jakob von Uexküll, *A Foray into the Worlds of Animals and Humans*; with *A Theory of Meaning*, trad. Joseph D. O'Neil, intro. Dorion Sagan, epilogo de Geoffrey Winthrop-Young (Minneapolis: University of Minnesota Press, 2010), 44–52, 157–161, 190–191.
3. Uexküll, *A Foray*, 158–159, 190–191.
4. Giorgio Agamben, *The Open: Man and Animal*, trad. Kevin Attell (Stanford: Stanford University Press, 2004), 41.
5. John Donne, *Holy Sonnets* 5, line 1; *Major Works: Including Songs and Sonnets and Sermons*, ed. John Carey (Oxford: Oxford University Press, 2000).

6. Graham Priest, *In Contradiction: A Study of the Transconsistent* (Oxford: Oxford University Press, 2006), 28–38.

7. Una presentación extraordinaria de este hecho en James Whitehead (JLIAT), "Deconstructing a Sine Wave," http://jliat.com/deconsine.html.

8. La exploración más vívida de esto se encuentra en Douglas Hofstadter, *Gödel, Escher, Bach: An Eternal Golden Braid* (New York: Basic Books, 1999), 418–424.

9. Aaron D. O'Connell et al., "Quantum Ground State and Single Phonon Control of a Mechanical Ground Resonator," *Nature* 464 (Marzo 17, 2010), 697–703.

10. Aaron O'Connell, "Making Sense of a Visible Quantum Object," http://www.ted.com/talks/aaron_o_connell_making_sense_of_a_visible_quantum_object.html.

11. Este es, de hecho, el razonamiento de Petr Horava, en "Quantum Gravity at a Lifshitz Point," *Phys. Rev. D* 79 (8): 084008 (2009), disponible de arXiv:0901.3775v2 [hep-th].

12. Edward Casey, *The Fate of Place: A Philosophical History* (Berkeley y London: University of California Press, 1997), 106–115.

13. Al-Kindi, "On Divine Unity and the Finitude of the World's Body," en *Classical Arabic Philosophy: An Anthology of Sources*, trad. e intro. Jon McGinnis y David C. Reisman (Indianapolis: Hackett, 2007), 18–22.

14. Martin Heidegger, "The Origin of the Work of Art," en *Poetry, Language, Thought*, trad. Albert Hofstadter (New York: Harper & Row, 1971), 15–86 (26).

15. Anton Zeilinger, *Dance of the Photons: From Einstein to Quantum Teleportation* (New York: Farrar, Straus y Giroux, 2010), 206–207, 208–217, 247–248.

16. Ibn Rushd en *Classical Arabic Philosophy: An Anthology of Sources*, ed. Jon McGinnis y David C. Reisman (Indianapolis: Hackett, 2007), 342, 349.

17. Aristotle, *Poetics*, disponible en http://classics.mit.edu/Aristotle/poetics.html, consultado en Junio 28, 2012.

18. Adapto este término de Jean-Luc Marion, *In Excess: Studies of Saturated Phenomena* (New York: Fordham University Press, 2010), 37–40.

19. William Shakespeare, *Hamlet* 1.1.1; *Hamlet, Prince of Denmark*, ed. Edwards, Philip (Cambridge: Cambridge University Press, 1993).

20. Oscar Wilde, *The Picture of Dorian Gray*, ed. Robert Mighall (London: Penguin, 2003), 5.

21. Wilde, *The Picture of Dorian Gray*, 5.

22. Horace, *On the Art of Poetry*, in *Aristotle, Horace and Longinus, Classical Literary Criticism*, trad. T.S. Dorsch (Harmondsworth: Penguin, 1984), 84.

23. Emmanuel Levinas, *Exitence and Existents*, trad. Alphonso Lingis, prólogo de Robert Bernasconi (Pittsburgh: Dusquesne University Press, 1988), 51–60. Ver Graham Harman, *Guerrilla Metaphysics: Phenomenology and the Carpentry of Things* (Chicago: Open Court, 2005), 59–70

24. Samuel Taylor Coleridge, *Coleridge's Poetry and Prose*, ed. Nicholas Halmi, Paul Magnuson y Raimona Modiano (New York: Norton, 2004).

25. Emmanuel Levinas, *Otherwise than Being: Or Beyond Essence*, trad. Alphonso Lingis (Pittsburgh: Duquesne University Press, 1998), 123.

26. Uso la atinada frase de Walter Benjamin: "Theses on the Philosophy of History," *Illuminations*, ed. Hannah Arendt, trad. Harry Zohn (London: Harcourt, Brace y World, 1973), 253–264 (261).

27. Martin Heidegger, *Being and Time*, trad. Joan Stambaugh (Albany, N.Y: State University of New York Press, 1996), 290.

28. Timothy Morton, *The Ecological Thought* (Cambridge, MA.: Harvard University Press, 2010), 38–50.

29. Edmund Burke, *A Philosophical Enquiry into the Origin of our Ideas of the Sublime and the Beautiful*, ed. James T. Boulton (Oxford: Basil Blackwell, 1987), 57–70.

30. Immanuel Kant, *Critique of Judgment*, trad. Werner Pluhar (Indianapolis: Hackett, 1987), 103–6.

31. Kant, *Critique of Judgment*, 106.

32. Kant, *Critique of Judgment*, 113.

33. Iain Hamilton Grant, *Philosophies of Nature after Schelling* (London: Continuum, 2006). Ben Woodard, *Slime Dynamics* (Winchester, UK: Zero Books, 2012).

34. Kant, *Critique of Judgment*, 130.

35. Kant, *Critique of Judgment*, 108.

36. Jacques Derrida, "Economimesis," *Diacritics* 11.2 (Summer, 1981), 2–25.

37. Longinus, *On the Sublime* trad. T.S. Dorsch, eds., *Classical Literary Criticism* (London: Penguin, 1984), 109.

38. Graham Harman, "Zero-Person and the Psyche," en David Skrbina, ed., *Mind that Abides: Panpsychism in the New Millennium* (Philadelphia: John Benjamins, 2009), 253–282.

39. Graham Harman, *Tool-Being: Heidegger and the Metaphysics of Objects* (Peru, IL: Open Court, 2002), 190–204.

40. Longinus, *On the Sublime*, en *Classical Literary Criticism*, 127.

41. Longinus, *On the Sublime*, en *Classical Literary Criticism*, 121.

42. Gilles Deleuze, *Cinema 2: The Time-Image*, trad. Hugh Tomlinson y Robert Galeta (London: Continuum, 2005), 66–97.

43. Longinus, *On the Sublime*, en *Classical Literary Criticism*, 123–4.

44. Harman, *Tool-Being*, 62–63.

45. Longinus, *On the Sublime*, en *Classical Literary Criticism*, 100.

46. Longinus, *On the Sublime*, en *Classical Literary Criticism*, 116 117; Doctor Seuss, *The Lorax* (New York: Random House, 1971), 49.

47. Longinus, *On the Sublime*, en *Classical Literary Criticism*, capítulo 15.

48. Quintilian, *Institutio Oratoria*, 6.2.29. http://penelope.uchicago.edu/Thayer/E/Roman/Texts/Quintilian/Institutio_Oratoria/6B*.html - 2, consultado en Junio 28, 2012.

49. Timothy Morton, *The Poetics of Spice: Romantic Consumerism and the Exotic* (Cambridge: Cambridge University Press, 2006), 33–8, 129–31.

50. Sobre lo seductor de los fantasmas, ver Lingis, *The Imperative*, 107–116.

51. Graham Harman, "Object-Oriented Philosophy," en *Towards Speculative Realism* (Winchester: Zero Books, 2010), 93–104 (94–5).

52. Timothy Morton, *Ecology without Nature: Rethinking Environmental Aesthetics* (Cambridge, MA: Harvard University Press, 2007), 29–78.

53. Harman, *Guerrilla Metaphysics*, 33–44.

54. Steven Lehar, "Gestalt Isomorphism," disponsible en http://cns-alumni.bu.edu/~slehar/webstuff/bubw1/bubw1.html, consultado en Julio 6, 2012.

55. Graham Harman, "On Panpsychism and," disponible en http://doctorzama- lek2.wordpress.com/2011/03/08/on-panpsychism-and-ooo/, consultado en Julio 6, 2012.

56. Jacques Derrida, *Dissemination*, trad. Barbara Johnson (Chicago: University of Chicago Press, 1981), 54, 104, 205, 208, 222, 253.

57. Janet Murray, *Inventing the Medium: Principles of Interaction Design as a Cultural Practice* (Cambridge, MA: MIT Press, 2011).

58. Brian Sutton-Smith, *The Ambiguity of Play* (Cambridge, MA.: Harvard University Press, 1997), 1, 22.

59. Andy Clark y David Chalmers, "The Extended Mind," *Analysis* 5 (1998), 10-23.

60. Jacques Derrida, "Plato's Pharmacy," *Dissemination*, 61–171.

61. George Spencer-Brown, *Laws of Form* (New York: E.P. Dutton, 1979).

62. Jacques Lacan, *Le séminaire, Livre III: Les psychoses* (Paris: Editions de Seuil,1981), 48.

63. Alan Turing, "Computing Machinery and Intelligence," en Margaret A. Boden, ed., *The Philosophy of Artificial Intelligence* (Oxford y New York: Oxford University Press, 1990), 40–66.

64. Molly Ann Rothenburg, *The Excessive Subject: A New Theory of Social Change* (New York: Polity, 2010), ix, 1–2.

65. Harman, *Tool-Being*, 212.

66. Alanis Morissette, "Ironic," *Jagged Little Pill* (Maverick, 1995).

67. Ridley Scott, Dir., *Blade Runner* (Warner Bros., 1982).

68. Frank Darabont, Dir., *The Shawshank Redemption* (Columbia Pictures, 1994).

69. Harman, *Tool-Being*, 205–216.

Capítulo 3

Vida mágica

> Debes tocar mucho tiempo para ser capaz de tocar como tú mismo.
>
> – Miles Davis

Esta es mi parte favorita de *El Anti-Edipo*, esa obra maestra, alegre y escandalosa, de Gilles Deleuze y Félix Guattari:

> El paseo del esquizofrénico es un modelo mejor que el neurótico acostado en el diván. Un poco de aire libre, una relación con el exterior. Por ejemplo, el paseo de Lenz reconstituido por Büchner. Por completo diferente de los momentos en que Lenz se encuentra en casa de su buen pastor, que le obliga a orientarse socialmente, respecto al Dios de la religión, respecto al padre, a la madre. En el paseo, por el contrario, está en las montañas, bajo la nieve, con otros dioses o sin ningún dios, sin familia, sin padre ni madre, con la naturaleza. «¿Qué quiere mi padre? ¿Puede darme algo mejor? Imposible. Dejadme en paz.» Todo forma máquinas. Máquinas celestes, las estrellas o el arco iris, máquinas alpestres, que se acoplan con las de su cuerpo. Ruido ininterrumpido de máquinas. «Creía que se produciría una sensación de infinita beatitud si era alcanzado por la vida profunda de cualquier forma, si poseía un alma para las piedras, los metales, el agua

> y las plantas, si acogía en sí mismo todos los objetos de la naturaleza, maravillosamente, como las flores absorben el aire con el crecimiento y la disminución de la luna.» Ser una máquina clorofílica, o de fotosíntesis, o por lo menos deslizar el cuerpo como una pieza en tales máquinas. Lenz se colocó más allá de la distinción hombre-naturaleza, más allá de todos los puntos de referencia que esta distinción condiciona. No vivió la naturaleza como naturaleza, sino como proceso de producción. Ya no existe ni hombre ni naturaleza, únicamente el proceso que los produce a uno dentro del otro y acopla las máquinas. En todas partes, máquinas productoras o deseantes, las máquinas esquizofrénicas, toda la vida genérica: yo y no-yo, exterior e interior ya no quieren decir nada.[1]

Las máquinas, los ritmos y las velocidades se mueven de manera coordinada u opuesta, como si estuviéramos sentados en un vagón de trenes viendo cómo las diferentes formaciones entran y salen de la estación. La grieta entre esencia y apariencia se suspende ante otras grietas: *un objeto persiste.*

Olvidemos la valoración del esquizofrénico frente al neurótico y enfoquémonos en el lenguaje descriptivo. Es poesía pura de relacionismo procesual, perfecta para evocar la persistencia de los objetos, la forma en que, al menos por un tiempo, siguen siendo ellos mismos antes de romperse y morir. La OOO no debería abandonar los procesos, debería pensarlos como parte de un espacio de configuración más amplio. Los procesos son metáforas maravillosas para la existencia: existir, permanecer, florecer, vivir. Como veremos, las fallas mismas del relacionismo de procesos -su fracaso a la hora de explicar el tiempo como una característica inherente a los objetos- resultan ser su virtud en cuanto la ilusión mágica del presente es la sensación de estar "en" el tiempo (como cuando uno está inmerso en el agua de una piscina o en los ritmos pulsantes de un club nocturno).

Utilicemos la técnica desarrollada en el capítulo anterior: contemplemos el arte y veamos qué tiene para decirnos sobre cómo las cosas siguen siendo lo que son. Para esto, debemos pensar en el segundo momento de la división tripartita de Aristóteles: comienzo, medio y fin. ¿Qué se siente cuando se *estamos en el medio*? Como argumentaré, es justamente la sensación de estar atrapado o suspendido en una multiplicidad de ritmos. Es como estar en una fábrica, en una gigantesca fábrica, escuchando eso que Deleuze y Guattari llaman, de forma memorable, "el continuo zumbido de máquinas." Estos ritmos están compuestos en su mayoría por diferencias irreductibles entre un objeto y sus cualidades sensuales, a la vez que dichas cualidades interactúan con las cualidades sensuales de otros objetos. Por lo tanto, el ritmo más básico es *la diferencia de un objeto consigo mismo*: un fenómeno dialeteísta que exploraremos a continuación. Esta diferencia en sí constituye la persistencia. Cuando los objetos coexisten sin creación o destrucción algunas, esta diferencia interna se multiplica, como las ondas expansivas de una canción tecno.

La discoteca del momento presente

Podemos entonces decir que estamos sumergidos en una historia realista clásica cuando la misma parece desarrollarse de manera circular. Una vez más, notemos la diferencia entre realismo literario y realismo ontológico. Creo, simplemente, que el realismo literario parece realista *porque hay una realidad*, es decir, que el realismo en el arte no es simplemente una invención humana y solipsista. El realismo simplemente se aprovecha de la manera en que los humanos antropomorfizan lo real, pero debe haber algo real para que este antropomorfismo pueda suceder. Así pues, podemos acudir a las experiencias que se nos brindan las artes para hablar de la realidad como tal. Que este movimiento pueda parecer contraintuitivo es, como ya he argumentado, un síntoma de los problemas que han acosado a la modernidad.

El ciclo narrativo, también conocido como estructura periódica, puede ser tan simple o tan complejo como lo desee el narrador pero, en general, la sensación de ciclo se logra mediante la introducción de formas periódicas: hay cosas que se repiten. Además, hay una sensación de suspensión: un movimiento perdura pero hay quietud, estasis en movimiento. De algún modo, se logra una sensación de movimiento relativo, como cuando estamos en un tren que espera en una estación y vemos otro tren que se desplaza.

El efecto se logra cuando el narrador introduce proporciones inversas entre la frecuencia y la duración de los eventos, entre la *secuencia narrada* y la *secuencia cronológica*. ¿Qué significa esto? Vamos a llamar a la secuencia narrada *trama*, y a la secuencia cronológica, *historia*. Para nuestros propósitos, simplifiquemos las cosas y digamos que un "acontecimiento" es cualquier cosa en una narrativa que tiene un verbo adjunto. Entonces, "Humpty Dumpty decidió alentar una revolución" es un acontecimiento. Podemos asignarle números a estos acontecimientos. Ahora bien, una manera fácil de convertir una historia en una trama es reorganizando la secuencia. Digamos que nuestra historia va en el orden 1, 2, 3, 4, 5 (así debe ser, porque las historias son cronológicas), pero la reorganizamos para obtener 2, 1, 5, 3, 4. Hemos introducido algunos *flashbacks* y saltos hacia adelante, pequeños remolinos en el racconto de los acontecimientos.

Entonces, como narrador, puedo jugar con la secuencia de acontecimientos. Pero también puedo jugar con dos características básicas de los acontecimientos narrativos: *frecuencia* y *duración*.[2] La frecuencia se refiere a cuántas veces ocurre un acontecimiento. La duración se refiere a cuánto demora. Ahora, es evidente que un acontecimiento que ocurre una sola vez en la historia puede ser narrado muchas veces, y viceversa. "Durante el mes de agosto, Humpty Dumpty continuó visitando esa fatídica plaza en Praga." Un acontecimiento que ocurre muchas veces puede ser narrado solo una vez. En este caso, no sabemos cuántas veces ocurre en la historia, así que vamos a llamarlo n. La frecuencia siempre se expresa como una proporción, en este caso $1/n$. O podemos tener un acontecimiento que solo ocurre una vez en la historia narrada. "Humpty Dumpty pulió su arma...Recogió su arma y la pulió...Limpió su arma..." (es un poco obsesivo). Aquí la proporción es $n/1$.

Lo mismo ocurre con la duración. Un acontecimiento que dura muy poco tiempo en la historia puede extenderse durante muchas páginas a lo largo de la trama, y viceversa. Ya hemos explorado cómo la apertura, la sensación de comienzo, es una sensación de incertidumbre. Podemos aplicar esto al ritmo que los acontecimientos adquieren en una historia. El comienzo de una historia está marcado por la coexistencia de flujos caóticos de distintas frecuencias y duraciones. La apertura es la sensación de no saber qué tipo de final va a imponerse. En ese caso, ¿cuál sería el típico desarrollo de una historia realista, es decir, la *sensación* de estar en el medio? Consistiría en instalarse en un ritmo regular, en una periodicidad. Ahora bien, el núcleo mismo de esta parte media de la narración, que llamaremos desarrollo, es como la sección del desarrollo en una sonata donde se reproducen todos los temas y los principales motivos del primer movimiento hasta sus conclusiones lógicas. Este núcleo de la sección de desarrollo nos sumerge en la periodicidad. ¿Cómo logra esto una narrativa?

Lo logra a través de la explotación de las proporciones entre frecuencia y duración. En el medio del desarrollo de una novela realista, las proporciones de frecuencia y duración están de alguna manera organizadas en forma inversa. Es decir, toma la forma $1/n$ y $n/1$. ¿Qué produce esto en los lectores? La sensación de que el tiempo parece dilatarse y comprimirse. Los días pasan de largo en una sola oración. Los minutos pasan como años. Miles de repeticiones pueden tener lugar en una sola frase. Un solo acontecimiento es visto mil veces. El lector pierde la noción del tiempo, no porque no haya tiempo, sino porque se despliega una gran cantidad de ritmos entrecruzados. El tiempo está *suspendido*.

En las caricaturas, el efecto de "estar en el medio" se logra a través de una repetición mecánica que se asemeja a lo que acabamos de describir. Los personajes parecen estar suspendidos en sus acciones produciendo un efecto repetitivo, mecánico y cómico.[3] Se produce una repetición alegre y perturbadora. Los comienzos son dichosos u horribles, distorsiones anamórficas de las apariencias existentes, pero la sucesión es *cómica*, como lo notó Bergson: actuar como una máquina es intrínsecamente divertido. Un abuso estético del "estar en el medio" es el recurso de muchas variedades de comedia así como de las farsas, que con sus rotaciones rápidas y constantes de personajes y aperturas y cierres de puertas, despiertan el humor al prolongar la suspensión. En una película de comedia romántica, una canción pop equivale a estar en el medio, acompañando la acción con su periodicidad regular de verso-coro-verso. La canción dice, "Estos eventos continúan durante un tiempo no determinado, mucho más extenso que su acontecer en esta película." En música, *suspensión* es un término técnico para un efecto que se asemeja al efecto narrativo que acabo de describir. Una sola nota o acorde hace "pedal", es decir, se mantiene por debajo o por encima de una melodía cambiante. La melodía re-contextualiza de manera constante la nota pedal. Un efecto de movimiento y quietud simultánea se manifiesta. La música disco es famosa por estas suspensiones, que utiliza de distintas maneras, ya que su objetivo es mantenernos en la pista de baile por la mayor cantidad de tiempo posible. Bailar, que es una forma de "caminar en el lugar", es una encarnación de la suspensión.

Hay algo extraño con las discotecas de hoy en día. La música parece salir de los propios bailarines. En este sentido, el tiempo es un verbo: un reloj *tiempea* u *horea* del mismo modo en que yo podría bailar acerca de la arquitectura. Desde esta perspectiva, la hora del reloj es un efecto sensual, un juego de periodicidades que requiere la existencia de $1+n$ objetos: un sistema interobjetual. El tiempo del reloj es un efecto emergente del tiempo emitido por los objetos mismos. *Tiempear* es un verbo intransitivo que remite a la grieta en el interior del objeto mismo. La emergencia del tiempo desde los objetos es un hecho físico que se opone claramente a la idea de que existe un reloj universal. Como la velocidad de la luz es limitada, incluso en el caso de un único fotón, cada evento en el universo posee un "cono de luz" dentro del cual los eventos suceden, en el pasado o en el futuro, aquí o allá. No podemos afirmar que los eventos fuera del cono de luz suceden en el futuro o en el pasado o en el presente, más aquí o más allá.

Esto significa que para cada ente hay un *futuro futuro* radicalmente incognoscible; y un *otro lado en otro lado*, también radicalmente incognoscible. La noción de tiempo como contenedor universal es la reificación de un objeto sensual humano, algo así como si el universo estuviera bailando el mismo disco de ABBA. Incluso a nuestro alrededor, algunos objetos gozan de un presente mucho más vasto que el nuestro. La caricatura alemana *Das Rad* nos presenta la construcción de una ruta humana desde la perspectiva de dos rocas sensibles que observan desde la orilla del camino. A lo largo de miles de años humanos, las rocas observan algunos momentos juntas, viendo ir y venir ruedas, ciudades y paisajes posapocalípticos.[4]

La discoteca del momento presente es un conjunto gigantesco de *transducciones*. La aguja (o el cartucho magnético) de un tocadiscos convierte las vibraciones mecánicas del vinilo en una señal eléctrica. Una bocina convierte esta señal eléctrica en ondas de sonido. El efecto piezoeléctrico transduce la presión mecánica en energía eléctrica de alto voltaje, un flujo de electrones. Este flujo de información es amplificado aún más por el butano, lo que resulta en una llama. Los electrones fluyen a través de un cable. Una lámpara fluorescente convierte la energía en luz. Una onda electromagnética se propaga a través del espacio. Una antena enfoca la onda y la convierte en señales eléctricas. Un transductor convierte un tipo de energía en otro.

Un transductor es un objeto que media entre dos objetos, de manera que es un componente logístico esencial de la causalidad vicaria. La entrada al transductor es tratada como información, que le brinda a la energía en el trasductor una forma específica. Esta energía luego actúa como una onda transportadora para la información. De acuerdo con esta visión, la causalidad tipo "clic" (la causalidad mecánica) es una pequeña región del espacio de configuración de las transducciones. La energía mecánica de un sistema se convierte en la energía mecánica de otro, dando lugar a la ilusión de que la causalidad es solo mecánica y de que la información es algo ideal, no físico. Además, según esta visión, la percepción es apenas una pequeña región del espacio de transducción. La audición, por ejemplo, depende de células de presión en la cóclea. (Por cierto, estas son las únicas células de origen vegetal en el cuerpo mamífero.) Por lo tanto, en todo evento causal hay dos series, dependiendo de si lo pensamos desde el punto de vista del transductor o de lo transducido. Desde el punto de vista de lo transducido, el transductor es irrelevante (algo no sensual, cerrado). Esto coincide con la realidad de los objetos reales. La realidad no se "parece" a nada.

Tenemos, por lo tanto, una asimetría OOO. A los transducido no le importa ni un ápice si es recogido o amplificado o lo que sea por una antena, un micrófono o un cristal piezoeléctrico. Las ondas electromagnéticas se siguen propagando alrededor de la antena, pese a todo. La antena también podría no estar allí. Las teorías de los signos, como el estructuralismo, solo se ocupan de la perspectiva de los transductores. Para un transductor, todo parece información. En lugar de ignorarlo o retroceder (sustituyendo alguna otra forma de materia, por ejemplo, un flujo), la OOO encapsula las teorías del giro lingüístico en un espacio de configuración más amplio que incluye lo físico. En la era del giro lingüístico se pensaba en modelos de información como significantes y significados (estructuralismo). Estos fueron sujetos a distintos tipos de análisis, como la deconstrucción, que argumenta que no hay significado genuino, sino una cadena infinitamente diferida de significantes. Cuando hace esta observación, lo que supone la deconstrucción, aunque esto no se mencione explícitamente como tal, es la presencia de un objeto que se sustrae (1 + *n* objetos, precisamente), fuera del sistema significante. A las letras en esta página no les importan los píxeles de los que están hechas, pero sin ellos las letras no podrían existir. Así pues, la OOO presenta a los misteriosos hermanos gemelos de los significantes y los significados, estos son, los transductores y los transducidos.

Máquinas de suspensión

El presente no es tan real como algunos filósofos creen.[5] (De hecho, cuando lleguemos al Capítulo 4, veremos un buen caso que ilustra por qué es menos real que el pasado o el futuro). La presencia es la manera en que un objeto produce *tiempo*, en el sentido intransitivo que ya hemos discutido. Un objeto se suspende a sí mismo, manteniendo la grieta entre esencia y apariencia. La presencia, por ende, no es como una caja, o una calle o incluso una colección de calles que corren paralelas. La presencia es un coro salvaje de tiempos, una cacofonía de *máquinas de suspensión*, poblada con pequeñas islas de armonía. Cuando las buscamos, encontramos máquinas de suspensión por todos lados, que marcan sus ritmos sincopados. De hecho, son descritas mejor como máquinas, ya que implican la superposición de ciclos periódicos. Tales mecanismos incluye el *Reloj Long Now*, un reloj mecánico (en vez de digital) que está siendo ensamblado en el desierto de Nevada. Una vez construido, el reloj se ejecutará durante diez mil años.[6] Este reloj nos obliga a ver cómo la noción de "presente" es en el fondo una reacción contra un conjunto de relaciones: la propiedad de un objeto sensual. Podría durar un microsegundo o diez mil años.[7] Los humanos consideran como simultáneos dos eventos cualesquiera que se sucedan por una décima de segundo o menos ("el presente especioso").[8]

El impacto de una cosa se puede medir según la periodicidad que establece. En musicoterapia, el terapeuta induce al paciente a entrar en un estado hipnótico mediante el uso de la repetición. En un estado semejante, una persona es propensa a ser influenciada. Colocar a una persona en un estado de suspensión significa tener poder sobre ella. Al ponerla en suspensión, acontece lo que Ian Bogost llama "encanto".[9] Cuando leo un poema, me pregunto sobre él, y así comienza a ejercer un poder sobre mí. Cuando un ácido cae sobre una superficie metálica, el metal se pregunta sobre esto. El encanto es un estado de suspensión mediante el cual un ente ejerce su embrujo sobre otro; se trata de un "señuelo" [*allure*], como dice Harman.[10]

Las máquinas de suspensión caracterizan el funcionamiento de lo que llamamos sujetos. Consideremos la melancolía, la depresión o el dolor. La melancolía es un ente objetual que habita nuestra psique sin modificarse. El dolor parece ir y venir en ciclos. La melancolía es la huella de otro ente cualquiera, cuya proximidad ha sido vivenciada como un trauma. La lógica freudiana de la pulsión de muerte atañe a procesos periódicos dentro del organismo que se esfuerzan por digerir estímulos externos y mantener el equilibrio. Como se mencionó, Freud argumenta que el ego mismo no es más que el registro de "investiduras de objeto resignadas".[11] El ego es un objeto sensual. La melancolía, por definición, supone coexistencia, por esto es importante para el pensamiento ecológico, pues la ecología trata con la convivencia, concebida en términos tan amplios y profundos como sea posible. Esta convivencia no necesita darse entre seres conscientes, ni siquiera entre formas de vida propiamente dichas: puede incluir entes como rocas, plutonio y dióxido de carbono.

Pero igualmente importante es el hecho de que la melancolía no supone nada sobre la subjetividad. Todo lo que se necesita para generar melancolía son varios tipos de objetos. Esto es lo que la diferencia de otros afectos en las teorías psicoanalíticas tradicionales. De hecho, la melancolía pronuncia una verdad acerca de todos los objetos (recordemos que utilizamos el término "objeto" de una manera neutral en lo relativo al valor, lo cual admite cualquier ente real en absoluto, no objetivaciones o dualismo del tipo sujeto-objeto). La melancolía no requiere una subjetividad completamente formada. De hecho, la subjetividad es el resultado de la abnegación de la cosa melancólica, lo que Julia Kristeva llama lo *abyecto*, en contraste con los conceptos habituales de sujeto y objeto.[12] La coexistencia melancólica de los objetos precede a la existencia del ego. Los egos presuponen capas antiguas de seres, restos fosilizados.

La compulsión de repetir parece dejar atrás las necesidades concretas de un organismo.[13] Freud rompe el ciclo periódico de la pulsión de muerte y lo reconduce hacia una forma de vida preconsciente, un organismo unicelular. Se podría suponer que la repetición va todavía un poco más "abajo" que esto. El ADN parece estar en un estado de desequilibrio, como una frase paradójica de tipo "estoy mintiendo" o "esta oración es falsa". ¿Por qué replican los replicadores? ¿No es por causa de un desequilibrio fundamental que la molécula de algún modo "intenta" sacarse de encima? ¿No está también el ADN tratando de "volver a la quietud del mundo inorgánico"? ¿No es la pulsión de muerte, entonces, mucho, mucho más profunda que los organismos unicelulares, estos recién llegados a una escena de cuatro billones y medio de años de antigüedad? ¿No sería entonces poco sorprendente que si la pulsión de muerte se instalara en este nivel, todos los niveles superiores lo manifestarían en formas diferentes, hasta alcanzar los niveles autorreflexivos de conciencia y los mundos saturados de sentido en que la realidad humanos y otras formas de vida giran por sí mismas -en una palabra, civilización?

En el proceso de tratar de resolver su desequilibrio interno, el ADN y otros replicadores hacen lo único que saben hacer: replicar. El problema es que cuanto más replican, más *vida* viven. La pulsión de muerte es precisamente este impulso de auto-cancelación, de borrar la mancha de la existencia: la muerte es la esencia de la vida:

> En algún momento, por una intervención de fuerzas que todavía nos resulta enteramente inimaginable, se suscitaron en la materia inanimada las propiedades de la vida. Quizá fue un proceso parecido, en cuanto a su arquetipo (*vorbildlich*), a aquel otro que más tarde hizo surgir la conciencia en cierto estrato de la materia viva. La tensión así generada en el material hasta entonces inanimado pugnó después por nivelarse; así nació la primera pulsión, la de regresar a lo inanimado.[14]

El ADN está involucrado en una trama sombría en la que un detective descubre que el asesino es él mismo. Al intentar resolver el enigma de su existencia, el ADN redobla la existencia. Pero, ¿por qué existen cosas como el ADN? ¿Cómo puede una cadena molecular comportarse igual que un virus informático que se reproduce en la tentativa de disolverse? ¿Qué tal si el motivo de la existencia de máquinas de suspensión como el ADN, la pulsión de muerte, el dolor y la melancolía fuesen una incoherencia que yace todavía más profundo en el corazón de un objeto, una incoherencia que aplicara no solo a los sistemas vivos, sino a todos los entes de cualquier tipo?

Consideremos una vez más el logro de la continuidad en la narrativa. Cuando pensamos con cuidado en el modelo que compara la secuencia cronológica con la secuencia narrada de eventos, descubrimos un hecho revelador. Una serie cronológica también es, en sentido estricto, una disposición. ¿Quién o qué, exactamente, "da el tiempo" en esta serie? Lo que necesita ser explicado, el tiempo como flujo de eventos, parece retroceder detrás de una cierta línea de tiempo, incluso si esta línea de tiempo delimita un orden cronológico estricto. Esto deriva en otros problemas adicionales. Por ejemplo, ¿quién puede decir cuánto tiempo duró realmente la Guerra de Vietnam? Contar en años parece razonable, mientras que una cuenta en microsegundos no parece tener ningún sentido. ¿Quién podría decir cuánto tiempo toma en promedio cepillarse los dientes o matar a alguien? Hablar de duración y de frecuencia, entonces, es algo vago. Los "acontecimientos reales" parecen apartarse de nosotros cuando tratamos de captarlos. Pero no nos preocupemos: ¿podría esta recesión de lo real decirnos algo cierto sobre la naturaleza de las cosas? En otras palabras, o con las palabras de un narratólogo, una "referencia cero" cronológica de isocronía total, la simultaneidad total entre la trama y la historia, es solo una ilusión, ¿no es el caso que lo que estamos estudiando es un efecto del *chōrismos* entre objetos reales y sensuales?[15] La presencia es un efecto estético.

Ahora bien, deberíamos dejar en claro, a medida que nos acerquemos a la noción de suspensión, que la forma en que un objeto se suspende es ontológica. En otras palabras, un objeto no es un bloque de algo presente de manera objetiva, que luego es colocado en relaciones que lo suspenden. Es al revés. Las relaciones de suspenso solo son posibles sobre la base de que los objetos están intrínseca e irreductiblemente suspendidos. En otras palabras, la suspensión está siempre ya operando en el objeto mismo. Todo objeto es único, a pesar de los observadores y las interacciones. Esto significa que lo que aquí llamamos *apariencia* no puede separarse del objeto mismo, y sin embargo, el objeto no es reducible a su apariencia. A esta altura, enfrentamos una elección. Podríamos argumentar que el objeto sensual es diferente del objeto real. O podríamos suponer, como lo hacemos aquí, que la unidad de una cosa requiere que se desafíe el principio de no contradicción. Dado que hay una grieta (*chōrismos*) entre la esencia y la apariencia de un objeto, un objeto se encuentra suspendido entre el "ser" y "no ser sí mismo" ($p \wedge \neg p$, una *dialethia*). Si no aceptamos esto, corremos el riesgo de quedar atrapados en una realidad en que los objetos requieren otros entes para funcionar, lo que resultaría en algún tipo de demolición (*undermining*) o sepultamiento (*overmining*). Todo el combustible necesario para que haya tiempo, espacio y causalidad existe "dentro" del objeto.

Esto parece compatible con lo que Heidegger dice sobre la persistencia hacia el final de *Ser y Tiempo*. La persistencia, argumenta Heidegger, no puede solo consistir en seguir existiendo "en" el tiempo.[16] Si aplicamos la generalización que Harman hace de Heidegger para abarcar todos los objetos, incluidos los no humanos y los no sintientes, podemos afirmar que para que un objeto persista, este debe ser captado por algún otro objeto, convirtiéndose así en *vorhanden* (presencia objetiva). Pero, ¿por qué es este el caso? Una vez más, se trata de la grieta entre esencia y apariencia. Al quedar atrapado en la apariencia de un objeto (lo cual incluye todo lo que podamos decir sobre él: su impulso, su densidad, su textura, así como su color, forma, y así *ad infinitum*) otro objeto no logra captar la esencia del objeto que lo contiene. El objeto queda suspendido entre ser captado y no ser captado. Esto se debe a que la naturaleza de los objetos es estar siempre ya suspendidos, *estar en un estado de suspensión* entre esencia y apariencia. Regresaremos a esta cuestión compleja y paradójica en breve.

Por el momento, notemos que ya hemos realizado un descubrimiento bastante significativo. Estamos en posición de suponer que la persistencia es *persistencia-para*: la persistencia, en otras palabras, es un objeto sensual. La "presencia" de un objeto nunca es el objeto en cuanto objeto real. La persistencia es un problema significativo de otra índole: dado que los objetos son aparentemente ellos mismos, ¿en qué sentido podemos afirmar que su persistencia es un tipo de causalidad? ¿Y cómo podría no ser así? Después de todo, hay ejemplos claros de la energía física, como la inercia, que requieren una teoría de la causalidad en cierto sentido.[17] La inercia es esencialmente el hecho de que los objetos siguen siendo lo que son siempre y cuando nada interfiera con ellos. La primera ley de movimiento de Newton establece que un objeto seguirá desplazándose a menos que algo lo impida. Esta ley fundamenta el giro copernicano en la ciencia. Sin embargo, comprender exactamente lo que sucede, en un sentido filosófico, es bastante difícil.

Para lidiar con la persistencia, Russell habla de cuasi-permanencia, y Spinoza habla de causalidad inmanente. Pero estas teorías parecen suplementos que se agregan de forma muy torpe a la concepción de sustancia-más-accidentes de las cosas. Además, tales teorías no son muy congruentes con la ciencia física contemporánea. Si un objeto permanece igual a sí mismo, nada podría sucederle; sin embargo, vemos objetos que parecen retorcerse por todas partes, y a la vez siguen siendo lo que son. Este es el sentido más profundo de "movimiento" que Aristóteles capta cuando habla de *physis*, o "emergencia", según la fina traducción de Heidegger.[18] *Physis* se manifiesta como *metabolē* o cambio. Incluso el simple permanecer es una subexpresión del movimiento.[19] Luego, Leibniz argumenta que las cosas tienen una tendencia interna al cambio, es decir, que una cosa es activa por su propia naturaleza. Esta actividad, o impulso, puede manifestarse como un alma o como una mente presente en las cosas; y en este sentido, no habría una diferencia intrínseca entre una piedra y una persona.[20]

A menos que admitamos que hay una grieta entre apariencia y esencia, es muy difícil explicar la inercia. Si las cosas son simplemente ellas mismas, parece como si necesitaran otras cosas para poder cambiar. Nada expresa mejor de la cualidad ilusoria de los objetos que el hecho de la persistencia. Parafraseando a Miles Davis, la persistencia es simplemente sonar como uno mismo después de haber tocado durante mucho tiempo. Tomemos una cascada de agua: el agua sigue cambiando aunque la cascada sea claramente identificable como una cascada. Tomemos mi persona: muchas de mis células cambian durante períodos de varios años, pero continúa siendo Tim en cierto sentido. O consideremos una especie que ha sobrevivido durante millones de años: innumerables individuos van y vienen mientras que la especie permanece vagamente igual a sí misma. Ser *idéntico* es ser *lo mismo que* (en latín, ídem), y por lo tanto, ser idéntico es ser un poco diferente "de". Por extraño que parezca, hay cierta diferencia dentro de la identidad.

En una sección posterior le haremos algunas modificaciones a la discoteca del momento presente, ya que por el momento solo estamos tomamos ejemplos de cosas cotidianas y familiares, en lugar de mirar más profundamente a la ontología. Por ahora, sin embargo, tenemos una imagen bastante buena con la que podemos trabajar.

El problema con la lava

Ahora deberíamos hacer un balance de algunas teorías de la persistencia disponibles en la actualidad. Los problemas surgen cuando confundimos la alegre y frenética actividad periódica de la discoteca del momento presente con los aspectos reales de los objetos, y tiene que ver con la transformación de esta visión en una ontoteología. En este caso, un proceso es apenas un átomo, una pequeña porción de lava, como ya explicaré. El mundo es reducible a burbujas y flujos, pedazos y trozos.[21] La inconsistencia ha desaparecido, junto con muchas otras cosas. Se han esfumado los gatos, los cables de cobre y la nube de Oort en el borde del sistema solar. En su lugar, tenemos flujos de sustancia similares a la lava, que sólo se manifiestan como gatos y alambres de cobre en un sentido impreciso y, con frecuencia, dados los estragos del sepultamiento (*overmining*), solo para los humanos o para las mentes.

Buena parte de lo que se considera una ontología aceptable hoy en día consiste en alguna forma de atomismo. Un átomo es algo que no puede ser dividido. Pensamos en ellos como pequeñas bolas de ping-pong brillantes como las que vemos en la clase de química en la escuela secundaria. Se considera a este tipo de atomismo poco sofisticado, por lo que varios sustitutos han sido inventados, los cuales son versiones "nuevas y mejoradas" de lo mismo:

> Un proceso es un átomo, una porción de lava.
> Una cuerda es un átomo a nivel sub-cuántico.
> Un cuanto es un átomo indeterminado o "intra-activo" (para usar la fórmula de Karen Barad).[22]

Los átomos han reinado sin oposición alguna por dos mil quinientos años luego de Demócrito. Pero estos procesos, a pesar de las abundantes relaciones públicas que se realizan en su nombre, son reificaciones de las cosas.[23] Exploremos por qué.

Si en verdad queremos ser materialistas de alto calibre, debemos elegir el monismo, como Parménides, Spinoza o David Bohm. O bien olvidarnos

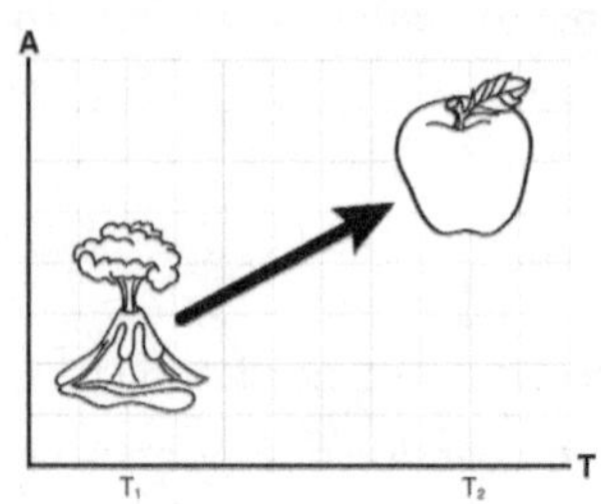

Figura 2. *Génesis de un "logro".*
Imagen de Ian Bogost

de la materia y afirmar que todo se halla controlado por la mente, como Anaxágoras. Si cambiamos los nombres y sustituimos los más recientes hallazgos por "agua" y "fuego", nos encontramos nuevamente con los presocráticos. El regreso al cientificismo pre-aristotélico (en el que tomamos decisiones acerca de lo que constituye el mundo -un tipo de flujo o un tipo de apeiron, fuego, agua, etcétera), no pueden explicar el cambio de manera sistemática. El cambio se fetichiza en el nivel de las apariencias, pero no se explica. La decisión materialista lo inhibe. Todo lo que debemos hacer es sustituir nombres: para Heráclito, utilicemos Deleuze o Whitehead, para Anaximandro, digamos Barad, y así sucesivamente. Pero la respuesta de Aristóteles es tan enérgica hoy en día como lo era en aquél entonces: si todo es un reflejo, si todo es atribuible a todo lo demás, entonces nada puede cambiar jamás.[24]

Ahí es donde el cientificismo nos atrapa: ahí mismo donde empezamos en el siglo VI A.C. Ya era hora de que los humanistas comenzarán a explicarle a los científicos cómo pensar de nuevo, ya que la ciencia parece estar cediendo ante estereotipos bastante antiguos. Esto nos trae de nuevo a la OOO, la única ontología no-reduccionista y no-atomista disponible, y una que pasa la prueba de Aristóteles mejor que todas las otras.

La mayor parte del pensamiento pos-posmoderno constituye una regresión, no una progresión. Representa una tentativa desesperada de construir una "nueva y mejorada" versión de la vieja Naturaleza que Derrida y otros ya habían eliminado. Solo que esta vez se trata de algo autopoiético, procesual, al estilo lava. Lo llamaré *materialismo de trozos de lava*, ya que parece evocar una cierta forma de narcicismo contemporáneo: "Oye, ¡Mírame! ¡Estoy totalmente enredado con mi no-yo!" "¡*Soy* la morsa (*I am the walrus*)! Y tengo la teoría cuántica para probarlo." ¿Alguna vez pensaste en esto? Sin embargo, un contra-argumento podría demostrar que la teoría cuántica está profundamente orientada a objetos.[25] La teoría cuántica muestra de manera concluyente cómo los objetos tienen realmente una existencia separada de la de otros objetos: el enredo, una propiedad básica de (al menos) algunas cosas pequeñas, sería un sinsentido si se tratara de una misma cosa. Además, la inmersión en el no-yo puede observarse a con frecuencia desde una distancia infinita, como por TV. Entonces, si seguimos las implicaciones que este pensamiento supone, resulta que solo hay un ente en el universo que no se halla enredado: la conciencia. Y yo, el materialista de trozos de lava, puedo juzgarlo, por fuera de mí...El materialismo de lava sigue regresando al punto cero del dualismo cartesiano. Y al final de cuentas, es solo una forma de atomismo. Las mentes, las pizzas y los agujeros negros se convierten en efectos emergentes de procesos más profundos. A lo mejor sería conveniente dejar de reinventar la rueda de la Naturaleza.

La filosofía del proceso corre peligro de no poder dar cuenta de la causalidad, pues solo rasguña la superficie fenoménica de los eventos.[26] Si, en cambio, pensamos los procesos como procedimientos (operaciones algorítmicas que definen pasos determinados), podríamos acercarnos a la causalidad. Los trozos de lava exhiben una estética que atrae a las filosofías de proceso. Pero también guardan relación con el atomismo y la causalidad. Tomemos el flujo de una lámpara de lava. En el momento T1, la lava estará en el punto "a" de la lámpara. En el momento T2, el agua dentro de la lámpara estará en el punto "b" de la misma. Parece evidente que, de acuerdo con esta visión, el tiempo es un marco de referencia externo y relativo al flujo de agua. La lámpara, en esta analogía, es el tiempo, y el líquido viaja a través de ella en una dirección determinada. El tiempo es "algo" externo al proceso.

La filosofía de procesos no puede explicar la única cosa que la hace atractiva, su habilidad de evadir lo estático. Todo proceso requiere un marco de referencia estático (la lámpara) en el que el proceso pueda desarrollarse. El flujo de agua en una manguera es una unidad atómica de proceso. Por supuesto, no se trata de un objeto de talla media, pero posee un frente temporal, una parte posterior y se mueve en relación a un contenedor estático. Lo mismo sucede en mi lámpara de lava: hay una burbuja, no un objeto sólido, pero de manera consistente se comporta como algo relativo a un contenedor estático y a una secuencia de tiempo lineal.

De acuerdo con la visión del materialismo relacional y de procesos, los entes se desenvuelven en el tiempo. Para continuar con la denigración de lo estático, llamaremos a estos desenvolvimientos "realizaciones": un gerundio, un sustantivo basado en un verbo, y los verbos siempre son mejores que los sustantivos, porque nos hablan más explícitamente sobre los procesos materiales subyacentes de los que están hechas las cosas. Una alfombra alfombra, y un gato gatea, y en general todo ente es una realización. Tramemos la evolución de una realización:

> El eje T es el tiempo. El eje A es la realización. No importa cómo suceda esta realización: otros entes, un ente que se funde en diferentes formas. Quizás este ente es la evolución, Dios, la novedad o el vitalismo. Supongamos que sucede. Un grumo comienza a parecerse a una manzana. En la parte inferior de la lámpara de lava (tiempo T1), el grumo es solo una mancha. Para cuando alcanza la cima, el grumo se transforma en una realización similar a la manzana (tiempo T2). En un tiempo futuro se derretirá para convertirse en otra cosa, tal vez. Pueden haber otros grumos que interfieran con su belleza manzanesca, y así sucesivamente.

Dejemos de lado cualquier preocupación sobre el eje A. Ignoremos el hecho de que el grumo-manzana es más grumo que manzana (una baba más elemental respalda su manzanidad). Ignoremos la posibilidad de que el grumo-manzana solo se parezca a un grumo-manzana en los ojos de los consumidores de grumos-manzana (tú, yo, algunos gusanos, y demás). En este nivel, su manzanidad intrínseca es simplemente una función de cómo es "percibida", un caso clásico de sepultamiento (*overmining*). Dejemos todo esto de lado, y enfoquémonos solo en los términos internos del diagrama mismo. Concentrémonos simplemente en el hecho de que en T1, la protomanzana es un mero grumo, mientras que en T2 es un grumo manzanoide. Esto explica todo lo que necesitamos saber sobre cómo las manzanas devienen, *excepto por el marco temporal en el que ocurre el devenir.* Necesitamos que T y A den cuenta de los entes que se manifiestan en las lámparas de lava. Un hecho importante de nuestra realidad -el tiempo- no puede ser explicado ontológicamente, solo puede ser supuesto.

La relatividad no ayudará a defender el materialismo de lámparas de lava. La relatividad solo significa que el marco de referencia también es como un grumo (de tipo gaussiano) en lugar de ser algo rígido (de tipo galileano). Continúa siendo un marco, sigue estando ontológicamente por fuera de lo ente. Imaginemos que envolvemos una naranja con el gráfico. Felicitaciones. Ahora tenemos exactamente el mismo problema, envuelto en una naranja. La teoría cuántica tampoco ayudará (es decir, hacer que la flecha del tiempo sea reversible de modo tal que el manzanoide pueda comunicarse con el grumo-manzana a una velocidad más rápida que la de la luz y provocar una realización de sí misma; o inventar una dimensión totalmente nueva y dejar que el grumo salte fuera del marco -a un marco diferente o más grande- como en la teoría de las cuerdas). Estamos ante el mismo problema: ningún hecho científico endulzado logrará que el materialismo de lámparas de lavas evite ser refutación. Y esta forma de refutar el materialismo es más o menos la misma que utilizó Aristóteles. Su filosofía tiene algunos problemas, pero no los solucionemos regresando a una visión pre-aristotélica de las cosas.

Lo que parece ser el caso (que estamos construyendo una temporalidad a lo Einstein en nuestra ontología) es precisamente lo que hace falta. Si realmente queremos incorporar los hallazgos de Einstein, el tiempo debe emanar de los objetos mismos. El hecho de que el tiempo sea un contenedor externo para la actividad de la lámpara de lava es simplemente otra manera de afirmar que la lava está contenida dentro de la lámpara. La lava se encuentra en el interior de una lámpara, suspendida en el holgado medio de la lámpara. El materialismo de lámparas de lava, en resumen, no puede dar cuenta del tiempo. Todo lo que ahora sabemos es que la lava está en una lámpara...es la información con la que comenzamos. Esto nos conduce a una pregunta más amplia sobre el reduccionismo característico de las filosofías de proceso: ¿cómo es que saltar fuera de lo manifiesto es más realista que quedarse dentro de él? ¿Cómo es que un flujo de alguna sustancia similar a la lava es más real que un gato atigrado?

No es de extrañar que el materialismo de lava haya adoptado modelos eliminativistas de la realidad. Consideremos el siguiente pasaje y preguntémonos: ¿se trata de Deleuze, el filósofo de los flujos, o bien de Ken Wilber, un integracionista *New Age*? Aquí lo tenemos:

> Nuestro mundo fenoménico no es un mundo elemental hecho de bloques de construcción, no es un universo de Lego, porque posee una estructura orgánica; podemos caracterizarlo más acertadamente como una red cuasilíquida.[27]

Sin embargo, no me sorprende descubrir que el autor es un neuro-eliminativista. Metzinger toma prestada la noción de no-ser del budismo, uniendo fuerzas con los muchos eruditos que consideran el budismo una religión de lámpara de lava.

¿Estoy simplemente expresando una posición en contra de los líquidos, la fluidez, el proceso, la organicidad, el cambio? ¿No es acaso la realidad una (me atrevo a decir compleja) mezcla de estabilidad e inestabilidad? En el mundo real del tiempo y el cambio, ¿no es más útil concebir la estabilidad como una realización, tal como argumentaría Latour, en lugar de una posición predeterminada? Enmarcar el debate de este modo es precisamente conceder la derrota ante un materialismo reductivo que no tiene tiempo para los objetos. Según esta perspectiva, "solidez" y "liquidez" son fases de la misma "cosa" subyacente; el dado siempre cae del lado del líquido, de manera que la solidez es solo un equilibrio metaestable de un proceso fluido, o lo que sea. Olvidémonos del aura científica en relación al problema, la cual nos inhibe. Solo se trata de una *imagen estética*: puede gustarnos o no, pero no se puede discutir. Es por ello que la llamo "materialismo de lámpara de lava". Algunas personas encuentran interesantes las lámparas de lava. Y en cuestión de gustos, no hay nada escrito. Por supuesto, no hay nada de malo en ello: de hecho, si los fanáticos de las lámparas de lava fuesen más fieles a su gusto que al cientificismo, podríamos discutir de algo. El crítico literario Harold Bloom escribió una vez que todas las interpretaciones de poesía son paráfrasis o metáforas. A esto se reduce la discusión en torno a las lámparas de lava. Si deseamos parafrasear a la ciencia entonces, por supuesto, el materialismo de lámparas de lava es la mejor opción. Si, por el contrario, aspiramos a algo más que eso, entonces debemos arriesgarnos y elegir la metáfora. Y si la dimensión causal es, finalmente, estética, entonces la paráfrasis es solo una versión de la metáfora. El verdadero problema con la paráfrasis es que es pobre en información: el objetivo principal de una buena paráfrasis es la pérdida de información, el adelgazamiento. Así pues, la paráfrasis contiene al menos un inherente punto ciego.

Más allá de esto, sin embargo, está la cuestión de la ontología. El argumento de la lámpara de lava es una versión de la demolición (*undermining*) -la reducción de los objetos a un objeto que se considera más real (o procesos generales de los que los gatos y el cobre son instanciaciones). Así pues, no puedo aceptar que las cosas estén hechas de procesos y, lo que es peor, que algunas cosas sean más fieles a los procesos que otras. Los ladrillos Lego (para nombrar el tipo de objetos que menciona Metzinger), ¿requieren ser sometidos a un juicio-farsa estalinista para admitir la negación de su inherente flacidez, y rogar ser derretidos en nombre del progreso tipo lava? "Algunas cosas son más procesuales que otras". Esto es ontoteología.

Comencemos con la noción de que los objetos se retiran. Esto significa que todo es único. Es mi idea de los *extraños-extraños* (*strange strangers*), aplicada a todos los entes. Aunque la idea fue desarrollada para tratar con formas de vida, tiene sentido aplicarla a entes no vivientes. Esto se debe a que la diferencia entre la vida y la no vida es, en muchos niveles, bastante borrosa: abundan las paradojas del montón cuando uno intenta producir un límite delgado y rígido entre la vida y la no vida.

Todos los entes son extraños, incluso para ellos mismos. Único aquí no significa *individual*. Pensemos en el jardín delantero de una casa. Es una expresión del individualismo, pero no de la singularidad. De hecho, hay reglas muy estrictas sobre lo que cuenta como un jardín delantero bien mantenido, del mismo modo en que hay reglas acerca de lo que constituye un individualismo adecuado. En Colorado, uno puede ser arrestado en ciertas ciudades por no cortar el césped a la perfección. Como los objetos se retiran, no hay ningún objeto superior o inferior: no hay "materia", ni lava, ni red holística -solo un plexo de objetos singulares. Los objetos como unidades irreducibles no son comparables a los trillones de jardines de césped o a los iPhones "personalizables": eso sería un ejemplo de sepultamiento (*overmining*). Los objetos irreducibles tampoco son como distintas cosas hechas de los mismos ladrillos de un Lego: eso sería una demolición (*undermining*). La OOO sostiene justamente esta tesis, *no* que deberíamos favorecer a los sólidos sobre los líquidos.

Los objetos de la OOO son *unidades*, para utilizar la terminología elegante de Ian Bogost.[28] Un equipo de fútbol americano es una unidad. Una nube es una unidad. Un *cuanto* es una unidad. De hecho, la teoría cuántica es tan precisa justamente porque trabaja con unidades. Planck decidió, para superar las paradojas de una visión relacionista, que en primer lugar había cuantos. Si la realidad es, en última instancia, ondas de energía entrelazadas (como sostenía la física del siglo XIX), obtendremos resultados absurdos en el caso de la radiación de cuerpos oscuros. (¡Por encima de cierta temperatura parece que la suma de estas ondas en un microondas es infinita!). Un *cuanto* es la unidad por excelencia, y está en el mundo mismo. Un sistema de *cuantos* que se comporta coherentemente es *zuhanden*, ya no "para mí" o para un "observador" externo, sino dentro del sistema mismo. La "medición" (una interferencia) lo vuelve *vorhanden*. Una pequeña partícula unificada, como podría serlo a nivel de la percepción una pelota de ping pong, es una parodia *vorhanden* de un objeto *zuhanden*. De manera que un *cuanto* es el objeto retirado por excelencia.

La teoría cuántica trata con la existencia autónoma de los objetos. Como ya hemos argumentado en otra parte, "medir" en el nivel cuántico significa "golpear con un fotón o con un electrón". Cuando esto sucede, el sistema se destruye (un ensamblaje de *cuantos* puede ser desensamblado). Los *cuantos* son independientes unos de otros. Si estuviesen relacionados por esencia en lugar de ser unidades, los *cuantos* no podrían ser arrancados de su "consistencia" para ser "medidos", siendo la coherencia el término que describe la manera en que ellos se encuentran distribuidos en un sistema cerrado. Si estuviesen realmente interrelacionados, no podrían ser separados. Pero separarlos es muy sencillo. Todo lo que se requiere es algún tipo de interferencia. Es cuando los cuantos se relacionan que su consistencia se ve destruida. Hay algo "por debajo", "diferente de" (o como queramos expresarlo) las relaciones.

Por supuesto, esto aún no ha detenido a los físicos cuánticos y a los filósofos, quienes continúan promoviendo la teoría cuántica como la garantía última de que las cosas son relacionales de la cabeza a los pies. Los pronunciamientos constantes de que los entes cuánticos demuestran el relacionismo son apenas un síntoma de los tiempos en que vivimos, no de los cuantos propiamente dichos. El Modelo Estándar promovido por Niels Bohr es un buen ejemplo de correlacionismo: los cuantos solo son significativos cuando son medidos, y no tiene ningún sentido pensar en ellos más allá de la medición. Hay un tabú de larga data en las especulaciones ontológicas inspiradas en lo que ocurre debajo del capot cerrado de los cuantos, razón por la cual la "interpretación ontológica" de David Bohm y Basil Hiley ha sido denigrada. Este no es lugar para discutir los méritos de las distintas interpretaciones de la teoría cuántica. Pero es evidente que son los cuantos mismos, como unidades, lo que hace que fenómenos como el enredo y la consistencia sean tan sorprendentes.

Estos hechos sorprendentes pueden ser fácilmente explicados si aceptamos que las unidades son ontológicamente anteriores a las relaciones (estéticas y causales). Incluso las interpretaciones ontológicas de tipo relacional-procesual de la teoría cuántica (las ondas piloto de de Broglie, el Orden implicado de Bohm) dependen de que hayan entes reales que puedan contener capas infinitesimales de entes más pequeños por debajo del tamaño de un electrón (10^{-17} cm). Por supuesto, el panorama general es que la mayor parte de los adherentes de la teoría cuántica son demoledores [*underminers*] o sepultadores [*overminers*], de manera que la versión de Bohm es una demolición.

Pero estoy divagando. Regresemos a la discusión acerca del relacionismo de procesos. Imaginemos que uno pudiese acceder a un justo compromiso entre los procesos y los no-procesos: "Las cosas son medio blandas, pero también medio sólidas". Una creencia semejante sigue siendo reduccionista, eliminativista, etcétera. Las lámparas de lava están precisamente "entre" lo blando y lo sólido. Me inclino hacia una nueva mirada sobre lo estático, pero esto no significa que piense que las cosas "realmente son" estáticas, o que prefiero los sólidos o lo que sea. Esta sería una interpretación infantil y errónea de tipo: "tú prefieres azul, pero yo sé que el violeta es mejor". O más precisamente, "prefiero que los electrones orbiten más rápido de lo que tú prefieres, y está bien que así sea." (El supuesto es que *hablamos de cosas diferentes*, lo cual no es el caso). Por el contrario: es el argumento de la lámpara de lava el que sufre de un esteticismo superficial. Se trata de un esteticismo que es negado en un nivel fundamental, pues lo que realmente se impone son los procesos maquínicos, no los colores y el estilo. La teoría de las lámparas de lava está perfectamente sincronizada con la percepción humana, y no con la realidad en cuanto tal: si fuese un ser de cuatro dimensiones, vería un grumo de lava desbordante, parecido un bloque estático.

Si queremos una ontología en la que la estética conduzca el show, necesitamos una OOO. Y esto nos trae a mi punto final. Es la escuela de las lámparas de lava la que adolece de una noción estática del tiempo como contenedor -la lámpara en la que la lava se desplaza. La OOO contempla el tiempo como una característica de la sensualidad de los objetos mismos. De manera irónica, si deseamos un mundo estático, nos convienen las lámparas de lava. Si alguna vez escuchamos música minimalista, sabremos que todos esos procesos en devenir producen el efecto preciso de lo estático, de estar corriendo en el lugar. Los primeros occidentales en escuchar este tipo de música advirtieron esto con asombro.[29] O bien, tomemos la música *house*: es un fluido dinámico de procesos variables que se desarrollan en un contenedor mecanicista e incitan a bailar, o mejor dicho, *a movernos en el lugar*. Una maquinaria colorida, hermosa y estática.

Los flujos dinámicos son perfectamente mecánicos. Lo que fluye se asemeja a las lámparas de lava para la perspectiva humana (un hecho sospechosamente correlacionista). Pero los flujos se empujan mutuamente como lo hacen los componentes de una máquina.[30] El concepto de organicidad comenzó a ejercer su influencia en la poesía romántica, la lámpara de lava original, que postulaba entidades hechas de procesos. *Organon* (del griego) significa *herramienta*, "componente en una máquina". Una máquina es precisamente orgánica. El organicismo es una forma del mecanicismo, pero con componentes más dóciles. Las partes de una totalidad orgánica son reemplazables: al holismo no le importan los objetos particulares. Es una variante del mecanicismo.

Con su singular contrabando de cientificismo estilizado (un mecanicismo, pese a las objeciones), los teóricos de las lámparas fracasan al explicar la causalidad, pero no la OOO. Como las lámparas de lava, las ontologías de procesos son una forma regresiva de cursilería con aires futurísticos pero decididamente *passé* (como un concepto de ciencia ficción de la década de 1960). Dejan el humanismo intacto al igual que el giro lingüístico: ambos lo conciben como el caramelo de rocío sobre el pastel de la ciencia. Si, por el contrario, tomamos los procesos de la lámpara de lava como fenómenos sensuales que se desarrollan en la dimensión estética, que es la dimensión causal, podemos utilizarlos para pensar precisamente cómo los objetos persisten. Los flujos de las lámparas de lava no se ocultan detrás o debajo de los objetos, sino que están *frente a ellos*. El problema más grande con el materialismo de las lámparas de lava es el mismo que afecta a las teorías positivistas de la causalidad (las mismas que exploramos en la introducción). En juego está la ansiedad de reducir o alisar las discrepancias entre un objeto y sus propiedades, de modo de poder evitar los problemas lógicos relacionados con la teoría de los conjuntos. El universo de las lámparas de lava es agradablemente consistente. El precio que debe paga es ceder pedazos enteros de realidad y monitorear las distinciones entre lo real y lo aparente, volviéndose así un abordaje frágil.

Las lámparas de lava pueden rezumar, pero la teoría de lámparas de lava es quebradiza. No puede explicar la emergencia de las cosas sin fracturar el universo en una infinidad de entes totalmente discretos. Es el problema con Alfred North Whitehead, cuya propuesta alternativa a las tradiciones analítica y continental ha sido advertida recientemente por la academia. Para Whitehead, toda interacción por parte de un ente altera fundamentalmente a dicho ente, creando algo totalmente nuevo.[31] Se trata de una concepción cinemática del cambio que solo parece desplegarse a partir del flujo de imágenes estáticas -una teoría tal también es adoptada por el filósofo budista Dharmakirti. La coherencia es lograda al precio de fragmentar los objetos en pequeños encuadres de película. Cuando la película es proyectada (¿para quién?) los entes parecen lisos y fluidos como la lava. Pero por debajo hay un mecanismo, y una producción velada de procesos. Parodiando al Mago de Oz, las teorías de lámpara de lava exigen que le prestemos atención al proyector de la película que está frente a la pantalla, y que tratemos al objeto como real cuando todo en dicha teoría sugiere que está hecho de relaciones (o como lo expresa Whitehead, de prehensiones).[32] Una vez más, el aspecto perturbador de la dimensión estética -el hecho de que miente, de que pretende- queda fuera de toda discusión, de modo que las teorías de lámpara de lava aparecen como las estrellas de una película hollywoodense de ciencia ficción que utiliza los mejores efectos especiales para borrar la evidencia de que estamos presenciando una ilusión.

Detrás del problema de los procesos hay un problema aún mayor de consistencia. En este sentido, las teorías de lámpara de lava son las herederas de la teoría cartesiana de los objetos, la cual se apoya fuertemente en nociones importadas de la escolástica medieval. Como hemos visto anteriormente, esta importación de sustancias incrustadas con accidentes constituye un momento importante de la historia de la filosofía y de la ciencia, un momento con consecuencias históricas significativas. Como sabemos, Descartes se basó en una ontología medieval de la substancia y accidente. Y condujo la filosofía a la edad moderna sin cuestionar esta idea. De hecho, Descartes dependía de las matemáticas y la física para acceder al tipo de ente que asociaba con el ser: una "presencia objetiva y constante". [33]

Para resolver el problema que el propio Descartes fabricó, algunas filosofías, en particular algunas formas recientes de filosofía procesual, se han refugiado en el nexo sujeto-objeto: como si pegar ambos fragmentos tuviese un resultado satisfactorio. Así, los *procesos* se unen a los *entornos* en lo que he llamado la "nueva y mejorada" versión de la Naturaleza (la cual le devolvió el sentido de artificialidad del que intenta despojarse). Estos términos residen en algún lugar "entre" lo subjetivo y lo objetivo, como si alguien estuviese tratando de salirse con la suya con ambos términos, en lugar de repensar qué es un objeto. Esta noción de "entre" para referirnos al sujeto y al objeto implica que ya hemos superado ciertas preguntas ontológicas sobre lo que significa ser un "sujeto" y un "objeto". Para la OOO, la noción de algo "entre" *objeto y objeto* supone el contrabando de algo óntico y objetivamente presente.[34] Asumimos que existen ciertos tipos de objetos consistentes, pero luego tenemos que imaginar un medio en el que floten, algo parecido a lo que Locke llama "fluido ambiente".[35] Pero, ¿qué rodea a las partículas de este fluido ambiente? Si la Naturaleza está en el medio del sándwich de las cosas, ¿qué hace que el sándwich se mantenga unido? El ambiente de la mayonesa corre el riesgo de chorrearse fuera del sándwich ontológico.

Argumentar a favor de un "entre", como un "ambiente" o Naturaleza que de algún modo acomoda a sujetos y objetos, significa haber decidido ya algunas cosas acerca de estos sujetos y objetos, a saber, que estamos ante "presencias objetivas" reificadas.[36] Pero si uno se aferra al retiro de las cosas, esto no es posible. De hecho, la solución que propone la OOO es que lo que llamamos "entre", como los "entornos", es realmente *otro objeto*. El pensamiento debería sospechar de los abordajes que pretenden resolver el dualismo sujeto-objeto postulando un adhesivo especial que se sitúa "entre" ellos, o bien un restaurante especial (con buen ambiente y buena música) donde podrían finalmente seducirse mutuamente y tener sexo "como corresponde".

Las ideas acerca de la continuidad de la existencia con frecuencia se basan en el supuesto no inspeccionado de que el principio de no contradicción (PNC) aplica para todas las cosas. Continuar existiendo, de acuerdo con esta visión, significa continuar no contradiciéndose. Pero según nuestra propuesta, las cosas se dan de otro modo: *continúan existiendo justamente por estar en un estado de contradicción permanente.* Cuando algo es incapaz de contradecirse, deja de existir: esto es lo que dejar de existir significa en realidad. Si los objetos debiesen dejar de contradecirse para poder existir, nos encontraríamos con un problema singular: ¿cómo es que las cosas se desplazan? Exploraremos esto a continuación.

Bestias desplazadoras: el misterio del movimiento

Ahora empecemos a modificar la discoteca del momento presente analizando algunas cuestiones ontológicas en mayor profundidad. Al perseguir la coherencia, las teorías de lámpara de lava eliminan la inconsistencia intrínseca de los objetos. Sin embargo, es esta misma inconsistencia lo que posibilita la *persistencia* y el *movimiento*. Las teorías físicas de la materia suponen que estos fenómenos están relacionados. La persistencia, para la física, se manifiesta en fenómenos como la inercia, en la que un objeto continúa moviéndose en la misma dirección y a la misma velocidad cuando se desplaza a través del vacío con gravedad cero. En el nivel cuántico, persistir es simplemente la manera en que los acontecimientos cuánticos se cancelan al convertirse en objetos. Así pues, hemos llegado a una conclusión inusual. La persistencia de una red cristalina depende de millones de fenómenos cuánticos que subtienden los átomos y las moléculas relativamente estables de la red.[37] ¿Qué son estos acontecimientos cuánticos? Nada más que la coherencia de los cuantos, es decir, la manera en que ocupan más de un lugar a la vez y "respiran" (para utilizar la vívida terminología de Aaron O'Connell). En esta escala, según la física, los objetos ocupan un lugar X y un lugar Y al mismo tiempo. Estos objetos son dialeteístas. La discoteca del momento presente, en otras palabras, funciona sutilmente. Lo que en realidad sucede es que se contradice constantemente, de manera periódica.

Cuando consideramos el movimiento, a primera vista parece ser un asunto bastante simple. Bertrand Russell argumentó que el movimiento es simplemente la manera en que un objeto ocupa distintos lugares en distintos momentos. Sin embargo, cuando analizamos el movimiento más cuidadosamente, latas enteras llenas de gusanos explotan y se abren. Las paradojas de Zenón asedian sin piedad las teorías del movimiento que conciben este fenómeno como la ocupación de lugares diversos en tiempos sucesivos.[38] Estas teorías del movimiento deben lidiar con el hecho de que una flecha en pleno vuelo continúa pasando por cada punto en su trayectoria. Luego, se ven forzados a argumentar que toda la secuencia de "ahoras" por la que la flecha pasa es más grande que la suma de sus partes. La flecha sólo está modificando su ubicación en reposo, no se está moviendo.[39] Esto no parece un resultado satisfactorio. Tal vez podríamos concluir, como Parménides, que el movimiento no existe. Pero esto no parece satisfactorio tampoco.

Qué tal si el estatus dieleteísta de los objetos fuese el garante del movimiento. Hegel lo expresa de este modo: un objeto se puede mover porque está aquí y no está aquí al mismo tiempo, una idea que ha sido estudiada por Graham Priest. Supongamos que un objeto se desplaza una cierta distancia respecto de sí mismo. Priest afirma que la ambigüedad de los objetos está instalada en el nivel más básico de la realidad física que conocemos. Esto ayudaría a explicar el enredo [*entanglement*] sin recurrir a un nivel físico sub-cuántico o a una comunicación extraña, más rápida que la luz, entre los cuantos.[40] Priest supone que el movimiento consiste simplemente en el hecho de que "las contradicciones emergen en los puntos nodales entre transiciones". Por lo tanto, "el movimiento es un estado continuo de contradicción". Cuando salgo de una habitación estoy a la vez dentro y fuera de ella. Cuando una copa se rompe, es y no es una copa en ese preciso instante.[41]

De este modo, Priest logra evitar lo que denomina la teoría "cinemática" del movimiento, la cual asocia con Russell, y que yo considero un aspecto problemático del relacionismo de procesos.[42] Más en detalle, Priest argumenta que en lugar de pensarlo como ocupando un punto en un determinado momento, un objeto "no puede estar localizado en el punto que ocupa en un instante del tiempo, sino apenas en esos puntos en la vecindad de dicho tiempo".[43] Si los objetos solo ocuparan un lugar "en" un espacio y "un" tiempo particulares, entonces las paradojas de Zenón aplicarían a la hora de pensar cómo se mueven. Sin embargo, el movimiento parece ser un hecho básico y simple del universo, o bien todo es una ilusión y nada realmente se mueve en absoluto (Parménides). O bien los objetos están y no están aquí "al mismo tiempo".[44] Esta última posibilidad nos brinda la configuración básica para todo movimiento que podamos imaginar. Los objetos no están "en" tiempo y espacio. Por el contrario, producen tiempo y espacio. Sería mejor pensar esta dinámica como verbos intransitivos en vez de transitivos, a la manera de una *danza* o de una *revuelta*. El tiempo y el espacio emanan de los objetos, no son el objeto mismo. "¿Cómo distinguir al bailarín del baile?" (Yeats).[45] El punto es que, para que haya una pregunta, debe haber una distinción -o al menos no debe haber ($p \wedge \neg p$).[46] Tal vez sea momento de invocar a Lacan nuevamente: "Lo que constituye el fingimiento es que, a fin de cuentas, no saben si es o no un fingimiento". [47]

La tesitura de que los objetos se "propagan" en vez de ocupar un instante de tiempo es mucho más fácil de desarrollar en la OOO, para la cual tiempo emerge de los objetos mismos. Los objetos siempre están un poco fuera de fase con ellos mismos y con otros objetos. ¿No es por este motivo que lo que Miles Davis dice sobre la música resulta tan inquietante? "Debes tocar mucho tiempo para ser capaz de tocar como tú mismo." De acuerdo con esta visión, toda actividad creativa supone un proceso de afinación [*tuning*]. Como hemos postulado que la causalidad simplemente es la "actividad creativa", podemos aplicar el slogan de Miles Davis a todos los objetos. No hace falta restringir la diversión de estar fuera de fase con uno mismo a los seres humanos, como hace Heidegger cuando argumenta que el *Dasein* está siempre arrojado más allá de sí mismo.[48] De hecho, llamamos destrucción a la situación en que un objeto entra en fase con otro objeto en todo respecto. El desarrollo de la fase de una narrativa, por ejemplo, se ve destruido cuando la frecuencia de los acontecimientos narrados entra en fase con la frecuencia de los acontecimientos de la secuencia cronológica. Una película de acción es precisamente esto: un bombardeo constante de destrucción a nivel formal (sin importar cuántos edificios exploten). La persistencia de las cosas es un despliegue misterioso de secuencias relacionales, pero en estado de desfasaje. Cuando las secuencias se sincronizan, llamamos a esto "ocurrencia", lo cual representa la muerte o destrucción de alguna cosa. Un coyote persigue a un correcaminos alrededor de una montaña. Un día, el coyote alcanza al correcaminos. De un rápido bocado, el correcaminos es devorado. Se transforma entonces en el coyote. Entra en fase con el ser del coyote. Para poder coexistir en armonía, el correcaminos y el coyote deben estar por lo menos levemente fuera de fase entre sí.

¿Por qué? *Porque los objetos están ontológicamente fuera de fase consigo mismos.* El momento presente de la persistencia está mal concebido como un compartimiento estanco, ya que puede ser infinitamente subdividido (la paradoja de Zenón). Los objetos no se sitúan en una rígida caja temporal. Están "internamente" fuera de fase con ellos mismos, y esto es lo que produce el tiempo y la posibilidad de que interactúen entre sí. Es como si estuviesen un poco a la izquierda o un poco adelante de ellos mismos. En el juego de rol *Dungeons and Dragons,* hay un monstruo llamado "bestia desplazadora", una suerte de pantera con tentáculos. Una "bestia desplazadora" puede proyectar una imagen de sí misma levemente al costado de su posición real, y de este modo camuflarse. Todos los objetos son bestias desplazadoras, fracturadas internamente entre esencia y apariencia.

En consecuencia, cuando un objeto existe, cuando persiste, podemos decir que es como un objeto cuántico. Respira, se mueve y no se mueve a la vez, emana un cierto tiempo con los que otros objetos pueden o no sincronizarse. El momento presente, por lo tanto, es apenas una ficción impuesta de un extraño "ahora", por una sensación fenomenológica del tiempo que se desarrolla dentro y entre los objetos mismos. Este "ahora" puede ser relativamente extenso o limitado, dependiendo de cómo el objeto en cuestión respire. Es erróneo afirmar que hay un marco de referencia rígido para medir el tiempo. Para que un ente esté "en" el marco, alguna interacción debe ocurrir entre los objetos. No se puede determinar las dimensiones del ahora de forma anticipada.

Bardo 1

El espacio interobjetual abarca la dimensión estética en la que las apariencias de los objetos interactúan en eso que llamamos causalidad. No hay manera de determinar los bordes de este espacio de antemano. El espacio no puede ser pensado como algo que está "en" algo más, como por ejemplo una caja de *Jack-in-the-box* que contiene un Jack en su interior. El espacio no tiene centro ni márgenes que podamos determinar de manera anticipada, pues hacerlo equivaldría a ejercer una cierta influencia causal *dentro de dicho espacio.* Cuando delimitamos una región de espacio interobjetual, lo hacemos dentro del mismo espacio interobjetual. El espacio interobjetual excede cualquier tentativa de comprenderlo, precisamente porque es el espacio de posibilidades de la causalidad en cuanto tal. Estrictamente hablando, no es posible visualizar el espacio interobjetual, por lo que debemos utilizar metáforas: "espacio interobjetual" es un término metafórico.

Otra metáfora que podríamos utilizar es *abismo.* La filosofía de la naturaleza de Schelling (para Schelling la naturaleza es "todo" en absoluto) propone un abismo giratorio y dinámico que subyace a los productos que encontramos, como las estrellas, la tierra y los libros de filosofía especulativa.[49] Por contraste, la OOO localiza este abismo no detrás ni antes, sino *afuera y frente* a los objetos. Cuando agarro una tostada, mi mano se sumerge en un abismo de causalidad. Cuando un extraño me sonríe en la calle, su sonrisa abre un *vortex* giratorio en el abismo de las cosas, y el abismo flota frente a su sonrisa. La tendencia humana a reducir los objetos a meras "cosas ahí", la definición vulgar de la presencia objetiva, tal vez sea un mecanismo de defensa contra el abismo que emerge y nos confronta a cada paso. Basta conversar con alguien que tenga una enfermedad importante como la esquizofrenia: el más insignificante acontecimiento causal es vivido como una tragedia. Hilos invisibles parecen atar al esquizofrénico a los objetos del mundo, aboliendo toda sensación de distancia.[50] Pero, ¿qué tal si esta semblanza fuese el caso, y lo que llamamos causalidad -el torpe choque de bolas de billar sobre un paño verde y liso- fuese una alucinación? No por nada existe el término *defensa esquizofrénica.*

El "abismo interobjetual" en el que la causalidad ocurre -la dimensión estética en cuanto tal- es lo que el budismo llama "bardo". Bardo significa "estar entre". La tradición considera seis tipos distintos: el bardo de esta vida, el bardo del morir, el bardo del momento de la muerte, el bardo de la luminosidad, el bardo de la *dharmata* y el bardo del devenir. Cada uno de estos espacios intersticiales está configurado según la mente de cada persona. Estos espacios son causales. En otras palabras, lo que hacemos en ellos afecta lo que nos sucederá después. Y lo que hemos hecho en la realidad afecta lo que sucede en ellos, ahora mismo. Pero como en una pesadilla, la causalidad es estética. Lo que nos sucede es un acontecimiento estético que tomamos como real debido a nuestro condicionamiento.

En el bardo, somos esparcidos por "el viento del karma", por todos los patrones que hemos acumulado en nuestras vidas. ¿Y dónde residen dichos patrones? En el espacio interobjetual. Según esta visión, lo que llamamos *mente* es simplemente una propiedad emergente de las relaciones interobjetuales. La mente es arrojada al abismo, y se descubre a sí misma en él. La mente no es un demonio particular ni un vapor trascendental que flota en el "cabinete" del yo.[51] Es producida simplemente a partir de las interacciones entre objetos. Esta visión de la mente es congruente con las teorías enactivistas de la inteligencia, según las cuales la mente es la colocación retroactiva de ciertas cualidades "mentales" en una secuencia de acciones. A un bebé no le imponemos un lenguaje desde el exterior, sino que se involucra en un ida y vuelta de tipo físico con los demás, un ida y vuelta que está cargado de sentido.[52] Parezco inteligente cuando camino por la superficie de un glaciar; pero tal vez solo estoy tratando de no caerme.[53] En pocas palabras, lo que llamamos sujeto y objeto, existencia "interior" y "exterior", son simplemente colocaciones retroactivas de relaciones entre acontecimientos en el abismo de la causalidad.

El bardo de esta vida implica la coexistencia con siete millones de personas, cada una con pesadillas ligeramente distintas. Nos afectamos mutuamente a través de las pesadillas. Esta visión no es solipsista o idealista. Las pesadillas suceden en un espacio compartido, y suceden porque existimos. Y lo que sucede en ellas es real. Nos afecta. Ahora bien, la OOO argumenta que lo que hacen los no-humanos no es tan distinto de lo que hacen los humanos. Y "no-humanos" puede significar un sapo, un lápiz o una nube de electrones. Así que el bardo ahora incluye los sueños de trillones de entes.

Mientras camino por el pasto en mi sueño, el pasto sueña conmigo. Cuando bebo esta Coca-Cola *light*, estoy bebiendo mi Coca-Cola de fantasía, mientras la Coca-Cola vivencia la fantasía de mi garganta. Es como ese momento de *Alicia a través del espejo* en el que Alicia se pregunta si no es un personaje más en el sueño del Rey rojo.[54] Es como si cada ente de la realidad -los granos de sal, la Galaxia del Sombrero y la banda de pop británica *Take That*- estuviesen conectados a una máquina de sueño como la que aparece en la película *El origen*. Es resulta aterrador y complejo. No hay un único "mundo" que sirva de trasfondo estable; no solo porque hay un plexo de entes que sueñan, sino porque un trasfondo tal es un constructo artificial que delimita el espacio intersticial, el bardo.

El bardo, el "entre" en el que los objetos se encuentra, es un espacio en el que las propiedades formales de los objetos -estrictamente hablando, todo lo que les sucedió para terminar siendo lo que son- determinan sus destinos. Los objetos sueñan. Sólo basta con pensar en una huella. Es la arena que sueña con un pie.

Repasemos algunos aspectos de la OOO:

A. Hay muy escasa diferencia ontológica entre lo que hace la mente cuando piensa y lo que hace una cartuchera cuando contiene lapiceras.

B. Los objetos están, como señalan Harman, "sellados al vacío", aislados unos de otros. Nunca se tocan en el plano ontológico, solo en un plano estético.

C. Lo que hay dentro de los objetos es una inmensa variedad de impresiones sensuales de otros objetos. (En relación a esto, Bryant ha modificado la noción de mundo propuesta por Jakob von Uexküll's).

Ahora consideremos lo que sabemos sobre el inconsciente. Freud sostiene que es una suerte de superficie inscribible y utiliza la analogía de la pizarra mágica. Derrida tiene un maravilloso ensayo al mejor estilo McLuhan sobre esto ("Freud y la escena de la escritura"). Freud, de hecho, admite que el inconsciente es lo que Derrida llama *archiescritura*, esto es, un dispositivo tecnológico sobre el que se monta el sentido.[55] Cuando utilizamos una pizarra mágica, borramos el papel encerado, pero la impresión de la escritura permanece en la tabla de cera que está por debajo. Un guion se inscribe en un objeto. Pensemos en un disco duro, que trabaja de forma similar.

Hay algunas teorías fisiológicas interesantes sobre la memoria que podemos invocar aquí. Tal vez los recuerdos estén distribuidos holográficamente, es decir, no localmente, en patrones de interferencia.[56] O tal vez los recuerdos se inscriban directamente en localizaciones discretas del cuerpo. Dylan Trigg explora cómo estos trazos de memoria trascienden la vida útil del cuerpo.[57] Que almacenamos nuestros traumas en algún lugar de nuestros cuerpos es una idea que está comenzando a ser bastante aceptada en la medicina contemporánea. Pero, ¿qué hemos aprendido hasta ahora?

1. 1. Los objetos solo comprenden las traducciones sensuales de otros objetos.
2. 2. Los recuerdos se inscriben en una superficie objetual, del cuerpo humano o de algún inconsciente más amplio, local o no local.

¿No parece haber una suerte de vínculo quiasmático entre 1 y 2?

Soñar es un proceso neurofisiológico en el que los recuerdos se entremezclan con disparos neuronales más o menos aleatorios y una experiencia virtual del mundo es vivida a través de la persona que sueña, la cual a menudo trata de darle un sentido a los traumas (*un-cathected objects*) que ha tenido. La persona siente el despliegue de su interacción con otros entes en el espacio virtual. Podemos llamar al inconsciente una pizarra mágica porque las pizarras mágicas acumulan recuerdos e impresiones significativas. Por difícil de digerir que esto pueda parecer, no veo obstáculos inmediatos en aceptar la posibilidad de que los objetos no-humanos y no-sintientes también sueñen de un modo general y amplio.

Consideremos estas líneas de Percy Shelley:

> Tú, que de sus sueños estivos has despertado
> al azul Mediterráneo, allí donde yacía,
> arrullado por el serpenteo de sus cristalinas corrientes,
>
> junto a una isla volcánica en la bahía de Baia,
> y que dormido has visto antiguos palacios y torres
> temblando bajo la intensa claridad de las olas,
>
> todos cubiertos de musgo azul y de flores
> tan puras que los sentidos desfallecen al describirlas
> ("Oda al viento del oeste")[58]

El océano está soñando, escribe Shelley. ¿Con qué está soñando? Con una ciudad sumergida. El agua golpea contra los palacios hundidos y las torres de Baia. Intenta comprender estos objetos "alien", encriptados a su manera, de un modo océano-céntrica y océano-mórfica. Estas estructuras humanas que ahora descansan en su ámbito son entes extraños para el mundo del océano: Shelley transmite esta extrañeza aludiendo al poema de Shakespeare, *La tempestad*: "Yace tu padre en el fondo y sus huesos son coral."[59]

Es una imagen maravillosa de cómo la conciencia nunca es un contenedor neutro y vacío. Está coloreada y tiembla. Consideremos la típica inversión que hace Shelley de "la intensa claridad de las olas" ("the wave's intenser day"). Más azul que el azul del cielo, más cielo que el cielo. Es una imagen de sinceridad fenomenológica. (Adonde sea que vayas, allí estarás). Pero también es una imagen de un objeto envuelto en otro objeto: en el universo OOO hay "objetos envueltos en objetos envueltos en objetos" (Harman).[60] Un objeto accede a otro cuando sueña con él. De este modo, un objeto suspende su grieta entre esencia y apariencia en su relación con otros objetos. Persistencia, vida, periodicidad, son suspensiones de la grieta entre esencia y apariencia.

Parece que no he dado una explicación lo suficientemente clara de la función activa del sueño y del recuerdo. Lo que perturbaba a Freud fue haber descubierto que el inconsciente edita activamente los estímulos que ingresan desde el mundo exterior. Tal vez esta agencia pueda ser pensada de dos formas distintas. La primera es que alguna propiedad accesoria como la imaginación, la voluntad o la creatividad agregan algo a la mezcla. La segunda es que existe un proceso fisiológico que hace más o menos lo mismo.

Dos tesituras parecen imponerse a esta altura:

1. La oposición binaria actividad-pasividad es, según la OOO, un tanto exagerada. La OOO tiende a obviar la oposición, hasta cierto punto, pues parece conducir a la dualidad humano vs. no-humano, o sintiente vs. no-sintiente. O para expresarlo en clave de Aristóteles, animal vs. vegetal (y mineral).

2. Hay razones profundas por las que la OOO desconfía de la dualidad activo-pasivo. Si como lo expresa Harman, "el libre albedrío está sobreestimado", y tanto la actividad como la pasividad son expresiones de la estructura "en cuanto que": ambas son fenómenos sensuales que ocurren entre objetos. Y hay razones para suponer que la dualidad es espuria, como intentaré demostrar.

Para regresar a la actividad de la memoria y el sueño, necesitamos pensar estas actividades de tal forma que sostengan ontológicamente tanto la hipótesis de un ente accesorio como la de procesos fisiológicos. De hecho, resulta bastante simple ahora que tenemos todo en su lugar. Si todo encuentro entre entes es una parodia o traducción, entonces tenemos todos los recursos necesarios para explicar aquellas cosas que se asemejan a la acción, la pasión, la imaginación, la memoria y demás. Siempre estamos tratando con el sueño de un objeto con otro objeto. El inconsciente es precisamente eso, no lo que llamamos "sujeto". Es algo automático. Parece, entonces, que tenemos todos los elementos que necesitamos para una teoría de cómo los objetos sueñan.

Un objeto ya está soñando consigo mismo, incluso cuando se encuentra en un estado de "ensueño perfecto" (para utilizar otro término de Harman), es decir, cuando no está afectado por otro objeto. Esto se debe a la profunda grieta entre esencia y apariencia. Esta grieta provee el impulso necesario para el movimiento y la continuidad. Persistir, seguir siendo igual, es un fenómeno extraño. El verdadero problema con teorías de objetos distintas de la OOO -masas indiferenciadas recubiertas son accidentes o atravesadas por fluidos- es que, como hemos visto, son incapaces de pensar el movimiento o el tiempo sin recurrir a un concepto no-examinado que se introduce como una suerte de parche. Una forma en que esto funciona es considerando el espacio interobjetual como la realidad actual de los objetos, mientras que en realidad se trata de algo más parecido al concepto lacaniano del "gran otro": así como soy una persona que otros llaman Tim, los objetos son definidos por sus relaciones en la interobjetualidad. Esto da lugar a la ilusión que llamamos relacionismo. La razón por la que la OOO resulta difícil de digerir para algunas personas es precisamente la misma razón por la que el psicoanálisis o la conciencia ecológica es tan difícil de aceptar: lo que encontramos en ambos casos es una profunda falta en lo Otro, una donación cuenta que "el Otro no existe": no hay Naturaleza, no hay trasfondo más profundo de sentido; lo que tomamos por real es en verdad una proyección. Lo que supusimos que era real terminó siendo una manifestación de la estructura del "en cuanto que".

La creencia en la interobjetualidad como el único espacio de sentido objetivo da lugar a la ilusión adicional de que los objetos son masas consistentes de algo difuso, o bien agregados de cualidades.[61] Pero como hemos visto, hay razones más profundas que explican la manera en que los objetos aparecen y se mueven. Estas razones guardan relación con el hecho de que los objetos nunca son simplemente masas amorfas que las relaciones transforman en una existencia significativa, o bien cualidades que flotan en el vacío. Si la persistencia solo es una "continuidad de la forma", se vuelve difícil explicar cómo los objetos cambian sin caer en una paradoja del montón. ¿Cuándo, exactamente, arranca la continuidad? ¿Qué cuenta como la iteración de una cualidad o de la conjunción de cualidades?[62]

No hay diferencia entre la permanencia y el movimiento, "estasis" y "proceso". No se trata de una ausencia superficial de diferencias. Algunos filósofos contemporáneos estudian la manera en que funciona un disco estático y una rotación homogénea, suponiendo por un momento que algo semejante pueda existir.[63] Estos discos son totalmente uniformes en su color, y para quien los perciben, parecen no moverse. Según los filósofos, debe haber una falla en la manera en que la ciencia intuye los objetos. Pero tales argumentos acerca de la intuición científica se orientan únicamente a las apariencias. Creen estar tratando con la esencia de las cosas, pero la rotación y la no-rotación son apariencias.

Hay una grieta entre la sustancia y sus apariencias: es esta grieta lo que hace que el disco sea una hipótesis plausible o no, y no su rotación o permanencia (el dilema sobre si podemos notar la diferencia o no). ¿Qué significa esto? Simplemente, que si podemos destruirlo, es real, porque la destrucción ocurre en la grieta entre esencia y apariencia. A este tema nos dedicaremos a continuación: ¿cómo mueren los objetos?

Notas

1. Gilles Deleuze y Félix Guattari, *Anti-Oedipus: Capitalism and Schizophrenia*, trad. R. Hurley, M. Seem y H. Lane (Minneapolis: University of Minnesota Press,1983), 2.
2. Hago una adaptación de la narratología estructuralista de Gerard Genette. Vid. *Narrative Discourse: An Essay in Method,* trad. Jane E. Lewin, epilogo de Jonathan Culler (Ithaca: Cornell University Press, 1983).
3. Vid. Henri Bergson, *Laughter* in George Meredith y Henri Bergson, *An Essay on Comedy/Laughter* (New York: Doubleday, 1956), 62, 158–161.
4. Chris Stenner, Arvid Uibel y Heidi Wittinger, *Das Rad* (Film Academy Baden-Württemberg, 2002).
5. Arda Denkel, *Object and Property* (Cambridge: Cambridge University Press, 2007), 96–97.
6. Ver longnow.org/clock/.
7. David Bohm, *The Special Theory of Relativity* (London: Routledge, 2006), 247–248.
8. Ian Bogost, *Alien Phenomenology: Or What It's like to Be a Thing* (Minneapolis: University of Minnesota Press, 2012), 113–134.
9. Graham Harman, *Guerrilla Metaphysics: Phenomenology and the Carpentry of Things* (Chicago: Open Court, 2005), 141–144.
10. Sigmund Freud, *The Ego and the Id*, trad. Joan Riviere, revisado y ed. James Strachey, intro. Peter Gay (New York: Norton, 1989), 24.
11. Julia Kristeva, *Powers of Horror: An Essay on Abjection*, trad. Leon S. Roudiez (New York: Columbia University Press, 1982).
12. Slavoj Žižek, "How to Read Lacan 5. Troubles with the Real: Lacan as a Viewer of *Alien*," http://www.lacan.com/zizalien.htm.
13. Sigmund Freud, *Beyond the Pleasure Principle*, trad. y ed. James Strachey (New York: Liveright, 1950), 32.
14. Gérard Genette, *Narrative Discourse*, 88.
15. Martin Heidegger, *Being and Time*, trad. Joan Stambaugh (Albany, N.Y: State University of New York Press, 1996), 385, 386.
16. Phil Dowe, *Physical Causation* (New York: Cambridge University Press, 2000), 50.
17. Martin Heidegger, *What Is a Thing?* trad. W.B. Barton y Vera Deutsch, análisis de Eugene T. Gendlin (Chicago: Henry Regnery, 1967), 83.
18. Heidegger, *What Is a Thing?*, 82.
19. Martin Heidegger, "From the Last Marburg Lecture Course," *Pathmarks*, ed. William McNeill (Cambridge: Cambridge University Press, 1998), 63–81 (77, 75, 73–74).
20. Ver, por ejemplo, Mark Heller, *The Ontology of Physical Objects: Four-Dimensional Hunks of Matter* (Cambridge: Cambridge University Press, 2008), 47–51.

21. Karen Barad, *Meeting the Universe Halfway: Quantum Physics and the Entanglement of Matter and Meaning* (Durham: Duke University Press, 2007), 139–140, 178, 214, 235.

22. Martin Heidegger, *Contributions to Philosophy (From Enowning)*, trad. Parvis Emad y Kenneth Maly (Bloomington: Indiana University Press, 1999), 332.

23. Gracias a Joseph Goodson por charlar conmigo de este tema.

24. Timothy Morton, "Here Comes Everything: The Promise of Object-Oriented Ontology," *Qui Parle* 19.2 (Spring–Summer, 2011), 163–190.

25. Ian Bogost, "Process vs. Procedure," conferencia presentada en el Fourth International Conference of the Whitehead Research Project, Claremont College, December 2–4, 2010. Bogost emplea el término "firehose materialism," ["Materialismo apagafuegos"] análogo a mis lámparas de lava.

26. Thomas Metzinger, *Being No-One: The Self-Model Theory of Subjectivity* (Cambridge, MA.: MIT Press, 2004), 145. Ver Graham Harman, "The Problem with Metzinger," *Cosmos and History* 7.1 (2011), 7–36.

27. Ian Bogost, *Unit Operations: An Approach to Videogame Criticism* (Cambridge, MA.: MIT Press, 2008), 3–19; *Alien Phenomenology*, 22–29.

28. David Toop, *Ocean of Sound: Aether Talk, Ambient Sound and Imaginary Worlds* (London y New York: Serpent's Tail, 1995), 13–20.

29. David Bohm, *Wholeness and the Implicate Order* (Abingdon: Routledge, 2008), 11–14, 87, 137, 143–146, 153–155.

30. Alfred North Whitehead, *Process and Reality* (New York: Free Press, 1978), 75–78, 210, 214–215.

31. Whitehead, *Process and Reality*, 18–20.

32. Heidegger, *Being and Time*, 88–89 (89).

33. Heidegger, *Being and Time*, 124.

34. John Locke, *An Essay Concerning Human Understanding*, trad. Peter H. Nidditch (Oxford: Clarendon Press, 1975, 1979), II.23.23–24 (308–309).

35. Vid. Heidegger, *Being and Time*, 124: "¿En qué dirección es necesario mirar para obtener la caracterización fenoménica del estar-en en cuanto tal? Obtendremos la respuesta a esta pregunta si recordamos lo que ya en la primera indicación del fenómeno le fue confiado a la mirada fenomenológica atenta: el estar-en es diferente del estar-ahí-dentro de una cosa que está-ahí "en" otra cosa que está-ahí: el estar-en no es una propiedad de un sujeto que está-ahí, causada o meramente condicionada por el estar-ahí de un "mundo"; el estar-en es un esencial modo de ser de este ente mismo. ¿Pero qué otra cosa se nos muestra en este fenómeno sino la presencia de un *commercium entre* un sujeto que está-ahí y un objeto que está-ahí? Esta interpretación se acercaría al dato fenoménico si dijese: el *Dasein es el ser* de este "entre". engañosa sería, sin embargo, la orientación hacia el "entre". Sin advertirlo se estaría partiendo de una indeterminación ontológica de los entes entre los cuales este "entre" despliega su "ser". El "entre" ya está comprendido como el resultado de la *convenientia* de dos entes que están-ahí. Sin embargo, la presuposición de estos entes *disuelve* de antemano el fenómeno, y todo intento por recomponerlo a partir de los fragmentos resultantes es una empresa sin esperanza. No solo falta el "aglutinante" sino que el "esquema" mismo para llevar a cabo la recomposición ha saltado en pedazos o no se ha mostrado nunca antes. Lo

ontológicamente decisivo consiste en evitar previamente la disolución del fenómeno, es decir, en asegurar su contenido fenoménico positivo" (*Ser y tiempo*, p. 156, trad. Jorge Eduardo Rivera). Este fue un argumento que presenté en *Ecology without Nature* (Cambridge, MA.: Harvard University Press, 2007), 47–54.

36. David Bohm, *Quantum Theory* (New York: Dover, 1989), 20, 352–353.

37. Graham Priest, *In Contradiction: A Study of the Transconsistent* (Oxford: Oxford University Press, 2006), 172–181.

38. Graham Priest, *In Contradiction*, 180.

39. Graham Priest, *In Contradiction*, 160.

40. Graham Priest, *In Contradiction*, 170-171.

41. Graham Priest, *In Contradiction*, 173.

42. Graham Priest, *In Contradiction*, 177.

43. Graham Priest, *In Contradiction*, 172-181.

44. William Butler Yeats, "Among School Children," *Collected Poems*, ed. Richard J. Finneran (New York: Scribner, 1996)

45. Paul de Man, "Semiology and Rhetoric," *Diacritics* 3.3 (Autumn, 1973), 27–33 (30).

46. Jacques Lacan, *Le séminaire, Livre III: Les psychoses* (Paris: Editions de Seuil, 1981), 48. Vid. Slavoj Žižek, *The Parallax View* (Cambridge, MA.: MIT Press, 2006), 206. Mientras estamos en la filosofía del sujeto de Hegel, cabe señalar que, desde el punto de vista de la filosofía dialeteísta, no tiene mucho sentido otorgar mucha de su afección por Hegel. Si realmente se quiere tomar en serio la filosofía dialeteísta, hay que comprometerse con los objetos discretos y evitar jugar a las escondidillas con el Absoluto, de lo cual sabemos el resultado de antemano.

47. Heidegger, *Being and Time*, 304–306, 310–311, 312, 321–322.

48. Iain Hamilton Grant, *Philosophies of Nature after Schelling* (New York: Continuum, 2008), 37–38, 79, 92, 99, 130–131, 146–147, 162.

49. Paul Fearne, *All in the Mind*, ABC, September 9, 2010; Vid. Paul Fearne, *Diary of a Schizophrenic* (Brentwood: Chipmunka Publishing, 2010).

50. Martin Heidegger, *Being and Time*, 56–58.

51. Stephen J. Cowley, "The Cradle of Language," en Danièle Moyal-Sharrock, ed., *Perspicuous Presentations: Essays on Wittgenstein's Philosophy of Psychology* (New York: Palgrave, 2007), 278–298.

52. Ver Herbert A. Simon, *The Sciences of the Artificial* (Cambridge, MA: MIT Press, 1996), 51–53.

53. Lewis Carroll, *Alice Through the Looking Glass*, en *The Annotated Alice: Alice's Adventures in Wonderland and Through the Looking-Glass*, ed. y intro. Martin Gardner (New York: Norton, 1999), 189.

54. Jacques Derrida, "Freud and the Scene of Writing," *Writing and Difference*, trad. Alan Bass (London y Henley: Routledge y Kegan Paul, 1978), 196–231.

55. Karl Pribram y E.H. Carlton, "Holonomic Brain Theory in Imaging and Object Perception," *Acta Psychologica* 63 (1986), 175–210.

56. Dylan Trigg, *The Memory of Place: A Phenomenology of the Uncanny* (Athens, OH: Ohio University Press, 2012).

57. Percy Shelley, *Shelley's Poetry and Prose*, ed. Donald H. Reiman y Neil Fraistat (New York y London: W.W. Norton, 2002).

58. William Shakespeare, *The Tempest*, ed. Frank Kermode (London: Methuen, 1987), 1.2.399–400.

59. Graham Harman, *Guerrilla Metaphysics*, 23, 158.

60. Arda Denkel, *Object and Property* (Cambridge: Cambridge University Press, 2007), 12–13, 37, 152.

61. Arda Denkel, *Object and Property*, 132-140.

62. Véase, por ejemplo, Craig Callender, "Humean Supervenience and Homogeneous Rotating Matter," *Mind* 110.447 (Enero 2001), 25–43.

Capítulo 4

Polvo que en aire flota suspendido

> Marca el lugar en que una historia ha sido
>
> – T. S. Eliot[1]

Para poder existir, los objetos deben ser frágiles. Esto suena obvio, pero cuando pensamos en las razones ontológicas más profundas, se vuelve bastante misterioso. Resulta que los objetos están muriendo permanentemente a nuestro alrededor, aun cuando dan luz a otros objetos. La sensualidad de un objeto es una elegía a su desaparición.

Harman llama "encanto" [*allure*] a la manera en que un ser ejerce su poderío sobre otro, como el signo de una posible muerte.[2] La dimensión estética, en otras palabras, es donde sucede la muerte. Si el nacimiento es lo sublime, la belleza es muerte, como este capítulo se encargará de esclarecer. Nacer equivale a ser arrojado a un siempre-ya, encontrarse en un conjunto de relaciones sostenidas por un objeto. El nacimiento es *la apertura* de una grieta entre apariencia y esencia. La persistencia es *la suspensión* de la grieta en su relación con otros entes también desgarrados.

En cambio, la muerte es *la coincidencia plena de las apariencias sensuales más propias*. Al desaparecer en un agujero negro, dejo atrás una imagen evanescente de mí mismo en un horizonte acontecimental.[3] Cuando un cristal se rompe, ha sido igualado por la sensualidad de otro objeto. La muerte expone el retiro de las cosas. Ya no podemos referirnos al cristal ausente: solo hay fragmentos y astillas por todas partes. Cuando muera, nadie podrá referirse a mi muerte; en cambio, me convertiré en meros recuerdos para otras personas, en una colección de JPGs, del mismo modo en que la gente piensa en las cosas, en los objetos que tuvo, en las heridas.[4] Cuando una novela realista termina, la frecuencia y duración de la acción en la página se sincroniza de forma cerrada con la acción en la secuencia cronológica de los acontecimientos: cenizas a las cenizas. Una vez más, tengamos en cuenta que "novela realista" y "realismo filosófico" son dos cosas distintas. Sin embargo, puesto que la ficción realista tiene como objetivo inducir sentimientos de realidad como efectos estéticos, y puesto que la dimensión estética es la dimensión causal, parece adecuado utilizarla para ejemplificar cómo las cosas terminan.

El corazón del lector late más rápido a medida que la policía sube por las escaleras, solo para encontrar el cuerpo tendido de Dorian Gray, y una foto suya con un cuchillo clavado.[5] Un cuervo muerto se convierte en polvo y en los árboles que lo rodean. Asimismo, cuando muere un maestro budista en uno de los espacios que median entre existencias (el Bardo de la Luminosidad), permite que su ser se disuelva en la Luz Clara, "como un niño saltando en la falda de su madre".[6] O bien permite que su cuerpo se desintegre en la luz del arcoíris (*jalu* en Tibetano). Desde su punto de vista, es como si su cuerpo buscara disolverse de este modo. Solo que el frágil ego impide que suceda lo inevitable.

Imaginemos un viejo disco de vinilo. Ahora imaginemos un álbum llamado *No puedo ser escuchado en este tocadiscos*. Cuando colocamos el álbum, los sonidos que fueron grabados en el disco hacen que el tocadiscos vibre de tal manera que se descompone y se rompe. Douglas Hofstadter, autor del multifacético álbum llamado *Gödel, Escher, Bach,* nos habla de un tocadiscos que explota como analogía del Teorema de la Incompletitud de Gödel. Es imposible diseñar un tocadiscos para el cual no exista un álbum que le haga la mímesis, como tampoco podemos diseñar un sistema lógico coherente que no sea capaz de producir una oración extraña y dialeteísta que diga: "Esta oración no puede ser reproducida en este sistema".[7] Para ser coherente, un sistema debe ser incompleto. Ahora extendamos este axioma a las cosas físicas: para existir, los objetos deben ser *frágiles*.

Nada de esto significa que las teorías nunca sean verdaderas. Significa algo mucho más extraño. El teorema afirma que todo sistema bien formulado es incapaz de explicar al menos un enunciado *verdadero* en los términos del sistema mismo. Esto puso fin a la tentativa de Russell y Whitehead de sistematizar las matemáticas, tentativa que se basaba en una frágil adherencia al principio de no contradicción. Gödel mostró como los sistemas lógicos debían auto-contradecirse en algún punto para poder ser verdaderos, mientras que Alan Turing mostró cómo los sistemas físicos podían ejemplificar el Teorema de Incompletitud de Gödel, imaginando máquinas que pudiesen computar datos y visualizarlos en carretes de cinta interpretados por un cabezal. La máquina de Turing nos brindan una versión gráfica y física del Teorema de Incompletitud, y en el proceso ejemplifica cómo la fragilidad aplica a los objetos. No se puede diseñar una Máquina de Turing capaz de predecir si todos los algoritmos se detendrán o continuarán hasta el infinito: "No-todos los algoritmos son predecibles". Para ser un sistema coherente debe haber al menos una oración que no pueda ser probada por el sistema, dentro del sistema mismo. La oración, "esta oración no puede ser probada dentro del sistema" está en *loop*.[8] Si es correcta, entonces es posible probarla; pero lo que ella afirma no es probable, razón por la cual es imposible probarla. Según la visión expuesta aquí, las oraciones dialeteístas son síntomas de la doble-verdad vinculada a las cualidades de los objetos.

El tocadiscos es más que una simple analogía. Si grabamos un álbum que produce las notas correctas, podríamos hacer explotar el tocadiscos. De hecho, esta era la especialidad de los creadores de música *rave* a principios de los años 90. Recuerdo haber ido a muchas fiestas *rave* donde los parlantes explotaban como consecuencia de un tono llamado "LFO" [*Low Frequency Oscillator*]. Se trata de un caso particular, un "no puedo ser escuchado en estos altoparlantes". [9]

Hofstadter nos brinda el ejemplo de un virus. Un virus es un pedazo de código de ARN o ADN en una proteína que indica un genoma: "Oye, hay una versión de mí mismo en algún lugar del sistema." Se trata de una oración de Henkin.[10] Pero el problema es que esta frase de Henkin contiene una mentira del tipo "es verdad que estoy mintiendo en este enunciado". Esto nos pone en sobremarcha y empezamos a producir copias del virus en una tentativa desesperada por resolver la paradoja. Y luego morimos, al igual que la computadora. Comienza entonces una carrera entre los virus y otras formas de vida por detectar y destruir los virus y, por otro lado, eludir las defensas de las demás formas de vida. La historia del tocadiscos también es una historia acerca de las formas de vida. Hay por lo menos un ente allá afuera, y podría estar al acecho en algún "lugar" de tu genoma. (Podemos llamarlo "Si Tim descarga esto, se autodestruirá"). Esto es lo que la mortalidad *significa*. Las formas de vida existen precisamente en la medida en que son frágiles.

Consideremos ahora los objetos en general -no solo los vivientes, sino todos los objetos. Hay un sentido menos metafórico aún, según el cual la historia del tocadiscos es verdadera para los objetos. También es el caso que la sensualidad de un objeto es lo que finalmente podría destruirlo, razón por la cual incluso los agujeros negros, fatales para otros objetos, eventualmente desaparecen bajo su propio vapor. Como he argumentado, la sensualidad no es simplemente un caramelo decorativo en la superficie de algo "más real".

Los objetos son frágiles: no superficialmente, sino a lo largo de toda su estructura, en un sentido ontológico. Y esto también significa que son *débiles*. Digo esto sin una pizca de burla; después de todo, somos uno de esos objetos débiles. Consideremos el lenguaje humano. Que el lenguaje no logre iluminar las cosas en su completa presencia objetiva no es un defecto del lenguaje mismo, sino un hecho de la realidad. Palabras como "esto" y "es" son síntomas de una larga e irregular historia de relaciones con entes no-humanos, y algunas de las inconsistencias del lenguaje son síntomas de nuestra coexistencia con otros objetos. Esto hace que nuestro lenguaje sea inherentemente débil. A diferencia de los teóricos que pretenden postular el lenguaje humano como algo poderoso y rico, yo afirmo que es algo débil y flexible. La razón por la que uno puede decir cosas como "este enunciado es falso" en inglés no es porque el inglés sea rico, sino porque es débil. Al igual que la rama de un sauce, se dobla. Los lenguajes de computadora no son menos expresivos que el inglés, pero en cierto modo, son *más* expresivos. Cada término realmente significa algo. O hace algo. Cuando tratamos de disipar la paradoja del mentiroso ("este enunciado es falso" y sus variantes), acabamos teniendo que saltar a otro lenguaje. Pero este lenguaje también puede generar la paradoja del mentiroso de otro modo e incluso más potente. Curiosamente, cuando más rígidamente se intenta excluir la contradicción, más virulentas se vuelven las posibles dialetheias.

Puedo sortear "este enunciado es falso" imaginando que existen metalenguajes que determinan lo que cuenta como una oración. Luego puedo afirmar que "este enunciado es falso" no es un enunciado real. Esta fue la estrategia del lógico Alfred Tarski, quien inventó la noción de metalenguaje para lidiar con las dialetheias.[11] Un seguidor de Tarski podría afirmar que "'este enunciado es falso' no es un enunciado". Pero nosotros podríamos subvertir su estrategia afirmando "este no es un enunciado". Mi enunciado viral es peor para el tarskiano que el que trataba de eliminar. Por su parte, él podría afirmar que enunciados como "este enunciado es falso" no son ni verdaderos ni falsos. Pero nosotros podemos imaginar una versión reforzada de la paradoja del mentiroso: "Este enunciado no es verdadero"; o "este enunciado no es ni verdadero ni falso". Y podemos seguir agregándole algo a esta versión reforzada siempre que el contrincante trate de objetar especificando una cuarta cosa que el enunciado puede ser además de verdadero, falso o ni verdadero ni falso: "Este enunciado es falso, o ni verdadero ni falso, o una cuarta cosa". Y así sucesivamente.[12]

El metalenguaje trata de aplacar el problema, pero al hacerlo se vuelve más frágil que el propio inglés. Básicamente, esto se debe a que *no hay metalenguaje*, argumento que Harman utilizar para lo que llama "sinceridad" (ver discusión al inicio de este libro). Y *esto* se debe a que *hay objetos*. Un metalenguaje funcionaría como un "objeto intermedio" que le brinde coherencia y uniformidad a los demás -pero no hay objetos intermedios, como hemos visto.[13] Como no hay metalenguaje, no hay manera de elevarse por sobre el perturbador juego ilusorio de la causalidad estética. Esto es más que adyacente al Teorema de Incompletitud de Gödel. Inconsistencias como la paradoja del mentiroso constituyen la evidencia arqueológica de una inconsistencia más profunda que atañe a todos objetos: el espacio irreductible entre los objetos reales y sensuales.

El espacio irreductible que Lacan descubre entre *el sujeto de lo enunciado* y *el sujeto de la enunciación* se torna evidente en la paradoja del mentiroso.[14] Está el "yo" que está diciendo una oración y el "yo" acerca del cual la oración es dicha. Los novelistas explotan este espacio, pues saben demasiado bien que todas las narrativas en primera persona son por naturaleza poco confiables. Si queremos jugar con la ironía y la paradoja, lo mejor es escribir de manera autobiográfica.

Gödel argumenta que, debido a la inconsistencia inherente a toda teoría, necesitamos otra teoría para explicar la semántica de la primera. Toda teoría requiere de otras teorías (1+*n*). ¿No suena esto demasiado parecido a la teoría OOO de la traducción, es decir, a la manera en que los objetos son aprehendidos en un espacio interobjetual que consiste en 1+*n* objetos? Nunca oímos el viento mismo; oímos el viento en la chimenea. La OOO toma distancia de la mayoría de los lingüistas computacionales, quienes sostienen que el lenguaje computacional es menos expresivo que el inglés. Creo que este no es el verdadero problema. Pienso que los lenguajes computacionales son más explícitos y, por lo tanto, más rígidos. El inglés tiene la ventaja de ser débil, porque fue evolucionando para poder ser hablado por objetos de carne y hueso.[15]

Cierre: este es el fin, hermoso amigo

La experiencia de lo bello y de lo sublime, argumenta Kant, consiste en sintonizarse con los objetos. Pero, ¿en qué consiste esta sintonización (*Stimmung*)? Pensemos en una sintonización extrema. Cuando una cantante de ópera alcanza la frecuencia resonante de una copa, el cristal de la copa explota. Así pues, un vaso es la analogía para la muerte del buda tibetano. Cuando un vaso se rompe, el espacio interior se fusiona inmediatamente con el espacio exterior. Y podemos apreciar entonces que la muerte es belleza.

Consideremos el video en cámara lenta de una cantante de ópera y su efecto sobre las copas. En el video, el cristal empieza a temblar justo antes de dejar de existir. Theodor Adorno sostiene que esto es lo que la estética debería hacer: desencadenar un terremoto en el ser humano (*Einschütterung*, una pequeña muerte).[16] Los terremotos ocurren cuando los ritmos entre las placas tectónicas se vuelven extremadamente regulares. Un ACV ocurre cuando las ondas en el cerebro se vuelven isométricas. Un cierre sucede cuando la frecuencia y la duración de una trama se sincronizan con los de la historia en una relación de 1 a 1. Estos temblores anulan la diferencia entre una cosa y su resonancia, su apariencia.

Kant afirma que la belleza es una experiencia de coexistencia con un objeto. Es como si el objeto y el sujeto repentinamente se fusionaran, como en el caso del espacio interior y exterior de la copa. A partir de aquí, solo hay un pequeño paso a una teoría orientada a objetos de la belleza. La belleza es el fin de un objeto, porque en la belleza los objetos se funden. Las ondas de sonido se corresponden con la frecuencia resonante de un cristal. Y cuando alcanza una amplitud crítica, el cristal deja de existir. De este modo, se convierte en su entorno.

¿Qué se siente estar en el final de la historia? El sentimiento de comienzo (apertura) es la incertidumbre. El sentimiento de medio (desarrollo) es la suspensión. Y el sentimiento de final es el *cierre*. ¿Cómo alcanzan un cierre las historias? Empiezan a sincronizar la trama con la historia de una manera isocrónica. Sus frecuencias y duraciones comienzan a encajar unas con otras. Y cuanto más encajan, más tensión generan. Una película de acción es una narrativa que alcanza su cierre demasiado pronto, y allí permanece. La trilogía Bourne, por ejemplo, está compuesta totalmente de secuencias narrativas isocrónicas. De allí derivan el "paso acelerado" y el "suspenso creciente". Sabemos que hemos superado la sección de desarrollo en una ficción clásica realista cuando un acontecimiento ocurre y es narrado por única vez, con una duración más o menos isocrónica. Salimos entonces del remolino del desarrollo, y podemos sentir el final que se acerca. El comienzo del capítulo 12 de *Imagen de Dorian Grey* es una obra maestra por su economía. Con un acontecimiento, el narrador sale de los mundos exóticos y perfumados evocados por las seductoras lecturas y relecturas del decadente libro de Huysmans, con el que Dorian está obsesionado en la sección de desarrollo:

> Era el nueve de noviembre, la víspera de su trigésimo octavo cumpleaños, como después recordaría a menudo. Se dirigía a casa, hacia las once, desde la de lord Henry, donde había estado cenando, e iba envuelto en pesadas pieles por ser la noche fría y brumosa. En la esquina de la plaza Grosvenor con South Audley, un hombre lo adelantó en la niebla. Andaba muy deprisa y tenía el cuello del abrigo levantado.[17]

Con tres palabras crujientes, el cierre está a la vista. En cierto modo, podemos anticipar que Dorian morirá al final de la historia; o al menos, presenciamos un final que se aproxima. Un terremoto está por desatarse, y sólo es cuestión de tiempo. El final de una historia ya está incluido en esas líneas, como un balde de agua fría.

El cierre es el sentimiento de la muerte. El sentimiento de la muerte es un sentimiento de isocronía en el que los dos canales paralelos -la trama y la historia- se sincronizan. La trama se acomoda a la historia. Y al hacerlo, se desvanece, dejando atrás algunos cuerpos para que la policía llegue a la escena del crimen y busque aclarar las cosas. El final de *Imagen de Dorian Gray* es algo ejemplar en este sentido. Dorian corta la imagen y muere; la policía sube por las escaleras y encuentra el cuerpo. De este modo, las últimas páginas se despliegan ante nuestros ojos, mientras que la trama se sincroniza perfectamente con la historia. Un acontecimiento es narrado por única vez. Y es suficiente para romper el hechizo de la suspensión.

Pensemos en cómo los dramas manejan los cierres. Tanto en una ópera como en toda obra, el cierre sucede cuando *la cuarta pared* se disuelve: la pantalla estética que separa al público de los actores. Este es el momento del drama, en el que el público siente que ya es parte de la obra. Dicho proceso se formaliza en las tragedias de Shakespeare cuando un personaje le habla directamente al público en la escena final. En *La tempestad*, Próspero da un discurso que marca el final de una mascarada, pero también le habla conscientemente al público detrás de la cuarta pared:

> Nuestra fiesta ha terminado. Los actores, como ya te dije,
> eran espíritus y se han disuelto en aire, en aire leve, y, cual la
> obra sin cimientos de esta fantasía, las torres con sus nubes,
> los regios palacios, los templos solemnes, el inmenso mundo
> y cuantos lo hereden, todo se disipará e, igual que se ha
> esfumado mi etérea función, no quedará ni polvo. Somos de la
> misma sustancia que los sueños, y nuestra breve vida culmina
> en un dormir.[18]

Con este pasaje, la obra está por terminar. El artificio que es la obra se ve destruido a causa de su exaltación: "Esto es apenas una obra, y ustedes la están mirando". El espacio sensual en el que se desarrolla la obra desborda a la obra misma. Al final de *La tempestad*, Ariel repite el cierre, para asegurarse de que sintamos el terremoto: pide nuestro aplauso para ser liberado de los confines del escenario. *La tempestad* ofrece un maravilloso bosquejo del sentimiento de cierre, y un largo adiós.

Morir es un acontecimiento sensual que ocurre en el espacio interobjetual. El cierre demuestra cómo, cuando un objeto entra en fase con otro, su aniquilación se aproxima. La muerte ocurre cuando, por ejemplo, un virus comienza a replicarse en nuestro genoma, utilizando nuestras células como una máquina de fotocopiar. Luego, nuestro cuerpo se desintegra, y las bacterias comen nuestra carne en descomposición. Nos convertimos en bacterias. Las bacterias *bacteriomorfizan* nuestro cuerpo, traduciéndolo al lenguaje bacteriano. Las lombrices y los hongos devoran los residuos. Mientras escribo estas líneas observo la base de un árbol que fue cortado el año pasado en mi jardín. Los hongos han empezado a comerse la base. A medida que los hongos digieren los azúcares de cada anillo de la base, ellos crecen cada vez más. Lo que resulta es un gran hongo que recubre la base, una serie de hongos en expansión que en su crecimiento simulan los anillos del viejo árbol. Es algo bastante extraño: los hongos anillados se parecen al árbol, pero no lo son. Los hongos *hongomorfizan* el árbol. Es como si los anillos del árbol fuesen traducidos al lenguaje de los hongos delante de nuestros ojos. Cuanto más completa es la traducción, más total es la muerte del objeto.

Bardo 2

Sin embargo, toda traducción es necesariamente imperfecta. Hay un elemento de parodia en cada muerte, un extraño parecido (como la figura de un zombi, hay un cuerpo que se parece a mí en cada detalle, excepto que se trata de un muerto vivo; soy y no soy el zombi). También podríamos preguntarnos si una persona en "estado vegetativo" está viva o muerta. Sus uñas continúan creciendo luego de que la medicina decreta oficialmente la muerte. Y algunas religiones afirman que hay un alma o consciencia que subsiste luego de la muerte física. De hecho, hay todo tipo de pleitos en torno a qué constituye la muerte, y esto se debe a la grieta ontológica. Cuando un objeto se está muriendo, hecho que ocurre con frecuencia, ¿está existiendo o dejando de existir? Cuando me paro en el umbral de una puerta, ¿estoy dentro o fuera del cuarto? Por el mero hecho de existir, los objetos ya tienen un pie en la tumba.

Pero nada muere por completo. El físico Roger Penrose sugiere que cuando la entropía lo reduzca todo lo que existe a partículas sin masa, sólo habrá fotones, y el universo podrá volver a empezar.[19] La evolución transforma una vejiga natatoria en un pulmón.[20] Y hay casos más drásticos de este tipo de media vida fantasmal. Algunos objetos parecen estar "esperando" nuevos usos: objetos que se apilan en los áticos, conservados como reliquias pero nunca vistos, ni siquiera por aquellos que los heredan. Lo que caracteriza a esta dinámica es una propiedad inherente de todos los objetos: *los objetos son fantasmas* de sí mismos debido a la grieta entre esencia y apariencia. De acuerdo con esta visión, la muerte, el nacimiento y la continuidad suceden de manera "simultánea", o más precisamente, cooriginaria.[21] Un objeto es un "agujero negro" con una fotografía evanescente de sí mismo en su superficie.[22] Como señalábamos en la introducción, el archiatomista Lucrecio buscó suplementar su atomismo con una dimensión estética: los objetos son percibidos a través de sus partes, como si desaparecieran en un agujero negro: "Ver algo significa ser afectado por una emanación, no por la cosa misma, de modo que todo lo que vemos es en efecto lo que sucedió en el pasado, porque los simulacros demoran en viajar a través del vacío".[23] Un objeto es auto-referencial: "Soy lo que hago" (Gerard Manley Hopkins). Sin embargo, esta auto-referencia es del orden de la mentira: "Este enunciado es falso". El "yo" y el "mí mismo" son sutilmente distintos.

David Wiesner reescribió *Los tres chanchitos*. En su versión, los chanchitos escapan del libro, pudiendo de algún modo salir de sus páginas.[24] De repente, se encuentran en un curioso espacio intersticial poblado por otros personajes. Ayudan a un dragón a regresar a su mundo y vencen al lobo malo. ¿Qué nos enseña esta narrativa acerca de la situación ideológica y ecológica actual? De hecho, que cuando salimos de nuestro "mundo" ideológico, con sus contornos familiares, seguimos estando siempre en algún lugar. ¿No es esta la lección de esos momentos intersticiales en las películas de David Lynch, cuando vemos una transición aparentemente coherente entre dos mundos? Estos espacios de transición no son meros vacíos. Tal vez la filosofía y la ideología crean que son solo vacíos. La OOO y el budismo comparten algo muy interesante. Ambos sostienen que el espacio intersticial entre las cosas no es un vacío neutro. De hecho, el espacio está cargado con sentido, incluso con causalidad.

Los objetos poseen un ego, un ego frágil. Puesto que el ego no es más que un palimpsesto de "objetos catéxicos abandonados", como lo expresa Freud, ¿por qué no podríamos aplicar esta teoría a todos los objetos?[25]

Pensémoslo de manera aristotélica. Las causas formales están listas para regresar tanto en la teoría cuántica como en la OOO, y por razones bastante similares. ¿En qué sentido la forma de un objeto constituye su "ego"? La causa formal de un objeto, de manera un tanto sencilla, es simplemente el registro de todo lo que le ha "sucedido". Una masa de vidrio fundido es soplada y enfriada, resultando en una copa de vino. La forma del vidrio -su ego, si se quiere- es el registro todos los objetos que lo golpearon, soplaron y recortaron mientras era fundido y puesto a enfriar. Lo que en la teoría retórica llamamos *memoria* es una causa formal, como la entrega es lo sublime.

Del mismo modo en que el capítulo sobre los comienzos replanteó la idea de la *entrega* retórica, este capítulo busca replantear el arte retórico de la *memoria*. La memoria era una parte de la retórica, la cual fue atacada a principios de la modernidad. Primero, Erasmus la desestimó, y luego, los puritanos ingleses del siglo diecisiete directamente prohibieron el arte de la memoria, las diferentes técnicas mnemónicas practicadas a lo largo de los siglos, pues se creía que eran afines a la magia.[26] En la edad media, por contraste, la memoria, y no la imaginación, tuvo un papel protagónico.[27] La práctica humana de la memoria, entendida como el manejo y el almacenamiento de un objeto en el espacio (mental) interobjetual, con frecuencia reconocido como un edificio con muchos pisos, se desvaneció.[28] Esto contribuyó a profundizar la restricción de la retórica como mero estilo (*elocutio*), como ya exploramos en el Capítulo 1. La ausencia de la memoria retórica debilitó más aún la habilidad del pensamiento de lidiar con los objetos.

La causa formal de una cosa es su pasado, su memoria, como la memoria que se inscribe en una oblea de silicio. La memoria, justamente, es un estado en el que "todo está ahí, pero nada está presente".[29] Ya nos hemos topado con la pregunta sobre la memoria al considerar la existencia continuada de los objetos en el capítulo anterior. Es apropiado, entonces, que la noción de bardo aparezca una vez más, pues los bardos son la repetición de las memorias. Esta vez, sin embargo, estamos tratando con el bardo de la muerte, la manera en que la repetición se enfoca en algo mortal. La apariencia (superficial, dada) de un objeto es *simplemente su estar recubierto por otro objeto*, otra manera de afirmar que la "vida pasada" de un objeto es su forma.

Lo que Hegel dice sobre la naturaleza abstracta del "yo" no puede ser dicho en relación a cómo un asteroide choca contra la atmósfera, haciendo que una masa gigante y derretida deje escapar su otro lado. El asteroide nunca encuentra la tierra como si fuera una pantalla en blanco sobre la que proyecta su propia fantasía, es decir, su forma, su deformación en el encuentro con otros objetos. El asteroide no constituye la negación de todo contenido positivo, una abstracción hegeliana de todas sus determinaciones.[30] El ego de un objeto es simplemente un registro de los traumas que le sucedieron, y esto aplica también para los objetos llamados "humanos", para quienes el ego no es otra cosa que un objeto virtual, sensual. Por lo tanto, en realidad no hay pantallas en blanco de ningún tipo.

Hamartia

Mientras que el modo estético del comienzo es un éxtasis terrorífico, y el modo de la continuación una comedia, el modo del final es una tragedia. Esto se debe a que, como los protagonistas de una tragedia griega, los objetos poseen un defecto intrínseco, una herida, la cual, inspirándome en los griegos, llamaré *hamartia*.

En algún lugar del mundo existe al menos una bala que lleva nuestro nombre; podría ser un virus, nuestro propio código de ADN, etcétera. Consideremos una explosión. Una explosión es algo aterrador no solo porque nos amenaza, sino porque es ontológicamente misteriosa. Dicho misterio subyace a la amenaza física. Pero, ¿de qué misterio hablamos? Para expresarlo en términos simples, un objeto que funciona sin inconvenientes en "mi mundo" -un avión, un rascacielos- de repente se comporta de una manera peculiar. Entonces mi mundo se tambalea y amenaza con colapsar.

Un objeto afecta a otro objeto traduciéndolo, lo mejor que puede, en sus propios términos. Un avión abre un orificio con forma de avión en un rascacielos. Una traducción perfecta de un objeto por parte de otro objeto implicaría la destrucción de ese objeto. Consideremos una vez más el caso del cristal. Cuando una cantante de ópera canta una nota con la suficiente potencia, el sonido agita las frecuencias resonantes de la copa de vino. En cámara lenta, podemos ver como la copa ondula hasta que explota. Por supuesto, conocemos la explicación física, o al menos, creemos conocerla. Pero, ¿qué hay de la explicación ontológica?

Lo que sucede es que el sonido es capaz de reducir el cristal a una pura apariencia. Hay una grieta ontológica entre esencia y apariencia. Esto no guarda relación alguna con el espacio dudoso que hay entre substancia y accidentes. Tanto lo que llamamos *substancia* como lo que llamamos *accidentes* están del lado de lo que este libro llama apariencia. La grieta es una parte irreductible de la cosa: una cosa es y no es ella misma. Llamemos a esta doble verdad de la cosa su *fragilidad*. La fragilidad interna de una cosa es la razón por la que puede existir del todo. La fragilidad también es la razón por la que cualquier cosa puede acontecer. La existencia es incompletitud, y su fragilidad se activa en lo que llamamos destrucción. De alguna manera, algo interfiere con la grieta entre esencia y apariencia, y traduce el objeto de manera tan radical que hace colapsar la grieta. Ya nada puede insertarse físicamente en ella. Como los objetos están encerrados (se retiran y son secretos), la interferencia con la grieta solo puede ser causada cuando un objeto se sintoniza estéticamente con su traductor, en un proceso que se asemeja a la manera en que nuestros genomas crean más virus bajo determinadas condiciones. La diferencia entre la causalidad inmanente y la externa no existe en esta teoría, lo cual tiene más sentido que afirmar que las cosas se destruyen por completo en el plano óntico, lo cual implicaría que los objetos son meras masas insípidas decoradas con accidentes, o nada más que una conjunción de cualidades. Desde la perspectiva de una "destrucción óntica", un objeto necesita que otro objeto haga el trabajo sucio. Al examinar esta historia de detectives acerca de la destrucción por medio de otros objetos, esto nos devuelve rápidamente al primer motor inmóvil y a las causas primeras.

Una explosión revela la fragilidad (pero también la extraña inconsistencia) de las cosas. Los comienzos son anamórficos, mientras que los finales son bellamente simétricos. La vida es una distorsión, la muerte pacífica, como Freud sugirió en relación a la pulsión de muerte. Comenzar significa distorsionar, finalizar volverse consistente. Matar o destruir significa *reducir algo a su consistencia*. La teoría desarrollada aquí es inversa a la de Badiou, para quien destruir es generar inconsistencia. Cuando muero, me convierto en mis recuerdos, en un papel hecho un bollo en un tacho de basura. Me transformo en mis apariencias; y sin embargo, no puede haber una traducción perfecta de un objeto, pues el traductor también es un objeto (inconsistente). No podría haber trazos de una traducción perfecta, y por lo tanto, lo que aparece es solo polvo, fragmentos y escombros. Los nuevos objetos son misteriosos recuerdos de otros objetos rotos. Toda una cultura del duelo podría erigirse en torno a ellos.

La grieta entre esencia y apariencia es la razón por la que un objeto posee una exterioridad. Es gracias a esta grieta que los objetos existen. La grieta también hace posible que un objeto que pueda morir gracias su fragilidad interior irreductible. Todo objeto tiene una etiqueta que dice: "no soy parte de este objeto". Se trata de una *hamartia* (del Griego, "herida"), de una bala de plata interior, como la versión física de un enunciado de Gödel.[31] La fragilidad interior de un objeto es lo que le permite ser destruido por otro objeto. Más importante aún, sin embargo, es que esta fragilidad interior implica que *un objeto puede "morir" completamente por sí mismo.*

Todo objeto está herido de muerte. Una *hamartia* constituye el objeto en cuanto tal en su determinación última. La transitoriedad es la característica intrínseca decisiva que indica que un objeto es un objeto. Cuando un objeto entra en fase con su propia fragilidad, se ve destruido. Consideremos la radiación Hawking que emana de un agujero negro. No todo permanece atrapado en el agujero negro, porque incluso un agujero negro -el objeto más denso del universo- es internamente inconsistente. En algún momento se consumirá. Su hamartia, su fragilidad interior, hará que deje de existir. Hamartia es lo que Aristóteles llama "error fatal".

Por lo tanto, es erróneo concebir:

1. Los objetos como masas sólidas en un flujo temporal que lentamente los desgasta.
2. Los objetos como reificaciones de un flujo temporal.
3. Los objetos como susceptibles de ser descompuestos en partes (sepultamiento).
4. La fragilidad/muerte como un hecho que "le sucede" a un objeto desde el exterior.

La fragilidad es una condición ontológica de los objetos; no depende de otra cosa. Por contraste, las opciones de 1) a 4) explican la fragilidad sumándole o restándole algo al objeto. La fragilidad se debe al simple pero contraintuitivo hecho de que los objetos son y no son lo que son al mismo tiempo. Son dialeteístas, portadores de una doble verdad.

Los objetos tienen un pie en su propia tumba. El hecho de que un objeto pueda cesar por sí mismo es un hecho muy aceptable desde la perspectiva de la ontología fundamental. Ningún otro objeto, por no hablar de sus relaciones, son requeridos para que un objeto "muera". Esto significa que en el plano teórico al menos un objeto puede morir en soledad, sin ser conocido ni amado. Todo lo que un objeto necesita para dejar de existir es coincidir consigo mismo. Una vez que lo logra, se evapora. Reducido a la mera simplicidad, el objeto se muere, deja atrás simples recuerdos, polvo e impresiones sensuales. La grieta entre esencia y apariencia colapsa. El objeto se evapora en una apariencia-para otro(s) objeto(s).

Exploremos un poco más la cuestión de la fragilidad. La fragilidad intrínseca de los objetos tiene que ver con la posibilidad de derivar a partir de ellos el tiempo y el espacio. Para Kant, la experiencia de lo bello tiene que ver con un ente de tipo objetual que parece estar ubicado a la vez en nosotros y en el objeto bello; esto lo transforma en algo impersonal, en algo que está más allá del ego. La belleza es universalizable, es decir, el tipo de interacción que constituye la belleza podría extenderse para incluir cualquier otro objeto en los alrededores. Encuentro a la Mona Lisa bella, y este sentimiento consiste en la idea de que cualquier otra persona también la encontraría bella igual que nosotros. Si encontramos una pieza musical particular increíblemente bella, querríamos colocar parlantes en los edificios más altos y avergonzar a nuestras familias haciéndole escuchar la canción a todo el mundo; porque todo el mundo debería encontrarla bella. Sin embargo, cuando hacemos esto, cuando aturdimos a los demás con la belleza, nos auto-excluimos de la experiencia de lo bello.

¿Por qué? Kant argumenta que la belleza es no-conceptual: tiene un cierto *no sé qué*. Ni bien intento comprenderla, se ha ido, como Eurídice arrebatada por el dios Hades cuando Orfeo se da vuelta para mirarla. Entendemos el objeto como si el objeto mismo fuese la belleza, y al hacerlo la belleza se escapa. O bien, especificamos ciertos rasgos del objeto, pero nada en el objeto puede ser especificado explícitamente: ni las partes ni el todo. La belleza es irreductible. No puede ser disuelta en componentes más pequeños ("demolición"), como tampoco puede ser disuelta hacia arriba ("sepultamiento"), hacia una visión holística. La belleza es única y contingente. La belleza es innombrable, y es por ello que la belleza en Kant provee las condiciones para la "singularidad" humano, no a la inversa. Pareciera como si los colores, los olores y los sonidos fuesen la condición de la belleza; pero en realidad hay una profunda libertad que resplandece en la belleza, y es ontológicamente anterior a todas esas cosas. Si no fuese por esta libertad, las cosas no nos importarían. Que la belleza sea irreductible significa que tiene algo para decirnos sobre los objetos de tipo OOO.

Así pues, nos acercamos a la conclusión realista de que la belleza nos brinda evidencia acerca de la existencia de 1+*n* objetos (la Mona Lisa y yo, el aire seco entre nosotros). Pero la belleza no es ninguno de estos objetos. Lo que por momentos es misterioso y levemente perturbador acerca de la belleza es que no puede ser localizada, y sin embargo, parece emerger en las interacciones entre las cosas. La belleza, por lo tanto, es una suerte de mentira que se dice de un objeto cuando interactúa con otros objetos: una bella mentira. Es como si la belleza estuviese por todas partes y en todos nosotros, todo el tiempo. No obstante, emerge de la pura contingencia. Es atemporal en la medida en que se basa en objetos que parecen desvanecerse.

Las misteriosas cualidades de las obras de arte es una señal de las misteriosas cualidades de los objetos en general. La belleza es un secreto que sabemos que existe, pero cuyo contenido no podemos conocer. Cuando lo compartimos con otros, es como si fuéramos parte del mismo secreto. Nos miramos mutuamente con asombro o con una mirada cómplice. Pero es imposible especificar en qué consiste dicho secreto. Lo importante es *el hecho de que hay un secreto*. La belleza se apoya en el hecho bruto del secreto en cuanto tal. Los contornos del secreto son sentidos como la frialdad de la superficie de un mármol para una persona ciega. A lo largo de este libro, he utilizado el término *secreto* para explicar la dinámica del retiro [*withdrawal*]. El secreto es simplemente la objetualidad del objeto: el hecho de que aparece y a la vez se sustrae de la presencia, una doble cualidad que anuncia una grieta permanente en el universo, y que aplica a cualquier objeto, no solo a los seres sintientes y mucho menos a los humanos. Esta grieta sucede en y entre los objetos. O mejor dicho, se vuelve imposible especificar si la grieta está *dentro* o *fuera* del objeto. La misma no puede ser ubicada ónticamente, y sin embargo, ahí está. La grieta explica lo que llamamos *fragilidad*.

Ahora bien, la fragilidad no debería confundirse con el hecho de que las cosas decaen. El hecho de que las cosas se dañen es una manifestación de un hecho ontológico más profundo. En otras palabras, los objetos no existen en el tiempo como muñecas de porcelana en una cinta transportadora que cuando llegan al final de la cinta se caen al piso de concreto y se rompen en pedazos. No; el objeto tiene que estar escindido para poder ser objeto. El tiempo como sucesión de instantes emana de los objetos mismos. Es decir, el tiempo lineal que nosotros (o cualquier otro ente) experienciamos es un producto de ciertas interacciones entre objetos, basadas en su fragilidad. Podemos fácilmente imaginar analogías físicas. El tiempo emana del decaimiento de partículas radioactivas, o de las vibraciones de un cristal piezoeléctrico, o de la masividad de un planeta. En cierto modo, las partículas radioactivas -como el carbón utilizado en la medición de carbono-nos brindan el mejor ejemplo. Todos los objetos son isótopos de sí mismos, dobles, extraños e inestables. Las teorías de los objetos y la causalidad basadas en sustancias sin figura o en conjunciones de propiedades tienen serios problemas con los isótopos -los isótopos reales, y no solo los figurativos- precisamente por esta misma razón.[32]

La *fragilidad* es lo que explica la belleza. La belleza en Kant es algo levemente triste, pues no tiene que ver con nosotros.[33] También es algo espeluznante, ya que no podemos determinar si se trata de una simulación o no. Lo mismo sucede con los objetos no-humanos y no-sintientes. En cierto modo, los objetos son tristes, porque contienen un núcleo que no les pertenece, gracias al cual pueden ser lo que son. Los objetos sencillamente no pueden ser consistentes y coherentes a la vez. Pareciera como si Gödel hubiese escrito las reglas de la existencia. Los objetos pueden romperse en un millón de pedazos -un millón de nuevos objetos- en cualquier momento. Sus *posibilidades* dependen de sus *imposibilidades*. En este sentido, los objetos no son muy distintos de lo que Heidegger llama *Dasein*.[34] Exploremos esta conexión.

Como sabemos, Heidegger influenció profundamente a Lacan con su idea de que la angustia es una emoción que nunca miente.[35] La angustia constituye el temple anímico del ser, el cual no "entorpece ni confunde" a la persona que descubre su ser auténtico (*Dasein*). Esto es lo que el maestro budista, Chögyam Trungpa, parafraseando a Heidegger, llama *ansiedad básica.*[36]

Ahora bien, este discurso acerca de la angustia parece estar muy lejos de los objetos. Pero, ¿está lejos de la OOO? ¿Acaso la angustia no aparece porque *Dasein* es a la vez potencial e "imposible"? Este razonamiento es un poco más sutil, así que tendremos que desarrollarlo a lo largo de algunos parágrafos más para poder entenderlo mejor. Como veremos a medida que avancemos, lo que caracteriza al *Dasein*, lejos de ser una propiedad humana especial -o peor aún, la propiedad especial de un grupo de seres humanos específicos (los alemanes)- es algo compartido por todos los objetos. Esta cualidad es dialeteísta: el hecho de que los objetos constituyen dobles verdades [*double-truths*]. Son y no son ellos mismos, $p \wedge \neg p$, como ya argumentamos en la introducción.

En su interior, los objetos difieren de sí mismos, y es por ello que pueden aparecer; es decir, pueden aparecer-para otros objetos. Un topo de nariz estrellada (*Condylura cristata*) puede oler miles de perfumes que emanan del suelo, porque técnicamente los perfumes no son el suelo mismo . Los perfumes del suelo son "isótopos", transportadores inestables de información para otros entes, en este caso, los receptores en la nariz de este curioso topo. Es precisamente de este modo que Heidegger caracteriza al *Dasein*, al "ser ahí". El *Dasein* no es una presencia objetiva, y sin embargo, se manifiesta en todo tipo de estados de ánimo, como el miedo y la angustia. En particular, la angustia supone una conexión inmediata que resuena con el simple hecho del *Dasein* en cuanto tal. En la angustia, el mundo se vuelve algo plano y sin sentido. Los objetos parecen perder su significado para nosotros; no tienen nada más que decirnos, parafraseando a Heidegger.[37] Es como si en ese momento pudiéramos adoptar una perspectiva imposible que nos permita compartir su secreto.

Al invadir al propio *Dasein*, la angustia coloca un pie en el éter sensual y el otro fuera de éste, es decir, se posiciona en un lugar imposible. En esta situación, el lenguaje se vuelve inadecuado, a menos que estemos dispuestos a admitir que algunas cosas pueden ser dialeteístas, es decir, p y no-p al mismo tiempo. Por ejemplo, Hegel explica el movimiento, como vimos en el capítulo anterior, suponiendo que los objetos están y no están ahí simultáneamente. Podríamos explicar nuestra posición en el umbral de una puerta de este modo: estamos a la vez adentro y afuera del cuarto. Se vuelve imposible especificar, utilizando herramientas de medición como metros o cronómetros, las cuales nos remiten a una presencia objetiva y reificada, qué significa exactamente "estar dentro de un cuarto", a diferencia de "estar en el umbral de la puerta". Si intentamos explicarlo por esos medios, todo tipo de paradojas como las propuestas por Zenón aparecen y nos hacen sospechar que nada está sucediendo, que en realidad no hay movimiento. El problema es que estamos tan acostumbrados a imaginar que los seres existen "en" el tiempo que se vuelve difícil contemplar el tiempo y, por lo tanto, los acontecimientos, como fluyendo de los objetos mismos. Este flujo ocurre cuando los objetos emiten isótopos de ellos mismos, pues están desgarrados internamente por su fragilidad. En este sentido, la muerte está a nuestro alrededor. Como el universo es apenas un gran objeto, existimos dentro de la muerte, como en las pinturas budistas sobre el círculo de la vida, en las que la totalidad del samsara se desarrolla dentro de las fauces de Yama, el dios de la muerte.

"Era tan hermoso que casi me muero". ¿Hay algo más que una verdad metafórica en este enunciado? ¿Es la belleza la experiencia de la muerte, o al menos, de un encuentro cercano con la muerte? Adorno dice que el estremecimiento producido por la belleza hace estallar al sujeto encapsulado.[38] Cuando una cantante de ópera emite la nota exacta, con el tono y volumen correctos, las ondas de sonido resuenan con el cristal de la copa de tal manera que la destruyen. En una filmación en cámara lenta, podemos ver cómo justo antes de estallar, el cristal comienza a temblar. La frecuencia resonante se corresponde perfectamente con el cristal.

Desde la perspectiva de una fenomenología "alien", es decir, desde el cristal mismo, ¿no podríamos calificar esta "experiencia" como la súbita pérdida de todo sentido de límite? ¿Y no es esto la belleza? En el acontecer de la belleza, una parte ajena a mi espacio interior parece resonar en los colores de la pared, así como en los sonidos que entran por mis oídos. Si los amplificamos enormemente, ¿podrían matarme esta resonancia? "¡Qué hermosa manera de morir!" -ser destruido por vibraciones que me separan de mí mismo.

Para que la belleza funcione, por lo tanto, tiene que haber una superficie capaz de recibir la herida. Parece que el puñal de lo bello puede clavarse en la grieta entre la esencia y la apariencia de un objeto. La belleza "se abre camino" por la grieta que existe entre un objeto y sí mismo (recordemos que los objetos son dialeteístas; están escindidos como un tenedor). La grieta es una inconsistencia en el objeto que le permite terminar. Cuando un objeto se aparta por completo de su propia apariencia, su *hamartia* le arrebata lo mejor de sí. Y a esto llamamos *destrucción* o *muerte*.

La belleza, por lo tanto, es una experiencia no-violenta con la muerte cercana, una advertencia de que somos frágiles, como todo lo demás en el universo. La belleza es la sombra que amenaza a los objetos, *la amenaza que es objeto*. Los objetos como tales transportan una amenaza interior debido a la grieta entre esencia y apariencia. La belleza es la llamada de la carne vulnerable y del frágil cristal. Esto explica, tal vez, por qué la belleza está asociada con las experiencias del amor, de la empatía, de la compasión, todos temas que incumben a las teorías poskantianas del afecto estético, como la de Adam Smith; también incumben a las teorías éticas basadas en la noción budista del *Anātman* (la no existencia del "yo"). Esta es la razón por la que podemos articular una ética de coexistencia pacífica basada en la belleza. Dicha ética no puede fundarse enteramente en la versión kantiana de la experiencia estética, con su antropocentrismo rígido y su sombra sádica. Debe fundarse en la tentativa de acercarse lo más posible a nuestra intimidad compartida y perturbadora. Comencemos a explorar esto.

Cuando experimentamos la belleza, resonamos con un objeto. El objeto y yo nos sintonizamos mutuamente. Kant describe la belleza como un proceso de sintonización. "Belleza" es el nombre que le damos al estado cognitivo impersonal y "objetual" que surge en nosotros pero parece emanar del objeto mismo. Es como si el objeto y nosotros quedáramos trabados en un nexo inseparable. Desde el prejuicio vulgar, suponemos que tener un ego es necesario para poder hacer tareas como lavarse los dientes. Pero a decir verdad, nos lavamos los dientes todo el tiempo sin ayuda del ego. Es completamente posible tener experiencias sin ego. Estamos teniendo una ahora mismo.

El objeto bello encaja como un guante. La belleza kantiana, en realidad, es distinta al decorado propuesto por Aristóteles y Horacio, es decir, la manera tradicional en que la estética es concebida como una vestimenta.[39] El decoro provee reglas objetivas para determinar lo que una cosa bella debería vestir: un conjunto de criterios externos y sistemáticos para lo que cuenta como bello, una suerte de lista de verificación. La belleza kantiana, por contraste, apunta a algo más disruptivo. Kant piensa este descubrimiento en términos de una subjetividad trascendental, mientras que la OOO lo piensa en términos del retiro de los objetos. Sin embargo, hay una afinidad entre ambos pensamientos, porque ambos imaginan algún tipo de grieta o espacio trascendental intrínseco a la realidad. La belleza no es un guante que encaja en una mano, sino algo más parecido a un *Dasein* que nos toma de la mano.

La belleza no es conceptual. Nada en el objeto mismo puede explicar la belleza directamente: ni sus partes, porque esto sería un puro reduccionismo positivista; ni el todo, porque esto implicaría otro tipo de reduccionismo (las partes pasan a ser prescindibles). Sin embargo, la belleza parece emanar de los objetos. Esta cosa única y singular frente a mí es el foco de la belleza. Cualquier persona sensata debería encontrarla bella, o al menos eso creo; y sin embargo, cuando impongo mi juicio a los demás, arruino la experiencia. Sé que mi experiencia particular de la belleza no es compartida, pero también sé que los demás saben perfectamente bien lo que es la belleza. Una cierta libertad incondicional se abre en nosotros, además una cierta coexistencia sin contenido. No es de extrañar que Kant considere la experiencia de lo bello como una parte esencial de la democracia. La belleza es un acontecimiento del ser, una suerte de grieta, un deslizamiento apacible. La belleza permite un estado cognitivo no forzado y no violento.[40]

Pero, ¿cuáles son las condiciones de posibilidad de la experiencia de lo bello? ¿Cuál es, por así decirlo, la física fenomenológica de la belleza? Al explorar estas condiciones nos encontramos con un conjunto de obras extraordinarias. Y el autor de este conjunto es Alphonso Lingis. La belleza kantiana tácitamente presupone un ser herido por colores, aromas, texturas y gustos: afectado por ellos a tal punto que el proceso de sintonización [*tuning*] con la belleza puede comenzar. Es esta cuestión lo que Lingis explora en una serie de estudios extraordinarios. No estamos simplemente ante un dominio de meros apetitos, como sugiere Kant, porque ello reproduciría la diferencia entre humanos y no-humanos (animales, por ejemplo) que resulta insostenible y problemática.[41] Además, cuando tenemos apetito, rugimos como un lobo hambriento sobre los restos de una presa. Más extraño aún, como Lacan observó también, es que hay una simetría entre la belleza kantiana y el sadismo, una lujuria fría que se concentra en un objeto infinitamente opaco.[42] Antes de que el suave desliz de la belleza pueda ocurrir, la cuchilla debe estar afilada y el brazo a su alcance. Es esta dimensión, una dimensión misteriosa y peligrosa a la vez, cargada de niveles "niveles" y "directivas", lo que Lingis explora.[43] Como el ego es simplemente la causa formal de un objeto, a lo que nos referimos cuando hablamos de belleza es una resonancia estética con la grieta entre esencia y apariencia. Lo que Lingis nos muestra es que las experiencias que están más allá de nuestro ego existen, y son profundamente físicas. Las enseñanzas de Lingis han nutrido muchas de las propuestas de este libro.

Como la belleza no depende del ego, debe ser ajena a la cognición humana. La OOO afirma que este ser-ajeno está presente en cualquier interacción entre objetos, no solo entre los objetos humanos. Recorramos esta idea un tanto desconcertante. Una muestra de un objeto no es el objeto. Una sintonización con el objeto tampoco es el objeto, y sin embargo, puede acercarse bastante al objeto. Si un objeto se sintonizara perfectamente con otro objeto, al menos uno de ellos se vería destruido. Pensemos nuevamente en el cristal. Una cantante de ópera canta una nota de un determinado registro. Esta vibra con la frecuencia resonante del cristal. El sonido es como el cristal, pero no es el cristal. La nota se sintoniza con el cristal. El cristal empieza a bailar, tiene un orgasmo cristalino (¿no es esto una pequeña muerte?), y luego explota en un no-cristal. Una vez más, las ondas sonoras se sintonizadas con la frecuencia resonante del cristal; se corresponden con el cristal mismo de manera tan perfecta que éste se ve destruido. Una sintonización destruye al objeto.

El arte puede crear y destruir las cosas en un sentido literal. La causalidad es como una obra de fantasía compuesta por una energía demoníaca que tiene efectos reales en el mundo. La sintonización perfecta de un ente con aquello que no es él conduce a la destrucción. Esto es lo que sucede cuando morimos; nos transformamos en nuestro entorno. Al estar perfectamente envuelto en ondas de sonido, el cristal, ¿experimenta acaso algún tipo de belleza? Se trata de una súbita disolución de los límites entre el cristal y el no-cristal, una experiencia que Adorno define como una explosión nuclear que hace desaparecer al ego. Para Kant, la belleza es una experiencia no-conceptual de coexistencia con un objeto. Es una experiencia virtual, como si mis estados internos emanaran del objeto mismo. En esta experiencia, es como si el objeto y el sujeto se fusionaran súbitamente, como el espacio interior y exterior de un jarrón. ¿Y qué tal si la agencia viniera del objeto, del no-yo o del no-cristal? ¿Qué tal si la no-cualidad que Kant concibe como una proyección de mi espacio interior hacia el objeto fuese, de hecho, una emanación del objeto o algo derivado de dicha emanación? ¿Qué tal si la belleza ocurriese cuando un objeto entra en sintonía con nuestra propia vulnerabilidad? Cuando escuchamos el sonido sepulcral de la canción de P.M. Dawn que exploramos al inicio, estamos escuchando la posibilidad de nuestra propia muerte. Es una hermosa -y a la vez perturbadora- canción que se repite una y otra vez, que se ejecuta a sí misma. La punta de un iceberg. La belleza es el final de los objetos. La belleza es muerte.

Objetos sin presencia, objetos sin presente

Heidegger afirma que el final de algo siempre es el comienzo de algo más[44]. Pues bien, esto es trivialmente cierto: cuando una copa de vino se rompe, nacen miles de fragmentos. Pero Heidegger se refiere a algo más inusual que esto[45]. Quiere decir que el final del *Dasein* auténtico es "*el comienzo de*...algo objetivamente presente." Los finales, en otras palabras, no se encuentran en los confines más remotos de las cosas, cuando estas son medidas con cintas y contadores *Geiger*. El final de las cosas está dentro de las cosas mismas. Las apariencias, en cuanto apariencias-para, son una especie de muerte. Vivimos en el universo de la muerte, en el que las interacciones entre isótopos de objetos, sus apariciones misteriosas y fantasmales, determinan el tamaño, la forma, la duración, el momento, la atracción gravitacional, el color, el sabor y el estado emocional. Las cosas aparecen porque cierto tipo de muerte sucede. Un fotón "mide" un electrón al modificarlo. Hago que el poema sea verdadero para mí al interpretarlo mal. Cada paso sobre la vereda la desgasta. El tiempo se desmorona con el colapso de carbono 14 mientras los átomos se convierten lentamente en algo más.

La medición de algo destruye su "coherencia", es decir, su existencia en estado dialeteísta, mediante la cual diferentes posiciones y momentos se encuentran "superimpuestos" entre sí. Algo ciertamente existe antes de la medición, y por esta razón, la medición puede suceder en primer lugar. No estamos tratando con un *esse est percipi* en esta ocasión. Sin embargo, la medición destruye la fragilidad, titubeando la cualidad de un objeto a medida que este oscila y no oscila: a medida que respira, como dice Aaron O'Connell (Capítulo 2).

En el capítulo 1 exploramos rápidamente *Defensa de la Poesía* de Percy Shelley, un texto conmovedor acerca del valor revolucionario de la poesía. Shelley argumenta que la poesía es un acontecimiento cuyo sentido está siempre por venir. Así pues, los poetas son "los hierofantes de una inalcanzada inspiración, los espejos de las sombras gigantescas que el futuro arroja sobre el presente."[46] Los poemas son "atemporales" en la medida en que sostienen ontológicamente al tiempo, abriendo como resultado posibilidades desconocidas para el sentido y la acción.

Shelley basa su argumento no en el idealismo, sino en un fisicalismo hermosamente trabajado que concibe al pensamiento en sus propios términos. Los humanos, y probablemente "todos los seres sintientes", escribe, son como arpas eólicas, liras de viento que resuenan con el movimiento del tiempo. Es extraño pensar hoy en día que estas arpas fueron instrumentos habituales del equipamiento de cualquier hogar del siglo XVIII. Imaginemos a los personajes de Jane Austen escuchando una de ellas. El sonido no es muy distinto de la música drone contemporánea de Sonic Youth o La Monte Young. Como en el *Ion* de Platón, el viento es canalizado por las cuerdas del arpa, que a su vez son canalizadas por nuestros oídos. Cuando el viento hace sonar las cuerdas, un proceso de traducción está aconteciendo (luego estas traducciones son traducidas a su vez). Esta es la imagen que Shelley tiene del pensamiento, la traducción de una traducción. Como toda traducción es una *transducción*, una traducción imperfecta por parte de otro objeto, la imagen del arpa eólica de Shelley nos provee todas las herramientas necesarias para incluir al pensamiento en un realismo fisicalista.

La esencia del viento se retira, y en este sentido, la aprehensión del viento es una elegía para algo perdido. No hay viento en el sonido del viento. Pero, ¿cuál es la esencia de la elegía? Lo propio de la elegía es retirarse. Cada nota vibrante y escalonada del arpa eólica habla del viento en clave *arpamórfica.* No hay final para la serie de traducciones imperfectas. Las traducciones del viento son tan abiertas como el viento mismo y su retiro. El viento es finito, determinado; es el viento, y no un coctel de camarones. Estamos ante una finitud *ateleológica* de objetos. Los objetos son específicos pero permanecen abiertos; no son manchas vagas, pero rehúsan ser fijados. Están muertos de antemano, su destino echado a la suerte gracias a su fragilidad interna: objetos muertos-vivos. Están no muertos, son espectrales y merodean: ni vivos ni muertos. En el nivel ontológico profundo, el futuro de un objeto es incierto. No porque el futuro sea difícil de predecir, sino por su abismo interno, el *chorismos* entre un objeto y su sensualidad. Contra Heidegger, entonces, para quien los objetos son simplemente accesorios en un drama humano y tienen una historia solo en la medida en que pertenecen al mundo humano, diremos aquí que objetos dispersos de todas clases abren el futuro como misteriosos telones.[47]

Concebimos la esencia como algo que se oculta "detrás" o "debajo" de un objeto. Pero a esta altura debería quedar completamente claro que la esencia de las cosas yace *frente a ellas.* Y sin embargo, por paradójico que esto pueda sonar, la *esencia de una cosa es su futuro*, mientras que la *aparición de una cosa es su pasado.*[48] Esta alarmante conclusión merece ser considerada con mayor detenimiento.

Lo que llamamos *materia* es para la OOO materia-para. En otras palabras, "materia" refiere a un objeto sensual, a un fenómeno estético que tiene lugar como parte de la causalidad. Lo que Aristóteles llama "causa material" de una cosa es el ser que compone dicha cosa, "aquello de lo que está hecha". *Materia* es una postulación retroactiva de la cosa que fue socavada, forjada, derretida, imbricada para producir el objeto en cuestión. Desde esta perspectiva, el materialismo es extrañamente no materialista, incluso resulta ser algo correlacionista o incluso idealista: el correlacionismo es el punto de vista poskantiano dominante, que afirma que la realidad misma solo tiene significado si mantiene una correlación entre la mente y una cosa o el mundo.[49] Esto significa que la materia requiere de algún "observador" (sintiente o no, humano o no, es irrelevante) "para quien" la materia sea postulada. Aquí "observar" no significa predicar o tomar decisiones conscientes. Supongamos que el "observador" es solamente el objeto en cuestión y que el objeto no es sintiente ni inteligente, aun así su materia es materia-para, postulada retroactivamente por la existencia del objeto como tal.

La materia implica la existencia de por lo menos alguna otra entidad diferente de la materia en cuestión. Pensemos en la infame frase de Derrida, *il n'y a pas d'hors-text* [50] ["no hay afuera del texto"]. Felizmente, Gayatri Spivak nos ofrece dos traducciones, y la segunda (mi favorita), sostiene que "no hay texto externo". Significa que no todo puede reducirse al lenguaje. Eso sería estructuralismo, es decir, reducir las cosas a sus relaciones. Por el contrario, lo que Derrida está diciendo es que el texto es un sistema cerrado (en la terminología de Roy Bhaskar, es decir, que es predicado de algún tipo de externalidad a la que incluye-excluye, de la que no puede hablar pero de la que no puede evitar hablar en negativo).[51] Una palabra, por ejemplo, depende de una superficie de escritura, tinta y de una historia y cultura de la escritura, así como de varios protocolos de ortografía y de muchas otras cosas más. La existencia de un texto es su coexistencia con al menos otro (1+*n*) ente retirado. Esta no es la versión completa de la OOO; para la OOO hay un martillo que sí es real. Pero desde el punto de vista de la OOO, la aproximación derridiana es apenas la punta del iceberg de la filosofía orientada a objetos. La OOO es la primera y única aproximación verdaderamente posderridiana; más, incluso, que aquellas versiones de Derrida que lo aproximan a un relacionismo procesual afirmativo o positivista, o a cualquier otra forma de materialismo.

Lo que llamamos pasado es realmente otro objeto (u objetos) que coexisten con el objeto en cuestión. El universo de la OOO simplemente no puede ser monista ni solipsista. Aunque los objetos son indecibles, sabemos que existen. Mi propia existencia se apoya en ellos, no simplemente porque "estamos estoy hechos de" ellos, sino porque un objeto es coexistencia, incluso con él mismo, debido a la grieta entre esencia y apariencia.

Con esto basta para explicar un aspecto del pasado, que hemos mostrado cómo coincidente con la materia-para y como retroactivamente postulado por un objeto existente. Ahora consideremos otra vez el patito feo de las cuatro causas de Aristóteles: la causa formal. Por muchas razones, la causa formal tuvo muy mala suerte dentro del consenso posescolástico (también conocido como ciencia). Una de las principales razones es que la causalidad formal fue interpretada de una manera teleológica, y gran parte de la ciencia repele activamente toda teleología. Si se quiere, consideremos el daño que las teleologías han causado: las razas no blancas son "para" ser dominadas, las vacas son "para" comerse, etcétera. Marx le escribió a Darwin una carta de admiración porque reconoció que *El origen de las especies* seriamente socavaba la visión teleológica de las formas de vida.[52] La razón más profunda de la OOO para sospechar de la teología es que convierte a los objetos en grumos a los que se les da sentido otorgándoles un "para algo". Desde este punto de vista, los objetos flotan en algún reino intermedio hasta que no les sea otorgado un propósito: ser es tener un propósito otorgado por otra entidad.

Sin embargo, como ya hemos visto, los descubrimientos contemporáneos en física cuántica puedan ayudarnos a recuperar las causas formales. ¿Podría ser posible revivir la causa formal si acaso la separáramos de la teleología? Para la OOO, la figura de un objeto, su forma, es una forma-en-tanto-que y formada-por; en otras palabras es interobjetual y, por tanto, estética. Un vaso es formado por la manera en que el aliento y las manos del artesano interactúan con el tubo y el trozo de vidrio fundido. Su forma es el registro, el trazo de aquello que le ocurrió. Freud argumenta que el ego es sólo el "precipitado de las catexis de un objeto abandonado".[53] El uso por parte de Freud de la palabra "precipitado" es maravillosamente físico, y evoca un caldo químico más que a un organismo vivo; abre una manera de pensar su descubrimiento más allá de lo humano y más allá de la vida.

¿Qué pasaría si pudiéramos invertir esta frase y argumentar que la forma de los objetos hace las veces de su ego? Si el ego es algo parecido a un objeto, entonces seguramente podemos aplicar lo contrario. La identidad de este vaso consiste en la manera en que lo uso como vaso poniendo agua dentro de él, y en la manera en que fue formado como vaso. Nuevamente hay una profunda grieta entre la identidad del vaso y su esencia, diferencia que no es para nada parecida a la diferencia entre una vago grumo y una forma bien definida por diversas cualidades. A falta de una mejor forma de decirlo, se trata de la diferencia entre el vaso y el vaso. El vaso es un vaso y un misterios no vaso: $p \wedge \neg p$.

Cuando sostenemos un vaso, sostenemos el pasado en un sentido "formal" y "material". ¿Qué hay entonces del presente? ¿Qué existe, continua o persiste? Esto solo significa diferir de uno mismo. Así, la existencia es futura. Es un todavía-no. El "presente" no es una burbuja entre el pasado y el futuro, o un cursor parpadeante y un punto. El presente difiere de sí mismo. La presencia es un constructo sensual que se impone sobre una extraña mezcla de apariencia y esencia. Eso que llamamos *presente* está carcomido desde su interior por el "pasado" y el "futuro". Estamos aproximando una interpretación de la OOO del final de *Defensa de la poesía*, en el que Shelley imagina a los poetas como "los hierofantes de las gigantescas sombras que el futuro proyecta sobre el presente".[54]

Como la causalidad es estética, usar la poesía para pensar la causalidad resulta algo legítimo. Simplemente consideremos aquello que Harold Bloom dice sobre el poema: "el significado de un poema sólo puede ser un poema, pero *otro poema -un poema diferente de sí mismo*".[55] De la misma manera, *el significado de un objeto es otro objeto.* Ya que los objetos son dialeteístas, podríamos modificar ligeramente esto para argumentar que el "objeto" podría misteriosamente ser el mismo objeto. En otras palabras, la misma apariencia de un objeto podría ser su significado. Pero este no es el sentido del darse límpido. Se trata de un significado cambiante, engañoso e ilusorio. Sorprendentemente comenzamos a ver que el *pasado es apariencia.* Contrario a la creencia común de que la apariencia es "ahora", las causas formales y materiales de una cosa simplemente son la esencia de su pasado. Esto debe significar que *el futuro es la esencia de una cosa.*

Hagamos una pausa y recapitulemos: la apariencia es "el pasado", la esencia es "el futuro". Este es un descubrimiento muy extraño. Tradicionalmente, la esencia de una cosa estaba asociada con su pasado. ¿Qué era esta cosa antes de que yo la mirara, antes de que interactuara con otro *cuanto*? La definición de medida de la teoría cuántica es "desvió con otro *cuanto*". A estas alturas el vínculo entre percibir y causar es innegable, aunque muchos puedan considerarlo como una invitación al idealismo o a una fantasía *New Age*. Muchos de los problemas de las teorías de la sustancia aristotélico-escolásticas y del correlacionismo postkantiano (el modelo estándar que viene de Niels-Bohr es apenas otra versión) nos impiden de pensar la esencia como pasado. Así es como nace la ansiedad por la-luz-en-el-refrigerador en los correlacionistas y en los idealistas. "Cuando un árbol cae en el bosque, primero cae el árbol", dice la historia, y después alguien lo escucha. O inversamente, tal vez si me detengo a pensar en la luz del refrigerador no haya más luz en el refrigerador. Pero esto ya es pensar el tiempo como un "objeto medio" que otorga sentido a los demás objetos, conteniéndolos como su propio éter.

La OOO sostiene que esto es ilegítimo y regresa a las sustancias de Aristóteles, pero sin la teleología que está implícita en la idea de que las cosas provienen de algún tipo de materia prima, y de que se definen exclusivamente por su función télica (los tenedores son para sostener, los patos son para nadar, los griegos están para conquistar a los bárbaros y así). La forma se encuentra desligada del telos. La materia se convierte en una postulación retroactiva del objeto que fue formado, y que ha dado lugar al objeto "presente". Forma y materia son por lo tanto formas distintas de hablar del pasado, y el pasado es tan solo la apariencia-para de un objeto. Así pues, en la superficie del agujero negro en el que he caído, encontraremos una fotografía de mi rostro horrorizado que se desvanece rápidamente.[56] La apariencia de un objeto es su pasado (una consideración simple de la teoría de la relatividad especial mostrará que esto es el caso).[57] Un hoyo negro es el objeto más denso que existe en el universo, un objeto del cual no escapa información alguna. En su aspecto aparencial, todos los objetos son como la fotografía en el horizonte acontecimental del hoyo negro.

Caprichosamente, la apariencia es el horizonte acontecimental de un objeto, el punto en el que la causalidad puesta "en frente de" adquiere significado. Incluso los hoyos negros emiten radiaciones (radiaciones de Hawking). ¿Por qué? Porque no coinciden con su apariencia. En algún momento el hoyo negro se evaporará, y su esencia se transformará en su apariencia. Cuando muera, me transformaré en el conjunto de recuerdos que ustedes tengan de mí, y en las hojas arrugadas que queden en mi papelera.[58] El abismo cambiante y en espiral no surge por detrás de los objetos, como lo haría desde una perspectiva schellinguiana, que cuenta del surgimiento de lo primordial.[59] Para la OOO, el abismo está justo frente a nuestros ojos. Cuando alargamos el brazo para tomar la manzana que está en el frutero rojo de la cocina, el brazo entra en un abismo; incluso ya mirar, hablar de o escribir sobre esa manzana es zambullirse en el abismo.

Gerard Manley Hopkins dice:

> Cada cosa mortal hace una cosa y una sola:
> Dispensa el ser que dentro de cada cual habita;
> Se afirma — va hacia sí; dice y descifra yo mismo;
> Gritando, *Lo que hago soy: para eso vine*[60]

Hemos visto de qué manera, incluso aquí, en el punto neurálgico de la haecceidad aristotélica de Duns Scoto (la última ocasión que el término *ontología* pudo ser pronunciado sin sonrojarse), hay una clara diferencia entre "yo" y "mí mismo": "Lo que hago soy: para eso vine".[61] ¿Qué dicen una cosa? ¿Qué es el yo mismo?. Para la OOO, la cosa está diciendo algo parecido a lo que dice el mentiroso de la paradoja: "Esta oración es falsa". Las apariencias son mentirosas, pero al mentir pronuncian una verdad. El desfondado juego de las apariencias tiene, paradójicamente, un fundamento: el sueño sin fin de la causalidad está poblado por objetos que mienten mucho como para habitar en sueños.

El significado de un poema es (está en) el futuro. El hacerse del poema es un haber sido leído, recitado, ignorado, recordado, traducido, etcétera. El futuro no es un punto delimitado en el tiempo que está alejado del presente actual por una cantidad mensurable de n-puntos. Este futuro es lo que Derrida llama *l'avenir*, lo "por venir" o, lo que yo llamo, el *futuro futuro*. En un sentido estricto, la poesía, viene del futuro. Un extraño platonismo, en efecto, irradia sobre las sombras de los objetos desde su futuralidad futura e innombrable existencia hasta su coexistencia sensual (estética) y causal. El futuro no es un más allá trascendente (no hay más allá para la OOO), porque el mundo es el objeto último por excelencia. Ni siquiera el futuro futuro sería un tiempo en el que el objeto "reside"; en todo caso, el futuro futuro es la posibilidad pura del objeto en cuanto tal.

El retiro es esta futuralidad, pero no como tiempo programable, pues de ser así sería ónticamente dado. Su futuralidad tampoco es un *exceso* ya que este concepto, muy querido por al postestructuralismo, implica un para-quien desde el cual el exceso es considerado como tal (ese "quien" podría ser un telescopio, una bolsa de té, un pez o un ser humano). El exceso es sensual y pertenece al reino de las apariencias, pero si algo tiene es que pertenence al carácter pretérito del objeto. La futuralidad tampoco es un vacío ni una brecha. Tal vez el término "apertureidad" lo exprese mejor. El retiro es apertureidad. Ahora podemos distinguir más claramente el *cho rismos* entre esencia y apariencia. Es una grieta entre apertureidad y simulación.

El tiempo no es una serie de puntos objetivamente presentes donde los objetos existen. Por el contrario, el tiempo emana de los objetos en dos formas. El futuro es la incognoscible esencia de los objetos; la manera en que algo aparece es el pasado. La física está de acuerdo con lo que digo aquí: la velocidad de la luz garantiza que cualquier impresión sensual de una cosa es una impresión de su pasado. Lo que estoy tratando de argumentar es que hay razones de naturaleza ontológica para fenómenos como el vaciado del tiempo que mana de los objetos. Lo fijo de las cosas, su historia, su definición y lo demás, es su aspecto pretérito, su pasado. La apertureidad de las cosas es su futuro. El presente es una ficción "objetiva" de algo inmediatamente "presente y a la mano" (el *vorhanden* de Heidegger). La presencia es "diferencia-de-sí-misma", la cosa ahuecada en su interior por el pasado y el futuro.

El acto de medir otorga seguridad sobre el impronunciable sigilo de las cosas al establecer relaciones con sus isótopos. El significado de una cosa, entonces, está cautivo en sus relaciones, es decir, en su pasado. No podemos saber qué es un objeto hasta que lo manipulamos, lo probamos, lo sometemos a un acelerador de partículas o escribimos un poema sobre él. Tampoco un fotón puede saber qué es un objeto hasta que se haya ajustado a él de alguna manera. Aun así, no disponemos del objeto: solo tenemos conocimiento de sus facetas sensuales, de su voltaje, de su sabor, etcétera. Las relaciones son las que establecen el significado del objeto, y dichas relaciones son irreductiblemente pretéritas. Justo como el significado de un sueño o un poema están en el futuro, la esencia de una relación que tiene lugar en el éter sensual, que es la dimensión causal, está también en el futuro: no ha tenido lugar aún. La cinta de medir reposa en el cuerpo de un niño, pero para saber su altura debo leer la cinta métrica con mis propios ojos. El fotón es desviado de una malla de cristal, pero para poder saber algo de él, debe dejar un rastro de sí en una placa fotográfica. Así el tiempo se desdobla y mana de las relaciones entre (y desde dentro de) los objetos. Y es por ello que no podemos especificar (excepto en un sentido óntico u ontoteológico) qué pasa con las relaciones.

El relacionismo procesual trata de reducir la ambigüedad intrínseca de las relaciones. El sentido de un acontecimiento está siempre por venir. Hay algo, en torno a esta discusión, que parece tener un aspecto procesual, que puede darnos la ilusión de que las cosas son procesos. Las relaciones son misteriosas y huecas y no poseen la cualidad del todavía no. El relacionismo procesual trata de eliminar el misterio, lo cual, curiosamente, es una de las maneras en que se presenta la realidad de las relaciones. Las relaciones son las gemelas malditas de los objetos, por lo tanto, al igual que los demonios, son intermediarias entre las cosas. Así, para la OOO, el arte es sorprendentemente parecido a aquello que Sócrates decía en el *Ion:* es la sintonización con una fuerza demónica, parecida a la manera en que un imán responde a un campo magnético.[62] ¿Por qué? Porque cuando una relación hace algo con sentido, solo se desliza sobre la superficie ontológica de un objeto, incapaz de penetrar la profundidad de sus secretos. (Utilizo la imagen doble superficie/profundidad de manera extraña: este deslizamiento al que me refiero aplica también a los objetos bidimensionales). Dar sentido es traducir distorsionadamente y, si vamos más allá, el sentido de un significado, es otra traducción distorsionada: el significado de una relación es otra relación. El tiempo nace de este error fundamental.

El hecho de que el "significado" de una relación sea ya *otra relación* es la manera en que la OOO aplica el argumento heideggeriano sobre la cualidad "futural" del *Dasein* a todos los seres.[63] El significado de las relaciones entre las cosas es algo inespecificable, irreductible a sus componentes o a totalidades más amplias. Sin embargo, este significado existe y asedia a los objetos como un fantasma. "Futural" no significa que en un punto *x* en el tiempo podremos establecer el sentido de las relaciones. Significa que las relaciones tienen una extraña vacuidad y aperturidad que atraviesa su ser por completo. Como pinturas u obras musicales -pues ambas comparten una naturaleza estética- las relaciones entre objetos son, extrañamente, críticas y abiertas. Sin embargo, también están determinadas: competen sólo a esta pintura, a esa tragedia o a estas notas musicales. Cuando les damos una identidad específica, todo lo que logramos es añadirles un conjunto extra de relaciones más.

Algo parecido a la muerte acontece cuando damos una definición de lo que algo es. El hecho de definir algo explícitamente clausura otros conjuntos de posibilidades. Cuando una relación nueva entra en perfecta sintonía con la forma física de un objeto, este se destruye. Cada cosa es kantiana. Hume atribuye la belleza al sistema nervioso, pero según Kant, la belleza es una señal de que algo que supera ontológicamente al cerebro y a los nervios. Así es que Kant, pese a su correlacionismo, proporciona argumentos para una teoría de la belleza y la causalidad de tipo OOO. Para dicha teoría, la belleza es un estado interobjetual en el que un objeto se sintoniza con otro.

La sintonización hace estallar la grieta entre esencia y apariencia. Kant se resiste a dar a la belleza un lugar específico, en entes como el color o el sonido. Hacer algo así significaría abrir la posibilidad de fabricar una píldora de la belleza que al ingerirla nos proporcione la experiencia de la belleza; sin embargo, Kant ya ha dicho que la belleza está más allá de las sensaciones nerviosas. De hecho, la belleza está ahí aunque no podamos delimitarla. La teoría de la belleza de Kant, entonces, puede ser calificada de anti-reduccionista, y una teoría OOO de la causalidad debería interesarse en ella. Como una navaja afilada, la belleza se abre camino a través de la grieta que separa la esencia de la apariencia. De algún modo, la belleza puede exteriorizar los objetos, como si pudiéramos, por un segundo, vislumbrar su esencia en su apariencia. Por ello, no es accidental que Lacan vincule la belleza kantiana con el sadismo. Para Keats, postular la urna griega como una "todavía inviolada novia del sosiego" significa fantasear con un mundo en el que un objeto puede ser destruido una y otra vez sin deterioro.[64]

La sintonización expone crudamente la *hamartia* de una cosa, su herida interna, su no identidad con ella misma. Justo antes de destrozarse, el vaso de vidrio tiembla, pareciéndose por un momento al diapasón de Aaron O'connell. Vibra y entonces "realmente" termina. La belleza ignora, cruelmente, la coherencia del objeto, su "ego". En la belleza, el objeto se evapora, pierde su memoria. Como afirmábamos más arriba, es muy difícil evitar la conclusión de que la belleza es muerte.

Cuando el vaso se destruye "realmente", es imposible especificar el momento exacto en que eso ocurre. Nos enfrentamos nuevamente con la paradoja del montón: ¿el vaso deja de ser cuando pierde cierto número específico de características coherentes? ¿Cuántas? Solo podemos concluir, al igual que en la experiencia de la belleza kantiana, que la muerte tiene lugar fuera de un tiempo que se concibe como una secuencia lineal de momentos contiguos. En sentido estricto, nada ha tenido lugar. No hay vaso. La forma, la memoria del vaso, se han desvanecido. Sin embargo, este momento intemporal e imposible de una muerte bella, es el también el momento en que nace el anfitrión de otros objetos. El vaso se destruye. Veinte astillas de vidrio se encuentran esparcidas por el piso del comedor. Una se me ha clavado en la mano. En esta muerte, una suerte de reencarnación tiene lugar. Las propiedades formales del vaso se transmiten a diferentes objetos que guardan un extraño parecido con el original. "Materia" es sólo el término que le damos a la vida previa de un objeto: estas son astillas *de* vidrio, este es el marco *de* madera de una pintura, este es el sonido *del* viento en las copas de los árboles. Un objeto se convierte en materia-para. La forma se diluye en materia. Veo las amorfas piezas de vidrio enterradas en mi mano, algo ha nacido y de este nacimiento infiero la muerte del vaso, que no puedo identificar en algún lugar de mi espacio circundante. La simetría "imposible" de lo que concluye está, estrictamente hablando, en ningún lugar ónticamente dado. Pequeña sorpresa es, entonces, que muchos filósofos hayan estado tentados de concluir que la belleza no es de carácter físico, ideal u otro parecido. Lo que veo a mi alrededor en el espacio óntico son distorsiones, grietas, suspendidas unas sobre otras como líneas musicales.

En el momento en el que termina un objeto, se intersectan dos modos diferentes de temporalidades que emanan de dos tipos distintos de relaciones entre objetos. El "no-todavía" futural de la relacionalidad se avecina, pero es atajado por el poder objetivador de una relacionalidad destructiva. La cantante de ópera afina su canto justo en el punto en el que la copa de cristal se rompe. Sin embargo, un cono de tiempo se abre hacia el pasado, postulando retroactivamente un nuevo conjunto de objetos (he aquí una astilla de vidrio clavada en mi dedo). Recordemos que lo sublime es el descubrimiento de un objeto en su proximidad (capítulo 2). El objeto está siempre ya ahí, antes de que yo me le aproxime con un nuevo conjunto de relaciones. No es realmente el caso de que el vaso desaparezca y que, "posteriormente", las astillas "nazcan". Ambos eventos ocurren en dimensiones ontológicas distintas. El vaso olvida que es un vaso, rinde su vaseidad cuando la sintonía destructiva expone sus cualidades de no vaso. Observemos un video en cámara lenta de un vaso que se destruye con una onda sonora perfectamente afinada. El vaso tiembla, respira, después deja de respirar y estalla. No podemos especificar en qué momento el vaso deviene un no vaso. Este devenir acontece fuera de un tiempo lineal, que Heidegger llama, el *Momento*.[65] No obstante, algo más está aconteciendo. Están naciendo nuevas relaciones que constriñen y limitan, y dan un nuevo "para" a la "materia-para". El vaso es olvidado pero no por nosotros, sino por las astillas que ahora portan trazos amorfos de su recuerdo. El tiempo emana fuera del estallamiento y los nuevos objetos felizmente ignoran su fragilidad, presa en el despertar temporal de las cosas circundantes. Algo murió, y sin embargo, no hay lugar en el que esa muerte pueda ser encontrada de manera objetiva. Casi todo transcurre por un camino feliz: no tiene sentido llorar sobre la leche derramada.

Notas

1. T.S. Eliot, *Little Gidding*, 2.3–4, *Collected Poems 1909–1962* (London: Faber y Faber, 1983).
2. Keiji Nishitani, *On Buddhism*, trad. Seisaku Yamamoto y Robert E. Carter (Albany: State University of New York Press, 2006), 156.
3. Roger Penrose, *The Emperor's New Mind: Concerning Computers, Minds, and the Laws of Physics* (Oxford y New York: Oxford University Press, 1990), 334.
4. Jean-Paul Sartre hace una elegante exposición de esto en *Being and Nothingness: An Essay on Phenomenological Ontology*, trad. y ed. Hazel Barnes (New York: Philosophical Library, 1984), 41–42, 61–62.
5. Oscar Wilde, *The Picture of Dorian Gray*, ed. Robert Mighall (London: Penguin, 2003), 212–213.
6. Padmasambhava, *The Tibetan Book of the Dead: The Great Liberation by Hearing in the Intermediate States*, trad. Gyurme Dorje, ed. Graham Coleman y Thupten Jinpa, comentario introductorio de Dalai Lama (New York: Viking, 2006), 176.
7. Douglas Hofstadter, *Gödel, Escher, Bach: An Eternal Golden Braid* (New York: Basic Books, 1999), 75–81.
8. Graham Priest, *In Contradiction: A Study of the Transconsistent* (Oxford: Oxford University Press, 2006), 39–50.
9. LFO, *LFO* (Warp Records, 1990).

10. Robert M. Solovay, "Explicit Henkin Sentences," *The Journal of Symbolic Logic*, 50.1 (Marzo, 1985), 91–93.

11. Priest, *In Contradiction*, 9–27.

12. Vid. Graham Priest y Francesco Berto, "Dialetheism," *The Stanford Encyclopedia of Philosophy (Summer 2010 Edition)*, ed. Edward N. Zalta.

13. Jacques Lacan, *Écrits: A Selection*, trad. Alan Sheridan (London: Tavistock, 1977), 311.

14. Jacques Lacan, Jacques Lacan, "The Agency of the Letter in the Unconscious or Reason Since Freud," *Écrits: A Selection*, trad. Alan Sheridan (London: Tavistock Publications, 1977 (French 1966)), 146–178.

15. Mark Changizi, "Why Even Data from Star Trek Would Have Fuzzy Language," http://changizi.wordpress.com/2011/01/04/why-even-data-from-star-trek-would-have-fuzzy-language/, consultado en 8 Octubre, 2011.

16. Theodor Adorno, *Aesthetic Theory*, trad. y ed. Robert Hullot-Kentor (Minneapolis: University of Minnesota Press, 1997), 245–246, 331; see also 113, 281, 323–324, 346.

17. Wilde, *The Picture of Dorian Gray*, 141.

18. William Shakespeare, *The Tempest*, ed. Frank Kermode (London: Methuen, 1987), 4.1.148–158.

19. Roger Penrose, *Cycles of Time: An Extraordinary New View of the Universe* (New York: Knopf, 2011), 146, 150, 212; Roger Penrose, *The Road to Reality: A Complete Guide to the Laws of the Universe* (New York: Vintage, 2007), 436–437, 541, 978.

20. Charles Darwin, *The Origin of Species*, ed. Gillian Beer (Oxford y New York: Oxford University Press, 1996), 160.

21. El término de Heidegger para nombrar las características del *Dasein*.

22. Graham Harman, *Guerrilla Metaphysics: Phenomenology and the Carpentry of Things* (Chicago: Open Court, 2005), 95, 184.

23. Levi Bryant, "Lucretius and the Wilderness," http://larvalsubjects.wordpress.com/2011/08/26/lucretius-and-the-wilderness/

24. David Wiesner, *The Three Pigs* (Clarion Books, 2001).

25. Sigmund Freud, *The Ego and the Id*, trad. Joan Riviere, revisado y ed. ed. James Strachey, intro. Peter Gay (New York: Norton, 1989), 24.

26. Francis Yates, *The Art of Memory* (London: Pimlico, 2007), 57, 121, 133, 137, 201, 233, 267, 274.

27. Mary Carruthers, *The Book of Memory: A Study of Memory in Medieval Culture* (Cambridge: Cambridge University Press, 2008), 1.

28. Carruthers, *The Book of Memory*, 18, 38, 50, 107, 139.

29. Michel Henry, "Material Phenomenology and Language," *Continental Philosophy Review* 32 (1999), 343–365 (351).

30. Martin Heidegger, *Being and Time*, trad. Joan Stambaugh (Albany: State University of New York Press, 1996), 395.

31. Retomo aquí el argumento de Harman de que la angustia no es tan distinta de la estructura herramienta/herramienta descompuesta. Graham Harman, *Tool-Being: Heidegger and the Metaphysics of Objects* (Peru, IL: Open Court, 2002), 95–97.

32. Arda Denkel, *Object and Property* (Cambridge: Cambridge University Press, 2007), 204.

33. Jane Bennett, *Vibrant Matter: A Political Ecology of Things* (Durham: Duke University Press, 2010), 199–120.

34. Heidegger, *Being and Time*, 134–135.

35. Heidegger, *Being and Time*, 316.

36. Chögyam Trungpa, *The Truth of Suffering and the Path of Liberation*, ed. Judith Lief (Boston: Shambhala, 2010), 9–10.

37. Heidegger, *Being and Time*, 315.

38. Adorno, *Aesthetic Theory*, 245–246, 331.

39. Horace, *On the Art of Poetry*, in *Aristotle, Horace and Longinus*, Classical Literary Criticism, trad. T.S. Dorsch (Harmondsworth: Penguin, 1984), 82–83.

40. Ver Theodor Adorno *Aesthetic Theory* 241.

41. Immanuel Kant, *Critique of Judgment: Including the First Introduction*, trad. Werner Pluhar (Indianapolis: Hackett, 1987), 45–46, 51–52.

42. Jacques Lacan, "Kant with Sade," trad. James B. Swenson Jr., disponible en http:// www.lacan.com/kantsade.htm, consultado en Julio 11, 2012.

43. Alphonso Lingis, *The Imperative* (Bloomington: Indiana University Press, 1998), 25–38.

44. Heidegger, *Being and Time*, 221.

45. Heidegger, *Being and Time*, 221.

46. Percy Shelley, *A Defence of Poetry*, in *Shelley's Poetry and Prose*, ed. Donald H. Reiman y Neil Fraistat (New York y London: W.W. Norton, 2002), 509–535 (535).

47. Heidegger, *Being and Time*, 355.

48. Heidegger, *Being and Time*, 353, 355–356.

49. El locus classicus es Quentin Meillassoux, *After Finitude*, 5–7.

50. Jacques Derrida, *Of Grammatology*, trad. Gayatri Chakravorty Spivak (Baltimore y London: Johns Hopkins University Press, 1987), 158.

51. Roy Bhaskar, *A Realist Theory of Science* (New York: Routledge, 2008), 56, 82, 85, 124, 212.

52. Gillian Beer, "Introduction," en Charles Darwin, *The Origin of Species*, ed. Gillian Beer (Oxford: Oxford University Press, 1996), xxvii–xviii.

53. Freud, *The Ego and the Id*, 24.

54. Shelley, *Defence*, 535.

55. Harold Bloom, *The Anxiety of Influence: A Theory of Poetry* (Oxford: Oxford University Press, 1997), 70.

56. David Bohm, *The Special Theory of Relativity* (London: Routledge, 2006), 158 –174.

57. Roger Penrose, *The Emperor's New Mind*, 334.

58. Vid. Jean-Paul Sartre, *Being and Nothingness*, 41–42, 61–62.

59. Iain Hamilton Grant, *Philosophies of Nature after Schelling* (New York: Continuum, 2008), 37–38, 79, 92, 99, 130–131, 146–147, 162.

60. Gerard Manley Hopkins, *The Major Works*, ed. Catherine Phillips (Oxford: Oxford University Press, 2009).

61. Para la haecceidad, Vid. John Duns Scotus, *Philosophical Writings*, trad. Allan Wolter (Indianapolis: Hackett, 1987), 166–167.

62. Plato, *Ion*, trad. Benjamin Jowett (Cambridge, MA.: Harvard University Press), disponible en http://classics.mit.edu/Plato/ion.html (consultado en Octubre 7, 2011).

63. Heidegger, *Being and Time*, 298–303.

64. Lacan, "Kant avec Sade."

65. Heidegger, *Being and Time*, 311.

Conclusión

Un Aristóteles extraño

Graham Harman descubrió un enorme arrecife de entes por debajo del submarino heideggeriano del *Dasein*, el mismo que navega en las profundidades ontológicas, muy alejadas de la superficie filosófica, acosada por los vientos de la epistemología e infestada de tiburones materialistas, idealistas, empiristas y muchos otros "ismos" que han defendido el principio de identidad por los últimos siglos. La palabra "ontología" fue desechada y despreciada por ellos como un pedazo de chicle masticado con el que nadie quiere relacionarse, pero la OOO la ha puesto de nuevo sobre la mesa. El arrecife de corales no puede simplemente desaparecer. Una vez develado no podemos ocultarlo. Aparece rebosante de extraños objetos. El primer hecho a subrayar es que los entes del arrecife (los hemos llamado provocadoramente "objetos") incluyen todo lo que hay en el universo (desde alimentos a canciones). En las profundidades, los objetos comparten afinidades. No hay mucha diferencia entre la vida y lo inanimado, como tampoco hay una distinción enorme entre lo inteligente y lo que no lo es. Muchas de estas diferencias fueron instrumentadas por los humanos para los humanos (antropocentrismo).

La causalidad es una zona en la que cierto tipo de acción tiene lugar: el calor irradia, las balas vuelan, los ejércitos son vencidos. ¿Qué tipo de acción está teniendo lugar? Evoquemos a Alphonso Lingis: "No algo que justamente es lo que es, aquí y ahora, sin misterio, sino algo parecido a una búsqueda…un tono que avanza produciendo ecos y que responde...agua buscando su liquidez ondulando a la luz del sol a través de los cipreses que están en la parte trasera del jardín".[1] Como hemos sugerido anteriormente, si no hay diferencia funcional entre la sustancia y los accidentes, si no hay diferencia entre percibir y hacer, si no hay diferencia real entre sentir y no sentir, entonces la causalidad misma es un fenómeno no espacial, extraño y, en último término, de tipo estético. Se trata de un fenómeno, por otra parte, que emana de los objetos mismos, agitándose frente a ellos como una sorprendentemente bella ilusión real sacada de esta cita de Lingis. La expresión de Lingis produce lo que dice, lanzando un convincente y misterioso conjuro, el conjuro de la causalidad que es como un campo de fuerzas demónico. Hay una ilusión real: si supiéramos que se trata de una ilusión, si fuese tan solo una ilusión, entonces dejaría de vacilar. No sería una ilusión para nada; estaríamos en el terreno real de lo no contradictorio. Pero como se trata de una ilusión, entonces no podemos estar seguros. "Lo que constituye un engaño...". La ambigüedad de la dimensión estética es una señal de radio que se transmite desde el ser dialeteísta de los objetos.

Su resistencia a aceptar la dimensión ilusoria pudo haber sido lo que llevó a Heidegger al nazismo. Heidegger sabe que la verdad no consiste simplemente en elaborar enunciados "objetivamente presentes" acerca de cosas "objetivamente presentes". La verdad es un acontecimiento mundano, un tipo de "verdad" en el que lo verdadero y lo no verdadero emergen simultáneamente. "Cualquier descubrimiento no tiene lugar sobre la base de un completo acuerdo, sino que tiene su punto de partida en la capacidad de ser descubierta disfrazada de ilusión. Los seres parecen..., esto es, existen ya descubiertos, pero al mismo tiempo distorsionados."[2] Heidegger descendió hasta las profundidades sin el equipo necesario. Pensó que había dado con un tipo de piedra fundamental, y de una manera amargamente irónica, lo hizo. Pero adentrarse a tales profundidades requiere algún tipo de protección cognitiva. Es el territorio en el que los místicos budistas bucean, como el mismo Heidegger intuyó. Las profundidades pueden enloquecernos porque no hay garantías. La protección con la que un budista se adentra en tales profundidades es la protección del vacío: no una escafandra, sino algo más ligero al tacto que brinde a las cosas un sentido de aperturidad e ilusoriedad pero sin cinismo.

Incapaz de tolerar las ilusiones, Heidegger las atribuye a la confusión del *Dasein*, a su caída en lo impersonal, etcétera. En otras palabras, vuelve a reinventar la rueda un poco: él mismo reinstala el software de la "sustancia objetiva" que nos metió en problemas. A pesar de que creyó haber ido más allá de la presencia objetiva, termina por reificar el ser dentro de una autenticidad que elimina todo rastro de ilusión. Persiste la fantasía de encontrar un trasfondo real. Y estando en medio de una tormenta política, este discurso de la autenticidad coincidió con el discurso de la autenticidad del nazismo.[3] Se trata de una verdadera tragedia porque el pasadizo que conduce al futuro está, de alguna manera, comprometido con Heidegger, aunque su mismo nombre provoque reacciones alérgicas entre algunos.

De hecho, la historia de Heidegger es una fábula aleccionadora sobre el correlacionismo. Después de la discusión sobre la ilusión y el desterramiento de la misma de los dominios del *Dasein* auténtico, Heidegger deja ver lo más correlacionista de su pensamiento: "Las leyes de Newton, el principio de no contradicción, y cualquier otra verdad, son verdaderas si el *Dasein es*".[4] Colocar las leyes de Newton -que han superado la prueba del rigor matemático- a la par del principio de no contradicción que es tomado como una sagrada escritura, habla por sí mismo. Esto parece ir unido con el hecho de que Heidegger insiste en que no está afirmando que la verdad sea meramente "subjetiva". Porque una visión en torno al *Dasein* que se aferra al principio de no contradicción, sería más que suficiente para meternos en problemas, como ya lo hemos visto. Heidegger insiste en que la verdad no es "subjetiva", pero es relativa al "ser del *Dasein*".[5]

El correlacionismo solo funciona si hay cierta fobia hacia la ilusión. De tal modo, una de las trayectorias del correlacionismo culmina con el nazismo. El correlacionismo mismo es un campo fértil para el nazismo, porque para escapar de sus paradojas uno debe retirarse hasta el extremo de cierto tipo de antropocentrismo: el *Dasein* es humano, y el *Dasein* alemán es el mejor... Heidegger continúa con una brillante crítica al escepticismo (¿ha habido, de hecho, un verdadero escéptico a pesar de las suposiciones de la crítica dialéctica al escepticismo?). Pero es justo aquí que Heidegger culmina en una "desesperación suicida". Ser escéptico es tener "obstruido el *Dasein* y, por tanto, la verdad".[6] Uno quisiera decir: "Martin, espera un segundo, acabas de explicar cómo ninguna sintonía, como ninguna postura emocional o conceptual puede realmente deshacerse del *Dasein*". En un momento estábamos explorando la verdad y la fragilidad del escepticismo, y al siguiente la "obstrucción" de la verdad y la desesperación suicida. La refutación del escepticismo es *demasiado* brillante, hasta exagerada. Algo es ignorado: si ha existido un verdadero escéptico en la buena tierra de Dios, ¿por qué de pronto tendríamos que ocuparnos del suicidio? Se trata de una exageración, de un síntoma de ansiedad profunda por la verdad y la ilusión. ¿Para qué querer matar algo que no podría realmente existir?.

La OOO nos brinda otro tipo de recursos cuando de "ver la verdad" se trata. Puesto que todas las relaciones causales, incluido el mirar, tienen lugar en la dimensión estética, no hay forma de ver la cosa "real" "por detrás" de la ilusión. Heidegger se equivoca al creer que las ilusiones tienen lugar en el espacio de la acción. *Magia realista* ha querido afirmar la misma idea pero de una manera positiva.

Aristóteles dijo que el "advenir al ser" es un "cambio perceptible en la materia" de un objeto. A su vez, dejar de ser, "morir", es "cuando se da un cambio en el material invisible".[7] *Magia realista* ha argumentado algo con sentido inverso. El advenimiento de un objeto es la apertura de una nueva grieta entre esencia y apariencia. Esta grieta es única, como el objeto es único. La grieta no es un vacío, es "lo que constituye el engaño". Es el colapso de la grieta, y no una alteración en la visibilidad, lo que anuncia el final de algo. En la muerte hay cosas que aparecen: cenizas, fotografías, uñas que continúan creciendo, la pena sorda en el corazón de alguien. Sin embargo, en un sentido general, *Magia realista* simplemente coloca a Aristóteles en un campo conceptual más amplio que Aristóteles no hubiera podido anticipar. Y esto es posible gracias a que la positiva aparición y desaparición de las cosas, que tienen lugar en un reino sensual y no en una zona oculta y libre de cualidades (esto no implica que no hay substancias, sino, por el contrario, que las hay).

Del mismo modo, *Magia realista* recontextualiza el devastador ataque de Hume contra la causalidad, situándola en un espacio más amplio. La ciencia posaristotélica está en deuda con las observaciones de Hume acerca de la causalidad, pero esto da origen a un problema. La ciencia que se sustenta de teorías probabilísticas carece de una teoría de la causalidad precisamente porque, como Hume, solo está autorizada a establecer correlaciones estadísticas entre datos.[8] La filosofía ha tendido, desde entonces, a ver los objetos como conjunciones de cualidades.[9] La razón por la cual solo tenemos asociaciones y correlaciones estadísticas es porque la causalidad es, de hecho, un juego de percepciones en el nivel fenomenal. Pero esta es un razón que Hume no pudo comprender. La razón detrás del juego de ilusiones es la existencia de objetos reales.

Kant fue más allá de Hume: descubrió una región de juicios sintéticos que es siempre ya operativa con anterioridad a los juicios analíticos. Los juicios sintéticos están basados en la experiencia. Kant argumenta que siempre debió haber habido una postulación de las cosas "en cuanto que"... para que la experiencia tuviera lugar.[10] Pero Kant no llegó a entender la magnitud de lo que había descubierto.[11] *Magia realista* ha argumentado que aquello que Kant llama juicio sintético es parte de un espacio causal que es intrínsecamente estético. Dicho espacio solo existe como una manifestación secreta y abierta de los objetos irreductiblemente retirados. La cosa kantiana, por lo tanto, es un efecto estético, un hecho que la *Crítica del Juicio* parece suscribir al postular la experiencia estética como el fundamento de los juicios sintéticos. Kant, irónicamente, permite a ciertos fenómenos como el tiempo y el espacio ser objetuales en el sentido que este libro lo describe, porque son reflejos de la conciencia. Son cuantos, unidades que no son divisibles sino por el trabajo de una maquinaria analítica.[12] En *Magia realista*, sin embargo, el espacio y el tiempo son propiedades emergentes de los objetos en general y no simplemente la manera en que las "formas de la intuición sensible" se manifiestan.[13] Preso del círculo correlacionista, Kant fue incapaz de darse cuenta que su descubrimiento de la conciencia pura podría haberse desarrollado como una aproximación fenomenológica de la intención, la cual, a su vez, podría haber sido incluida en la versión harmaniana de los objetos como aperturas secretas.

¿Qué ha pasado en *Magia realista?* Hemos presenciado un retorno a una versión extraña y no teísta de Aristóteles. Aristóteles fue olvidado desde el comienzo de la era moderna, cuando Descartes, Newton y Leibniz, entre otros, rompieron con la escolástica. La ciencia, hasta donde sabemos, apareció de la mano de las matemáticas y su rigor. Al mismo tiempo, la epistemología se convirtió en la filosofía dominante basada en la duda que Descartes colocó en el centro de sus *Meditaciones.* Esto preparó el camino para la llegada del correlacionismo kantiano. Kant creyó haber concluido su tarea confinando la metafísica tradicional a una pequeña isla de juicios analíticos, rodeada de un inmenso mar de juicios sintéticos. Este acontecimiento también marcó el momento en que la retórica y la lógica se separaron, dando con ello nacimiento a la estética contemporánea. *Magia realista* regresa a un Aristóteles sin Naturaleza, sin causa final ni material, y sin primer motor.

Este Aristóteles ya no se apoya en el principio de no contradicción. No solo se trata del Aristóteles de la causa formal, sino del Aristóteles de la *Poética* con su todavía mal entendido argumento acerca del inicio, desarrollo y desenlace. *Magia realista*, al igual que otras formas de OOO, ha radicalizado a Kant desantropologizándolo. El correlato humano-mundo es apenas uno entre muchos correlatos del tipo cosa-mundo. *Magia realista* ha aplicado la "solución" hegeliana a Kant: no podemos conocer la cosa en sí, pero aquí estoy, pensándola, por lo tanto, sí puedo conocerla. Y sin embargo, hemos podido conservar el sentido hegeliano de que las cosas *pueden ser* autocontradictorias.

Magia realista retorna a Aristóteles, pero sin ánimo de echar por la borda los logros modernos, y sin querer regresar a un régimen teocrático y opresor. Es solo que la Modernidad ha alcanzado su punto límite. Este límite se caracteriza, para citar dos breves ejemplos, por la definitoria aparición de lo no humano en el espacio humano de lo social, de lo psíquico y lo filosófico. La actual emergencia ecológica guarda relación con esta aparición. Algunas paradojas importantes, concernientes al principio de no contradicción, también han tenido lugar al interior del corazón del pensamiento matemático que fundamenta la ciencia moderna (Cantor, Hilbert, Russell, Gödel, Turing).[14] El grupo de contradictorios seres que este linaje de lógicos y matemáticos ha descubierto requiere una aproximación cuidadosa para saber en qué casos la lógica misma debería violar el principio de no contradicción, especialmente, cuando de pensar objetos se trata.

La evidencia de que esto parece ser el caso, a pesar de que el pensamiento moderno tiene sus bases en el principio de no contradicción, es la actual salida de lo moderno. Mientras tanto, la física ha descubierto la causalidad formal en la forma de interacciones cuánticas no espaciales. Yo interpreto estos acontecimientos como síntomas de la presión ejercida por los seres reales sobre la ventana del conocimiento moderno de corte epistemológico.

Estos seres presionan sobre el vidrio como los extraños rostros que aparecen en las pinturas del expresionista James Ensor. Ellos son lo que la OOO llama objetos y es tiempo de dejarlos entrar, o mejor dicho, permitirnos a nosotros mismos salir.

Notas

1. Alphonso Lingis, *The Imperative* (Bloomington: Indiana University Press, 1998), 29.
2. Martin Heidegger, *Being and Time*, trad. Joan Stambaugh (Albany, N.Y: State University of New York Press, 1996), 204.
3. Theodor Adorno, *The Jargon of Authenticity* (London: Routledge, 2003).
4. Heidegger, *Being and Time*, 208.
5. Heidegger, *Being and Time*, 208.
6. Heidegger, *Being and Time*, 210.
7. Aristotle, *On Generation and Corruption*, trad. H.H. Joachim (forgottenbooks.org, consultado en Agosto 18, 2012), 19.
8. Judea Pearl, *Causality: Models, Reasoning, and Inference* (Cambridge: Cambridge University Press, 2010), 41, 134–135.
9. Arda Denkel, *Object and Property* (Cambridge: Cambridge University Press, 2007), 37.
10. Immanuel Kant, *Critique of Pure Reason*, trad. Norman Kemp Smith (Boston y New York: Bedford/St. Martin's, 1965), 45–48, 48–51, 71–74, 129–140.
11. Martin Heidegger, *What Is a Thing?* (Chicago: Henry Regnery, 1967), 113–114, 128–129, 137–140, 146.
12. Kant, *Critique of Pure Reason*, 68, 69–70, 71–72, 74–75, 77–78, 201-202.
13. Heidegger, *What Is a Thing?*, 198–199.
14. Ver Heidegger, *What Is a Thing?*, 106–108.

Permisos

Figure 1 disponible en: http://cns-alumni.bu.edu/~slehar/webstuff/ bubw3/ bubw3.html, consultado en Noviembre 21, 2012. Permiso otorgado por el autor.

Figure 2 Permiso otorgado por el autor.

www.ingramcontent.com/pod-product-compliance
Lightning Source LLC
La Vergne TN
LVHW091124080826
845145LV00008B/2039

* 9 7 8 1 7 8 5 4 2 0 7 6 4 *